U0961282

八段锦

课程思政理论与实践

黄建团◎主编

文化发展出版社
Cultural Development Press
·北京·

图书在版编目（CIP）数据

八段锦课程思政理论与实践 / 黄建团主编. —北京：文化发展出版社，2024. 10. —ISBN 978-7-5142-4485-4

Ⅰ. G852.9；D64

中国国家版本馆CIP数据核字第2024DH7699号

八段锦课程思政理论与实践

黄建团　主编

责任编辑：袁兆英　　　　责任校对：岳智勇
责任印制：邓辉明　　　　封面设计：中尚图
出版发行：文化发展出版社（北京市翠微路 2 号　邮编：100036）
网　　址：www.wenhuafazhan.com
经　　销：全国新华书店
印　　刷：三河市中晟雅豪印务有限公司

开　　本：710mm × 1000mm　1/16
印　　张：20
字　　数：288千字
版　　次：2024 年 10 月第 1 版
印　　次：2024 年 10 月第 1 次印刷

定　　价：58.00 元
I S B N：978-7-5142-4485-4

◆ 如有印装质量问题，请电话联系：010-65583678

编 委 会

前言

习近平总书记关于弘扬中华优秀传统文化系列重要讲话提出的“两有”“两相”“两创”的方针，即对古代文化要有鉴别地对待、有扬弃地继承（“两有”），中华优秀传统文化必须与当代文化相适应、与现代社会相协调（“两相”），对中华文化要实现创造性转化、创新性发展（“两创”），为我们在新时代背景下弘扬中华优秀传统文化提供了根本指引。这一方针强调了在继承传统文化的基础上，重点做好创造性转化和创新性发展，以适应现代社会的需求。《“健康中国 2030”规划纲要》的指导思想指出，推进健康中国建设必须高举中国特色社会主义伟大旗帜，深入学习贯彻习近平总书记系列重要讲话精神。健康是促进人的全面发展的必然要求，是经济社会发展的基础条件。在学校课程建设中，如何结合传统文化推动文化繁荣和全民健康发展，如何运用民族体育文化进行中华文化的创造性转化和创新性发展，赋予其新的时代内涵和现代表达形式，充分展现中华文化的独特魅力和时代价值，是每位中华民族之子的历史使命和责任担当。

学校是弘扬与传播优秀传统文化和学生全面健康发展的主要基地，也是铸牢中华民族共同体意识的重要场所。课程建设是传承中华优秀传统文化的重要途径，是中华民族传统文化的创造性转化和创新性发展的重要手段，是人才培养质量的重要保证。课程思政建设则是学校为党为国育人的重要保障。

2020年5月，教育部印发《高等学校课程思政建设指导纲要》，明确指出要全面推进高校课程思政建设，发挥好每门课程的育人作用，提高高校人才培养质量。

八段锦作为一种具有民族特色和深厚历史底蕴的文化符号，是在长期的生活实践中逐渐形成的，它汇聚了中华民族数千年来的养生智慧和创造力，也凝聚了各民族间的团结与协作。八段锦不仅是一种身体锻炼的方式，更是一种精神文化的传承，它蕴含的深厚文化底蕴和道德理念，对于培养学生的社会主义核心价值观，塑造健康的人格特质具有不可替代的作用。本书结合马克思主义教育观、中医养生理论、现代医学理解以及儒释道家等流派文化特点，充分挖掘八段锦思想文化内涵和健身养生机理，围绕“以文化人、以体育人、健康第一”的教育理念，进行八段锦课程思政理论构建与实践应用。本书结合作者“八段锦课程思政示范课程”教学创新成果，将教学实践中的精华部分提取出来，与课程思政理论的最新研究成果相结合，形成了八段锦文化的学校现代转化案例。

本书分为理论篇和实践篇两部分，共十章，旨在全面阐述八段锦课程思政的理论与实践。理论篇包括：第一章，概述了八段锦课程思政的基本概念和重要性；第二章，探讨了八段锦课程思政的文化内涵和理论基础；第三章，从解剖学和生理学的角度分析了八段锦动作与呼吸动力学、肌肉系统的关联；第四章，介绍了八段锦在中医学中的理论和应用。实践篇是本书的重点，突出了特色与创新。包括：第五章，详细阐述了八段锦课程思政的技术体系和实践方法；第六章，构建了八段锦课程思政的理论框架，包括内容知识结构、思政内容体系、主题融入点等；第七章，基于“身、心、精神”三位一体的全面育人目标，结合体育与多学科融合理念，构建了八段锦课程思政的教学方法体系，并探讨了“体验+探究+感悟”的思政培育流程；第八章，通过线上线下、课内外、校内外等多种教学实施策略，进行了实践教学研究；第九章，介绍了八段锦课程思政教学评价的原则和方法；第十章，以“八段锦课程思政示范课程”教学设计案例进行了总结和分析。本书通过以上章节的论述，旨在为八段锦课程思政的教师和学生提供一个全面的理论指导和实践参考。

在创作这部作品的过程中，始终以精品意识为指导，致力于让每一章节都达到高标准。为了提升著作的可读性和理解度，补充了丰富的背景信息和解释说明，力求用通俗易懂的语言阐述复杂的学术概念，帮助读者轻松掌握相关知识。同时，注重细节刻画，运用生动的形容词和成语，使文章更形象生动、引人入胜。尽管如此，书中可能存在一些疏漏或不当之处。敬请广大读者海涵，并热忱欢迎提出宝贵的意见和建议，以进一步改进和完善本书，使其更趋完美。本书广泛汲取了国内众多学者的研究成果，这些成果为本书提供了坚实的学术支撑。对于所引用的成果，已在书中进行了明确的标注，并向相关学者表示由衷的感谢，感激他们为本书提供了理论基础与学术智慧。

本书的完成，不是终点，而是新的起点。作者将继续致力于著作的完善和发展，努力提升内容的质量和水平。同时，也期待与更多学者和读者进行交流和合作，共同推动中华传统体育课程思政领域的研究和发展，为繁荣学术文化、传承中华文明贡献绵薄之力。

2024 年 9 月 17 日

目录

理论篇

实践篇

理论篇

第一章　八段锦课程思政概述

第一节　马克思主义教育观与中华传统养生文化

习近平总书记在庆祝中国共产党成立100周年大会上明确提出“把马克思主义基本原理同中国具体实际相结合、同中华优秀传统文化相结合”（简称“两个结合”）。中国共产党在二十大报告中提出“中国式现代化”的重要思想，正是马克思主义基本原理同中华优秀传统文化适应时代相结合的重大理论创新，也是马克思主义基本原理同中国特色社会主义现代化具体实践相结合的产物。八段锦文化是中华优秀传统文化的重要组成部分，是中国传统养生文化代表之一，蕴含着丰富的文化价值与内涵，随着时代发展不断受到人们的喜爱和推崇。把握“两个结合”，探索中华传统体育文化创造性转化、创新性发展新路径，推动优秀传统文化创新发展落地生根，促进学校三全育人发展目标，是新时代高校体育课程思政教学改革的急需要解决的现实问题。

一、马克思主义教育观

马克思提出：人的本质不是单个人所固有的抽象物，在现实性上，它是一切社会关系的总和①。作为马克思主义理论体系分支的马克思主义教育观，是马克思等人经过实践探索得出的理论。马克思主义教育观即教育中要体现人文关怀，不断推动学生在实践中学习，实现学生的全面发展以及促进学生

① 中共中央马克思、恩格斯、列宁、斯大林著作编译局. 马克思恩格斯选集（第1卷）[M]. 北京：人民出版社，1995：60.

综合素质的培养与提高，与我国当下的素质教育政策相映衬；因而，中国传统养生文化教育及其他形式的教育都需要马克思主义教育观积极参与进来，并通过不断实践，构建出一套符合我国国情的科学教育体系。马克思主义教育观的核心是以人的全面发展为宗旨，是指在教育活动中贯彻马克思主义理论，特别是关于人的全面发展、教育与生产劳动相结合、教育为人民服务的原则。强调教育应当以培养全面发展的人为目标，注重理论与实践相结合，强调从实际出发，培养学生的自主性和创造性，同时认为教育服务于人民，服务于社会主义建设，培养社会主义建设者和接班人。

“百年大计，教育为本。”作为实现人全面发展的基本途径，教育一直都是党和国家关注的重点。马克思指出：“把教育同物质生产结合起来”是实现人全面发展的唯一途径。虽然当今时代教育的多元化发展趋势不断增强，但教育的价值观念始终没有变化，仍然是为了促进人的全面发展。而马克思主义教育观是马克思主义思想中关于教育的根本认识，其对人的本质以及教育目标等展开阐述和说明，对新时代教育工作有一定的科学指导意义。比如，马克思从加强社会生产和培养全面发展的人的角度，强调生产劳动与教育结合。列宁在社会主义的发展中重申要加强对年轻一代的“教育与生产劳动结合”，这样既掌握科学文化知识，又掌握社会发展所需要的先进科学技术。在现代教育的发展中，这些教育思想仍然具有重要的指导意义。

二、中华传统养生文化

中华传统养生文化在长期的生活实践中逐步形成，凝聚了中华民族数千年来的养生智慧，这些涵盖了有关养护身体和延年益寿的丰富理论及方法，融合了自然科学、人文科学和社会科学等诸多要素，独具特色，在我国乃至世界养生文化具有重要地位，为人类的健康和生活质量提供了坚实的保障。养生是一种关注生命保养的理论与方法，旨在调养人体，以实现延年益寿的目的，亦被称为道生、摄生等。长寿与健康是人们普遍的追求，中华民族的先辈们凭借数千年的经验与智慧，总结了一系列养生理论和方法，形成了内涵丰富且独具特色的中华养生文化典籍，得以代代相传。中华养生文化汇聚了中国传统哲学思想，诸如阴阳平衡、天人合一等，融合了中医养生等诸多精华，涉及各类疾病的预防、治疗与健身。这不仅是养生文化的切实体现，更是中华传统文化宝库中的关键组成部分①。随着生活节奏的加快，人们面临的生活压力与日俱增，不良生活习惯普遍存在，造成健康问题愈发严重。健康养生意识也由此受到全社会的高度重视，深度融入日常生活的方方面面。

八段锦作为中华传统养生文化具代表性的项目之一，蕴含着深厚的养生价值与文化内涵，体现了中华传统文化对于生命、身心关系以及自然的独到诠释与智慧传承。一是“天人合一”思想。传统养生讲究人与自然和谐共生、顺应自然规律，八段锦与之深度契合，其动作设计与呼吸法遵循四季更迭所衍生的阴阳变化规律。长期研习八段锦，能于一招一式、一呼一吸间，体悟自然之道，内化尊重自然、守护环境意识，筑牢人与自然和谐共生价值观，完成从身体实践到生态观念塑造的跨越。二是“修身养性”理念。传统养生注重自我修养以追求身心和谐，八段锦练习时要求身心放松、意念专注，有助于习练者消除浮躁情绪，培养平和心态和良好品德修养，实现精神境界与个人修养的提升。三是“整体观念”健康观。传统医学视人体为有机整体，八段锦动作编排覆盖周身，锻炼时调动全身机能，疏通经络、调和气血，脏腑协同运作，促进人的整体健康。

三、马克思主义教育观与中华传统养生文化的关联与融合

党的十八大召开以来，我国不断强化要建设社会主义文化强国的目标，不断提升人民群众的文化意识、文化自信。党的十九大报告提出“文化是一个国家、一个民族的灵魂。文化兴国运兴，文化强民族强。”文化有地域性与继承性，而在中国民族文化土壤上，中华优秀传统文化要转化为人民群众自

① 陈凤珍. 现代康养类型及其中华养生文化意蕴探析［J］. 广西民族大学学报（哲学社会科学版），2018（3）：121.

觉追求过程中的重要资源，需要在马克思主义教育观指导下充分发掘其潜在价值，引导人们深入了解和领会中华民族的文化精神，从而加强传统文化与现代社会的融合发展，形成适合新时代中国特色社会主义事业发展需要的优秀文化。以此推动中国特色社会主义伟大事业的发展。

（一）马克思主义教育观与中华传统养生文化都是增强文化自信的重要资源

马克思主义教育观，作为马克思主义者关于教育的基本观点和看法，对教育的理解和阐述具有深远意义。根据马克思主义教育观，教育可以分为广义和狭义两种，分别包括社会教育、学校教育和家庭教育。广义教育旨在全面促进人的德、智、体、美、劳发展，而狭义教育则专注于学校教育。马克思主义教育观立足于历史唯物主义视角，关注广大人民群众的身心发展，强调教育的目的是全面提高人的素质。这一观点倡导的终极目标是助力人实现自由而全面发展。马克思主义教育观是人类最科学、内容最充实、最贴近教育规律的教育观，唯有它能够真正揭示教育的目的、本质和规律。中国传统养生文化融合了各种防病、治病、健身方法，集儒、释、道之精华，其不仅仅有健身延寿的养生价值，也呈现了中华民族文化品格的特色，有着丰富的思想文化内涵。中国传统养生文化源远流长，历经数千年岁月的洗礼与沉淀，孕育了一套完备且具东方智慧的理论体系，对人们养生理念有着积极的影响。中国作为有着悠久历史和数千年赓续传承的灿烂文化的国家，在推进社会主义建设事业进程中，坚定文化自信、弘扬优秀传统文化、讲好中国故事，已然成为我国迈向高质量社会发展、促进文化繁荣、提升文化软实力与影响力的重要目标之一。

（二）新时代下中华传统养生文化在马克思主义指导下转化与创新发展

马克思主义认为，文化是人在社会实践中通过劳动和相互交往所形成的同他者关系的总和。文化是一种群体性的精神现象，是人类社会发展历程中创造、积累的物质和非物质遗产。文化具有普遍性和历史性的特征，不断随着人类社会的发展而演进。在文化的发展过程中，人们的价值观、世界观、生活方式等方面不断发生着变化，从而影响着社会结构、政治制度、经济形态、道德风尚等各个方面。首先使人们清楚地认识到文化创造的主体是人类自身，然后使人们认识到文化创造过程就是参加劳动、进行交往的。人不可能孤立地存在，从根本意义上说，人是一切社会关系的总体总和，而在这一社会关系中，不断地总结规律经验并最终产生出文化来。不论时代如何变迁，中华传统养生文化在中国历经几千年的历史风雨中一直发挥着重要的作用。在当前教育的多元文化背景下，学生对中华优秀传统养生文化的认知和了解程度还有待提高，这是一项需要教育工作者深思的问题[①]。学校作为传播知识的重要场所，其与传统养生文化高度融合，既可丰富教学内容，实现传统教育的多元发展，还可以促进中华传统养生文化的传承[②]。马克思主义教育观对传统文化思想教育的倡导和普及，是指马克思主义对于我国传统文化与养生文化天人合一的理念进行传播和研究，以推动我国文化与时俱进地发展。在当前多元文化思潮并存的学校中，学校作为传播与推广知识的园地，应该坚定不移地贯彻执行党的教育方针，将马克思主义与中华民族传统文化融合发展。在学校中，课程思政注重在学科体系、专业体系以及教材体系里融入思想政治工作，聚焦将以讲授课程知识为主的教学管理机制，有效转化为助力学生内在品德修养与素养提升的动力，强调与学生个人发展紧密结合，这是学校落实立德树人根本任务的一个重要突破点。这有利于帮助学生解决思想、价值、情感上的困惑，启发学生为国而学的志向，有助于他们在创造社会价值的同时，清晰地认识自身价值与社会定位。

（三）马克思主义教育观与中华传统养生文化在八段锦课程中的融合路径

马克思主义教育观强调人的全面发展，关注个体在智力、体力、道德、

① 王雪冰，钟永峰，吴潮培. 广西学校少数民族学生对传统民俗文化中养生健身行为的认知调查［J］. 体育世界，2018（3）：188-189.

② 樊庆刚. 浅谈传统八段锦文化在学校传统教学中的传承与创新［J］. 中国教育学刊，2015.24（2）：24-25.

审美等方面的协调发展，旨培养具有创新精神和实践能力的社会主义建设者和接班人。八段锦具有强健体魄、修身养性功效，注重内外兼修、身心合一的习练要求，蕴含着丰富的文化内涵和哲学思想。马克思主义教育观与八段锦所追求的身心和谐、内外兼修的理念不谋而合。在当今教育背景下，将八段锦纳入课程体系，并融入思政元素，是贯彻马克思主义教育观，传承和弘扬中华优秀传统文化的重要举措。两者在八段锦课程中的融合路径：（1）培养学生的健康意识。以马克思主义关于人的全面发展理论为指导，让学生认识到身体健康是个人成长和社会发展的基础。通过学习八段锦，使学生掌握科学的强健体魄方法，养成良好的运动康养习惯，提高身体素质，为实现全面发展奠定物质基础。（2）塑造学生的价值观。在教学过程中，深入挖掘八段锦所蕴含的中华传统美德，如尊师重道、团结协作、自强不息、顶天立地等，引导学生树立正确的价值观。同时，结合马克思主义的集体主义原则，培养学生的团队意识和社会责任感。（3）提升学生的创新能力。鼓励学生在掌握八段锦基本动作的基础上，进行创新和改编，以适应不同的需求和场景。这是马克思主义教育观中对创新精神的培养要求，也是中华传统文化“双创”的发展理念。（4）增强学生的文化自信。通过融入渗透八段锦的历史渊源、文化内涵和传承发展，使学生充分了解中华传统养生文化的博大精深，激发学生对民族文化的自豪感和认同感，从而坚定文化自信，自觉传承和弘扬中华优秀传统文化。

第二节　八段锦在课程思政中的地位、功能、价值

在全球多元文化体系中，八段锦作为一种极具民族特色和深厚历史底蕴的文化符号，既展现了中华民族的智慧和创造力，又凝聚了各民族间的团结与协作。作为一种传统的健身功法，于当今社会不仅具备显著的健身价值，在课程思政领域亦发挥着重要作用。在传承与弘扬八段锦文化时，应充分挖掘其思想文化内涵，采用丰富多样的传播方式。同时，通过生动详实的描绘，

让学生更为深入地理解和感受八段锦文化的魅力。深入探讨八段锦在课程思政中的地位、功能与价值，对推动课程思政的创新发展、传承和弘扬中华优秀传统文化具有重大意义。

一、八段锦在课程思政中的地位

在非物质文化遗产的价值体系里，文化价值无疑是核心构成部分。文化价值，指的是客观事物内在属性契合相应文化需求，进而呈现出与之适配的文化形态。八段锦文化，是中华文明演进历程中的集大成者，彰显着鲜明的民族特质与风格，属于独具特色、底蕴深厚、内涵丰富且博大精深的优秀民族传统文化，是中华民族传承数千年的文明瑰宝。在当今时代，传承与发扬包括八段锦文化在内的中华优秀传统文化意义深远，作为对外开放的国度，我们还应博采众长、兼收并蓄他国文化精华，让优秀传统文化与时代发展紧密结合、相得益彰，促使中华优秀传统文化绽放出更为绚烂夺目的光彩。在全球多元且充满活力的文化格局中，八段锦作为承载深厚历史底蕴、富有民族特色的文化符号，凝聚着中华民族的智慧与创造力，凸显各民族间的团结协作精神。传承、弘扬八段锦文化，须深挖其思想文化内涵，巧用多元传播手段，借助生动、细腻的呈现方式，助力学生更深刻领悟、感知八段锦文化的独特魅力，从而为中华民族文化事业添砖加瓦、蓄势赋能。

（一）文化方面

八段锦，扎根劳动人民生活实践，凝聚着民族对健康长寿的期盼与对自然的敬畏，兼具养生实效与深厚文化承载，深受儒、释、道思想文化滋养，将身心合一、阴阳平衡等哲学思想融入动作，化为独特肢体表达。在“一带一路”倡议助力下，八段锦迎来国际传播契机，其“出海”利于弘扬传统养生文化、传播中华文化，对内激发民族自豪感与文化自信，对外展示华夏魅力。八段锦借肢体演绎儒释道精髓，践行养生理念，蕴含整体、辩证、中和思维。其服饰简约有韵、音乐和谐悦耳、形韵优雅流畅，彰显传统文化美学品质，传递中华文化智慧，凸显底蕴深厚、源远流长特点。于现代社会，八段锦作为兼具文化内涵与健身功能的传统体育项目，在校园推广意义深远。一方面传承传统文化，以独特动作诠释优秀文化精髓，传递民族健康信念；另一方面助力学生身心健康，练习时，学生能体悟儒家仁爱、感知阴阳调和哲理与中和价值，养成积极心态与人生态度。而且，将思政元素融入八段锦教学，契合新时代育人需求。此举打破体育、心理、精神培育壁垒，实现协同发展。学生借此强化身体素质、锤炼心理韧性、升华精神品格，达成全面成长，体现体育与文化、思政融合的多元育人价值，让八段锦在新时代校园焕发生机，续写传承弘扬中华优秀传统文化的新篇章。

（二）健康方面

八段锦，作为中国古代导引术的一个分支，是将形体活动与呼吸相结合的健身方法。它承载着悠久的历史印记，拥有广泛的群众基础。练习八段锦能够拉伸筋骨、疏通经络，具有防病、治病、练筋、练骨的功效。例如，其中的“两手托天理三焦”“摇头摆尾去心火”等动作，通过平缓、温和的运动，达到宣畅气血、舒展筋骨的目的。八段锦不仅锻炼全身各部位，还能充分拉伸和刺激极少被牵拉的肌群，实现全身调整，发挥其在养生层面的价值与作用。在活动筋骨的同时，还对五脏具有升发阳气的功效，是一种以调心、调气、调身三调合为主要运动形式的中华民族传统体育项目。八段锦以中医理论为基础，通过起立、运转、呼吸、舒展等手段，改善人们的身体状态，增强免疫力，预防疾病，治疗疾病，从而达到强身健体、延年益寿的目的。国家体育总局主推的八段锦以立式动作呈现，八式各具特色、关联紧密，形成有机健身体系，适用不同体质人群。健康者长期习练，借舒缓动作锤炼身体、调适气息、涵养心性，在肢体伸展、呼吸配合中，强化躯体机能、改善心肺功能、调节平和心态，融入自然规律。慢性病患者借此康养，依托动作疏通经络，改善微血管微循环，提升血氧交换效率，激活脏腑修复机能，缓解症状、改善状态。在教学中融入思政元素意义深远。八段锦承载深厚历史文化底蕴，彰显民族精神。教学时深挖内涵，助学生体悟传统魅力，促进文化认同、增强自信。其蕴含中医整体思维，强调身心一体、辨证论治，推动学生构建多维健康观，超越生理局限，兼顾心理与精神维度，实现强体铸魂协同，为学生的全面健康发展赋能。

二、八段锦在课程思政中的功能

（一）教育功能

“未曾学艺先学礼，未曾习武先习德”——这不仅是一句口号，更是八段锦人须遵循的基本规范。在八段锦漫长的发展历程中，它形成了独特的理论技术、实践手段和规范人行为的道德体系。八段锦文化既是一种社会文化形态，也是一种文化积淀和传承，更是推动社会进步、规范行为方式的基本力量。八段锦文化倡导民族精神、和谐共生、内外兼修、文明礼仪、敬业求精等价值理念，助力人们实现身心内外和谐、人与社会和谐相处。八段锦教育的传承与发展是核心之一，通过对八段锦的学习和训练，学生可树立正确的人生观和价值观，培养爱国主义情感、社会责任感、集体主义精神等核心价值观，具备成为社会主义建设者和接班人的基本素质和能力。八段锦文化的教育价值巨大，在培养学生“国格、体格、性格、品格”方面具有重要意义。

1. 德育方面。八段锦蕴含的思想文化内涵有助于培养学生的道德品质，如尊师重道、诚实守信、正直立身等。通过学习和实践，这些基本规范逐渐融入日常行为，使学生自我要求更高，形成良好品德。

2. 智育方面。八段锦的动作招式和微细变化，需习练者专注静心去学习体悟。这不仅培养专注力，还能培养大脑的灵敏度、清晰思维模式和快速思考能力。同时，八段锦所含的中医养生文化可培养学生中医思维，树立敬畏生命、自然及规则意识，形成整体健康发展观，养成良好的健康生活习惯和体育品质。

3. 礼仪学习方面。八段锦作为中华优秀传统文化的重要组成部分，注重礼仪和举止规范。例如，在八段锦教学中，合弧拢气、掌抱腹前、鞠躬行礼等必不可少。学生需向教师行礼，既表示尊师重道，也是表达感恩之情的方式。通过参与八段锦活动，学生逐渐养成良好的礼仪和行为习惯，提高心理素养和社会适应能力，形成文明的社会行为规范，提升整体社会文明素质。

4. 劳育和美育方面。八段锦的健身养生功效需要坚持和持之以恒。习练者需具备坚韧不拔、勤于习练的劳动精神。八段锦动作舒展大方、平衡和谐，配以舒缓优美的音乐和习练者的休闲宽松着装，这些元素共同营造出美的共振，使人在视听感觉上得到享受。

（二）文化功能

中国拥有源远流长的传统文化，要实现中华民族伟大复兴和中国特色社会主义现代化，文化自信与文化觉醒至关重要。作为中华优秀传统文化的一部分，八段锦文化集儒、道、佛三家之精华于一体，以“仁”为核心的儒家思想，形成了一套完整的以伦理道德为核心的体系；道家主张道法自然，辩证法思想朴素；而佛教思想强调人的主观能动性，提倡“明心见性”，要求“顿悟”。八段锦通过肢体语言来表达这些思想文化特征，同时习练者在身体运动中感悟和体悟这些思想的文化内涵。在学习八段锦的过程中，人们不仅可以学到身体运动的技巧，还能从中领悟到中华优秀传统文化中的精髓。文化是沟通世界的桥梁，八段锦作文化源于生活，拥有浓厚的民族色彩，集中华民族传统文化、人体科学、健康养生等多种文化一体，将其蕴含的思政元素融入八段锦课堂，可有效提高学生文化自信、理论自信、道路自信与制度自信，以及民族文化认同感。八段锦作为一种文化媒介，在国内外有良好的群众基础，国际上的传播热度日益显现，提升了中华民族传统文化的感召力和影响力。

（三）健身功能

随着《“健康中国 2030”规划纲要》《全民健身计划（2016—2020）》等国家战略文件的出台，全民健身运动和科学健身方法得到了大力推广。八段锦作为一种具有中医保健功效的健身方式，得到了国家体育总局的推广，其动作简便易行，适合各年龄段的人群，不同体质的人可以选择完整的套路或适当的招式和运动负荷进行锻炼。通过坚持八段锦习练，能够有效调节人体内部的生理机能，达到强健体魄、调节身心、活血通络、预防疾病、延年益寿的功效。在高校推广八段锦，不仅可以提高学生身体协调能力和运动能力，为终身体育奠定基础，还有助于拓展学生知识面，激发学习兴趣，缓解心理压力，培养良好的生活习惯，促进身心健康协调发展。此外，八段锦的练习过程中要求身姿手足协调，动作气脉缠循，这些要求的达成，可以提高人的儒雅风范，改变气质，塑造更加健康向上的精神面貌。在国家政策的推动下，八段锦已成为现代人健身养生的重要方式，为全民健康事业注入了新的活力。

（四）娱乐功能

随着时代变迁，人们对健康、休闲和娱乐的需求日益增长。八段锦，如今已成为年轻人热衷的新型体育运动。在现代化进程中，八段锦不断融入新元素和思想，形成了适应现代人的健身方式。如今，它已被纳入体育竞赛项目，成为一项具有高参与度和观赏性的休闲体育项目。在现代社会，八段锦的娱乐功能日益凸显。除了传承传统文化，它还被视为一种文化消费产品和社交媒介。学习八段锦的过程中，人们不仅锻炼身体、放松心情，还能结交朋友，丰富自己的文化生活。此外，八段锦还被用于演出、表演，呈现出一种观赏性和娱乐性兼具的体育与艺术结合的形式。在这个时代背景下，八段锦既保留了传统养生文化的精髓，又融入了现代元素，成为人们追求健康、休闲和娱乐的新选择。它的普及与发展，不仅有助于提升全民身体素质，还能丰富社会文化生活，促进人际交往，为现代社会注入新的活力。

三、八段锦在课程思政中的价值

（一）文化认同价值

面对全球化挑战，强化文化认同不仅没有失去意义，反而愈发重要。八段锦，作为中华民族传统文化的重要载体，既是一项健身活动的典范，也是传统体育文化的瑰宝。其广泛推广和传承，彰显了中华民族优秀文化的集体智慧，体现了文化认同的力量。在现代社会，休闲健身方式丰富多彩，越来越多的年轻人开始热衷于传统文化。八段锦，以其动作缓慢、简单易学、无须器械、运动强度适中等特点，成为年轻人青睐的健身选择。八段锦既能锻炼力量，又能使肢体充分拉伸，疏通气血，适合在家或办公室锻炼。此外，八段锦蕴含丰富的中医养生智慧和优秀思想文化，有助于实现身心双修。新冠疫情暴发，使人们对健身认知发生了巨大变化，更加关注身体免疫力提升，寻求科学健身方法以恢复身体机能。八段锦内外兼修的功效，成为大众公认的健身养生佳品。如今，八段锦等功法锻炼已走进大学校园，成为体育课程的一部分。在网络社交平台上，年轻人纷纷打卡练习八段锦，国家体育总局发布的八段锦练习片段在视频网站播放量突破千万，吸引了众多眼球。八段锦源远流长，已有八百多年的历史。如今，它依然盛行且广受欢迎，实际是一种文化认同的价值体现。

（二）文化传承价值

作为中华传统养生文化的瑰宝之一，八段锦以其独特的锻炼方式，将养生、健身、调养心态完美融合，广受大众喜爱。这一养生方法强调身心合一，全面调养，使习练者得以强身健体、预防疾病、延缓衰老。八段锦汇集了儒释道等诸子百家的养生理念，充分体现了中国传统养生文化的精髓。传承八段锦，便是传承中华民族优秀的传统文化。八段锦的动作优美流畅，宛如舞蹈，练习过程中，人们领略到中国传统艺术的魅力，提升个人审美品位，具有极高的艺术价值。八段锦的普及与传承有助于提高全民健康水平，促进社会和谐稳定。作为传统体育项目，八段锦有助于弘扬民族精神，增强民族凝聚力。它强调人与自然、人与社会的和谐相处，体现出一种人文关怀。通过练习八段锦，人们可以更好地认识自我、关爱他人，弘扬中华优秀传统文化。为实现八段锦的传承与发展，我们可以采取多种途径，如家庭传承、社区推广，以及通过学校、图书馆、博物馆等文化机构开展八段锦文化讲座、展览等活动，让更多人了解八段锦的历史渊源和文化内涵。同时，借助报纸、电视、网络等媒体，宣传八段锦的养生保健作用，推广八段锦锻炼方法。

（三）历史价值

八段锦文化，承载着丰富的历史价值。在其诞生之际，特定历史条件下的印记无疑留存在其中。通过研究这些历史资源和文化事件，我们可以深入了解当时的历史背景，包括生产水平、社会结构、人际关系、道德习俗和思想观念等方面。将八段锦相关的历史发展过程和内涵融入课程教学，不仅有助于培养学生的历史意识，还能让学生学会运用历史思维去认识事物的发展变化规律和本质，这具有十分重要的现实意义和历史价值。在当今时代，应积极推进“课程思政”实践。在教学过程中，教师可以运用丰富的修辞手法，如对比、设问、排比等，生动描绘八段锦的历史画卷，激发学生的学习兴趣。同时，适当增加细节和描述，使学生更加深入地了解八段锦文化的内涵和价值。将八段锦的历史发展过程及内涵融入教育教学中，以培养具有历史意识的新时代人才，有助于传承和弘扬中华优秀传统文化，为社会主义核心价值观的传播贡献力量。八段锦文化的传承与发展，需借助历史思维的培养和熏陶。

（四）精神价值

精神价值，代表着中华民族在发展历程中塑造的独特精神风貌和价值取向。它既具有人类文化的共性，又彰显出特定地域的特色。作为民族的灵魂和精髓，精神价值是维系民族生存与发展的信念支柱，同时也是中华优秀文化的鲜明体现。八段锦文化中蕴含着平等、和谐、自由、民主的精神，传达了中国人民在历史长河中为实现民族团结、民族和平与平等所付出的不懈努力。这种精神激发了一代又一代仁人志士，为了祖国的安危和民族的尊严，投身于各个领域，为中华民族的崛起作出了卓越贡献。八段锦文化中的精神价值不仅为民族精神提供了坚实的支撑，还为国家的发展与繁荣注入了源源不断的动力。此外，八段锦文化还崇尚武德，富含丰富的民族精神内涵。中华民族精神贯穿五千年文明，凝聚了民族复兴的历程，体现了国家精神和时代精神的统一。在学校教育中，将八段锦所蕴含的内在精神力量根植于学生内心，并以丰富的八段锦课程思政教学实践为支撑，有助于引导学生锐意进取，培育文化自信与自觉，提升精神文化品位。这对于高素质人才培养具有重要的意义和价值。总之，八段锦文化展现了伟大的中华民族精神，蕴含的自由、平等、和谐、民主、文明等中国特色精神，成为中华民族的重要组成部分。它有助于展现中国学生的精神风貌，增强学生文化自信，塑造中国良好形象。

第三节　八段锦课程思政实施背景

一、八段锦课程思政实施的背景

近年来，课程思政在教育领域备受瞩目，成为热门议题。在课堂教学中，课程思政不仅承担着知识传授的重任，更肩负着引领学生树立正确世界观、人生观、价值观，提升其思想意识和道德素养的使命。早在 2004 年，中共中央、国务院发布的《关于进一步加强和改进大学生思想政治教育的意见》，就加强和改进大学生思想政治教育的原则、途径等作出了关键指示，为后续相关工作的开展奠定了基础。2014 年，上海市委、市政府印发实施的《上海市教育综合改革方案（2014—2020 年）》，在实践探索中逐步孕育出“课程思政”这一开创性理念。同年，上海大学率先推出以“大国方略”通选课为代表的一批中国系列品牌课程，为课程思政的落地实践提供了宝贵经验。2016 年 12 月，习近平总书记在全国高校思想政治工作会议上发表重要讲话，强调要将思想政治工作贯穿教育教学全过程，达成全程育人、全方位育人的目标，为我国高等教育事业的发展开辟了全新局面。此次讲话具有划时代的意义，为高校思政工作明确了方向。2020 年，教育部印发的《高等学校课程思政建设指导纲要》指出，要把立德树人成效视作检验高校一切工作的根本标准，并针对师资队伍、课程建设、课堂教学等方面提出了具体要求。自此，课程思政建设在全国范围内全面展开，所有高校、全体教师、所有课程都须“守好一段渠、种好责任田”，共同为实现全方位育人贡献力量。

八段锦在我国源远流长的传统文化中拥有举足轻重的地位，它融合了诸子百家的养生理念，展现了中国传统养生文化的深邃内涵。将八段锦融入课程思政教育，对传承和弘扬中华优秀传统文化，培育学生的身心健康和家国情怀具有重要意义。八段锦锻炼注重身心合一，有助于促进学生的全面健康发展。其课程内容丰富多彩，动作优雅美观，具有颇高的艺术价值。

二、八段锦课程思政实施的目的与意义

首先，弘扬传统文化。通过研习八段锦，学生能够深刻领会中华优秀传统文化的博大精深，从而增强民族自豪感和文化自信心。其次，增强身心健康，培养良好道德素养和提升综合素质：一是八段锦锻炼能切实提高学生的身体素质，增强抵抗力，有效预防各类疾病，为学生的健康成长保驾护航。二是八段锦锻炼注重修身养性，对培养学生良好的道德品质和行为习惯大有裨益。三是学习八段锦有助于学生锻炼意志力，提高心理素质，培养团队协作精神，进而全面提升综合素质。四是八段锦功法强调人与个体、人与自然、人与社会的和谐统一，倡导调身、调息、调心三调合的整体健康发展，能够促进社会关系的和谐共进。此外，八段锦课程思政的实施与国家政策、党中央路线高度契合，旨在牢固树立立德树人根本任务、健康第一的教育理念。通过深入剖析八段锦课程的教学内容，深度挖掘课程思政元素，有机融入教学全过程，将使师生在耳濡目染、潜移默化中领悟中华优秀传统文化内涵和中国智慧，体验传统文化魅力，乐于传承民族文化，弘扬民族精神，为推进新时代中国特色社会主义强国建设和民族文化伟大复兴为我国培养全面发展的优秀人才贡献力量。与此同时，社会的快速发展和人们生活节奏的加快，心理健康问题日益凸显。八段锦的练习能够帮助学生舒缓压力、调节情绪，培养内心的平和与宁静，为应对现代生活中的各种挑战提供心理支持。而且，在全球文化交流日益频繁的当下，八段锦作为中国传统文化的瑰宝，能够向世界展示中国独特的文化魅力和价值观念，增强我国在国际文化交流中的影响力。

第四节　八段锦课程思政基本理念

一、坚持以立德树人为根本任务

八段锦课程思政建设始终将培养德智体美劳全面发展的社会主义建设者和接班人视为核心目标。通过将思想政治教育与八段锦健身养生的深度融合，引领学生构建起正确、积极且稳固的价值观、世界观和人生观。在八段锦课程的每一个环节中，精心嵌入思想政治教育元素，营造出充满正能量、健康向上且阳光明媚的教育氛围。使学生不仅在强身健体、学习养生知识的过程中，得以不断强化思想政治意识，更能在潜移默化中接受思想政治的滋养与熏陶，进而培育出优良的道德品质和公民素养，成为有理想、有道德、有文化、有纪律的新时代人才。

二、坚持以人为本的发展思想

八段锦课程始终将学生置于主体地位，密切关注学生的身心健康与个性发展需求。充分尊重并全力激发学生的内在潜能，注重促进学生在身体素质、心理素质、文化素养等多个维度的全面发展。在八段锦课程思政建设进程中，坚定不移地秉持以人为本的发展理念，将德术合一的思想精髓巧妙融入课程教学的各个环节。让学生在熟练掌握健身养生技能的同时，逐步养成良好的生活习惯与行为习惯，不仅增强身体素质，提升心理素质，还能显著提高社会适应能力，最终实现德术合一育人的完美融合，助力学生成长为德才兼备、全面发展的有用之才。

三、传承中华优秀传统文化

八段锦文化作为中华传统文化的璀璨瑰宝，承载着五千年文明的深厚智慧和中国体育精神的核心要义。在当今教育课程不断优化升级以及对人文精神高度重视的时代背景下，八段锦在学校教育领域得到了广泛而深入的传承与弘扬。八段锦课程思政的精心构建，不仅精准满足了学生多元化、个性化的成长诉求，更能有力促进学生的身心精神实现全方位的健康发展。通过系统的八段锦课程教学，传承源远流长的中华优秀传统文化，培育学生的文化自觉意识，坚定文化自信，厚植家国情怀，使学生成为中华优秀传统文化的传承者、弘扬者和创新者。

四、强化师资队伍建设

学校是教书育人、传道授业解惑、唤醒人觉醒的摇篮，教师是园丁，是人类灵魂的工程师。教师队伍的素质高低影响着学生的健康成长，对教育强国、文化强国建设起着无足轻重的作用。八段锦课程思政建设的重要理念之一便是师资队伍的优化与强化，即倡导全员思政，实现师生同行同向，共同建设、共同进步、共同成长。八段锦课程思政建设致力于培养师生在“国格、体格、性格、品格”教育中充分汲取中华智慧，大力弘扬中国力量，深度践行社会主义核心价值观，为推进中华民族伟大复兴中国梦的实现培育出具备高尚素养的杰出人才。

五、构建协同创新育人格局

在新文科建设的宏观背景下，八段锦课程思政积极致力于打造一个丰富多元、独具特色的协同创新育人模式。此模式广泛涵盖了课内外、校内外、线上线下等多个层次和维度。任课教师深入挖掘八段锦中所蕴藏的丰富思政元素，确保课程思政目标与教学内容实现高度的协调统一。在精心设计课堂思政文化主题时，力求做到精致入微、内涵深厚且富有前瞻性，在教学实施过程中，着重强调多学科、跨学科知识的有机融合，尤其是体育、文化和医学等领域的深度交叉，以此实现以体育人、以文化人的高远目标。同时，高度注重理论与实践的紧密结合，无论是在校内还是校外，课程都始终聚焦于培养学生的综合素养和实际应用能力。八段锦课程思政教学充分发挥学校的主阵地功能，将课堂作为立德树人的核心渠道，为培养德智体美劳全面发展的社会主义建设者和接班人贡献强大力量，为国家和社会的发展输送源源不断的优秀人才。

六、构建全面发展体系

八段锦课程思政将积极推进全方位的创新与优化，充分运用虚拟现实（VR）、增强现实（AR）、人工智能等现代信息技术，开发互动性强、沉浸感足的教学软件与平台，借助大数据分析精准掌握学情，利用新媒体拓展中华优秀传统文化和八段锦功法传播，创新线上线下混合教学与交流模式，注重培养学生信息素养和网络道德。同时，重视实践环节，组织各类文体、娱乐等相关实践活动，让学生践行思政理念，增强责任感，并建立完善反馈机制，依据各方意见动态调整改进课程。积极推动国际交流融合，鼓励学生分享文化，借鉴国际先进理念方法完善课程思政体系，展现八段锦独特价值。此外，建立科学合理的评价与激励机制，全面考核学生，表彰优秀师生，激发积极性，营造良好氛围，以培养德智体美劳全面发展的人才，推动中华文化走向世界。

第五节　八段锦课程思政目标

一、总体目标

课程思政理念的提出与开展，引领着教育工作者深入自己课程探索“培养什么人、怎样培养人、为谁培养人”这一教育的根本问题。八段锦课程思政构筑了一个“价值引领、能力培养、知识传授”三位一体的教学目标体系，旨在培育出既拥有强健体魄，又具备高尚道德、良好心理、团队协作、审美和自主学习能力的全面发展的个体，同时承担起传承和发扬中华优秀传统文化的重任。

八段锦课程目标制定坚持以立德树人为根本任务，将健康置于教育的首位，围绕“体育技能 + 思政文化 + 中医养生”三融合教学理念，致力于打造“身—心—精神”全面健康的大健康理念，提升学校体育的质量，通过多维度的育人目标，为国家的强盛贡献力量。

八段锦课程目标实施过程，充分考虑了学生的个体差异，并遵循个性与共性协调发展的原则。具体目标根据教学的不同层次而设定，以确保每一位学生都能在教学中找到适合自己的成长路径。其中，基础的共性目标包括：融入思想政治和文化素养，提升学生的道德修养和行为习惯，塑造健全人格；培养学生的社会公德意识，学会尊重他人，树立与新时代相符合的文化理念，具备自立自强、竞争高效、公平公正、开拓创新的素质；全面提升学生的综合素质，努力成为有益于人民的人。此外，通过体育、文化和医学等多学科的交叉融合，引导学生认识到身体、心理、精神的全面健康的重要性，加强他们对文化强国、教育强国、人才强国、体育强国、健康强国信念的认同，理解人与个体、家庭、社会的关系，提升他们的多维创新思维，拓展认知的边界，树立为家庭、为国家、为天下“安定、团结、和谐”的大健康整体意识，培养成为新时代中国特色社会主义的建设者和接班人。

八段锦课程思政不仅是一种身体锻炼，更是一种精神洗礼，它将传统的养生智慧与现代教育理念相结合，为学生的全面发展提供了坚实的支撑。通过这一课程，使学生们能够在知识的海洋中遨游，在运动的节奏中找到平衡，在文化的熏陶中塑造灵魂，成为能够适应时代发展、肩负起民族复兴使命的社会主义建设者和接班人。具体构架如图 1–1 表示。

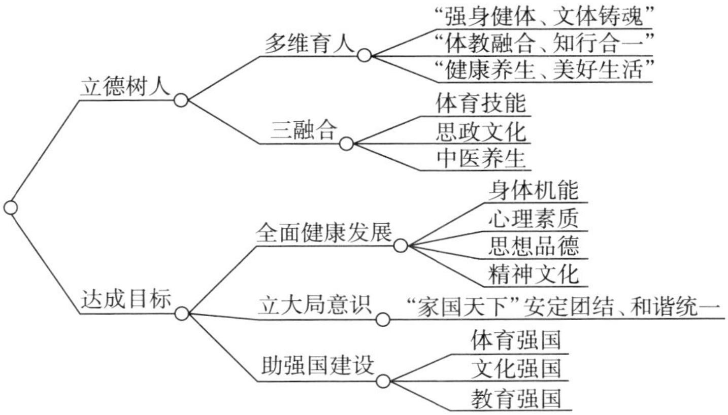

图 1-1　八段锦课程总目标

二、具体目标

（一）价值引领：（1）传承和弘扬中华优秀传统文化，培养学生的文化自信和文化认同感，使其自觉成为文化传承的使者。（2）强化思想政治教育，引导学生树立正确的世界观、人生观和价值观，培养爱国情怀和社会责任感。

（二）能力培养：（1）提升学生的自主学习能力，使其能够主动探索八段锦的内涵和价值，不断自我完善和进步。（2）培养学生的创新能力和实践能力，鼓励他们在学习和练习八段锦的过程中，创新方式方法，并将所学应用于实际生活。（3）锻炼学生的团队协作能力，通过小组练习、交流分享等活动，让学生学会合作，共同进步。

（三）知识传授：（1）传授八段锦的动作技巧和健身养生知识，让学生掌握科学的锻炼方法，提升身体素质。（2）讲授与八段锦相关的文化、历史、哲学等知识，拓宽学生的知识视野，丰富其文化底蕴。（3）融入医学知识，如人体生理、运动康复等，让学生了解八段锦对身心健康的促进作用，培养健康意识。

（四）个体差异与分层教学：（1）根据学生的身体素质、学习能力和兴趣爱好等方面的差异，制定分层教学目标。（2）对于基础较弱的学生，注重培养其兴趣和基本技能；（3）对于有一定基础的学生，引导其深入探究和创新；（4）对于优秀学生，鼓励其发挥示范引领作用，带动整体水平提升。

（五）多学科融合：（1）体育学科方面，强调通过八段锦的练习，提高学生的运动能力和体能水平。（2）思政文化学科方面，挖掘八段锦背后的思想精髓和文化内涵，培养学生的思想政治意识、文化素养和人文精神。（3）医学学科方面，结合传统与现代医学知识，让学生了解八段锦对预防疾病、促进康复、固守本源的作用，培养健康生活理念。

（六）适应时代需求：（1）培养学生的信息素养，使其能够利用现代信息技术获取和处理八段锦相关的知识和信息。（2）注重培养学生的全球视野和国际交流能力，在全球化背景下传播和推广八段锦文化。（3）引导学生关注社会发展和人民需求，培养其服务社会、造福人民的意识和能力，为实现中华民族伟大复兴的中国梦贡献力量。

三、教学目标

（一）"知行合一"理念的培养：通过八段锦基本功的学习，让学生明白夯实根基、脚踏实地的重要性。激发自身潜力，贯彻"知行合一"理念，理解理论与实践并重、做人与做事共举对自身全面健康成长的关键作用。培养学生在新时代勇于实践、敢于创新的精神，将所学知识灵活运用于实际生活和工作中。

（二）综合能力与习惯的养成：以"立德树人、健康第一"为核心，学生在掌握八段锦技能时，提升发现、分析和解决问题的能力，锤炼坚忍顽强、拼搏进取的意志品质，形成终身体育意识和健身养生习惯。同时，培养学生在面对复杂问题时，能够运用多学科知识进行综合分析和处理的能力。

（三）优良公民的培育：通过介绍与拓展八段锦相关知识，以"为国育人、为党育才""内外兼修""知行合一"为总纲，帮助学生养成良好素质与言行，为社会培养优秀公民。使学生具备社会责任感和担当精神，积极参与社会公益活动，为构建和谐社会贡献力量。

（四）文化认同与健康意识树立：将八段锦动作的思政文化内涵融入课堂全程，增强学生对中华优秀传统体育文化的认同与自豪，促进师生增强“四个意识”、坚定“四个自信”、做到“两个维护”。强化育人观，树立大健康整体意识，助力强国建设，满足全民对健康养生、美好生活的追求。引导学生从文化传承的角度深入理解八段锦，培养学生对多元文化的包容和尊重，提升文化交流与传播的能力。

（五）跨学科素养提升：结合体育学、医学、心理学、社会学等多学科知识，让学生理解八段锦对身心健康的综合影响。培养学生从多学科角度思考问题、解决问题的能力，提升跨学科素养，为未来从事相关领域的研究和实践打下基础。

（六）国际视野拓展：在全球化的时代背景下，介绍八段锦在国际上的传播和影响，鼓励学生与国际友人交流分享，拓宽国际视野，培养学生在国际舞台上传播和推广中华优秀传统文化的意识和能力。

第二章　八段锦课程思政的文化与机理

第一节　八段锦的历史源流与文化内涵

一、八段锦的历史与发展

（一）八段锦的起源

八段锦的出现与发展，各有说法，由于时过境迁，其具体的起源已无从考证。目前对于八段锦起源有以下几种说法。

汉代起源说。八段锦是一种具有代表性的中华传统健身方法，源远流长，拥有深厚的历史文化底蕴。据推测，其起源可追溯至西汉时期，当时在马王堆出土的西汉《导引图》中，绘着各种练功动作和姿势，共有 44 幅男女排列练功图。其中，在帛画部分描绘有与当今大众习练的八段锦姿势的四个练功动作相类似。

这一发现，使得人们推测《导引图》和后世流传的“立式八段锦”可能存在一定的渊源关系。然而这种说法仅仅基于出土文物的主观判断，并无其他确凿证据予以支持。尽管如此，这仍然为我们提供了一种可能的思路，即八段锦的某些元素可能源自古代的导引术。综上所述，八段锦的起源与汉代《导引图》之间存在一定关联，但具体关系尚需进一步研究。

晋代起源说。有学者通过古籍的梳理，发现在晋代就已经出现对八段锦的描述，被引用来作为起源论据的主要有两处，其一是许逊（公元 239—374 年）的《灵剑子引导子午记》中记有《引导诀》：“仰托一度理三焦。左肝右肺如射雕。东肝单托西通肾。五劳回顾七伤调。游鱼摆尾通心脏。手攀双足理于腰。"[①] 可以看出这里面描述的《引导决》与现在流传的八段锦大同小异，虽不能确定这里的《引导决》就是后世所流传的八段锦，但也不难看出这两者之间存在着关联性。第二处是与许逊同一时期的葛洪在《神仙传·卷五·栾巴》中写道："士大夫学道者多矣，然所谓八段锦，六字气，恃导引吐纳而已。"《神仙传》是葛洪编写的志怪小说集，其卷五之《栾巴》记录的是栾巴仙人助人除害的故事，虽然是描写神仙鬼怪类的故事有人为杜撰的可能，但文中提到。

这直接表明了早在晋代就已经有了"八段锦"的记载，但以上两处论据并没有直接表明八段锦的起源，关于八段锦的晋代起源说尚有值得考证的地方。

宋代起源说。据目前学界主流观点，八段锦的起源可以追溯到宋代，已经有被证实的典籍表明，在宋代就已经存在"八段锦"。南宋时期的文学家洪迈在其编著的《夷坚志》中也曾记载了一种"八段锦"养生功法，"政和七年，李似矩为起居郎……尝以夜半时起坐，嘘吸按摩，行所谓八段锦者。[②]"洪迈在这里直接提到了八段锦这种养生功法，虽然没有提及八段锦的起源问题，但因为之前的文献尚有争议之处所以很多观点认为这是最早关于八段锦的明确文献记载。同时又有曾慥（宋）编撰《道枢·众妙篇》[③]，蒲虔贯编著的《保生要录·调肢体口》[④]，以及陈元靓所编《事林广记·修真密旨》中都可以看到对八段锦的相关描写，由此分析得出在宋代就已经有一定数量的文献记载有八段锦功法，结合现有文献来看，宋代虽没有文献直接记载其起源，但是却已证实八段锦在宋代就已经出现，宋代之前虽然也有只言片语提及八段锦，但多为后世之人依据零星文字的推断，并无确凿有力的文字资料作为依

---

① 许逊.灵剑子引导子午记［EB］.2009.2.

② （宋）洪迈撰，何卓点校.夷坚志（第一册）［M］.北京：中华书局，2006.10：258-259.

③ （宋）曾糙.道枢（马济人主编"气功？养生丛书"）［M］.上海：上海古籍出版社，1993.3：370.

④ 宋蒲虔贯保生要录（马济人主编"气功·养生丛书"）［M］.上海：上海古籍出版社，1990.7：1-2.

据。因此，关于八段锦的起源一说目前更偏向于论据充分的宋代起源说。

（二）八段锦的发展

从八段锦的历史发展来看，对于八段锦脉络的梳理大致可以从坐式八段锦与立式八段锦两方面展开，需要说明的是在清末以前的文献资料中，坐式八段锦就是指八段锦，而当今大家熟知与习练的立式八段锦则被称为“引导诀”“安乐歌”等名号。

1. 坐式八段锦

有学者提出八段锦最早见于东晋时期葛洪编撰的《神仙传》一书中，但是这种说法也存在疑点，书中虽然提到了“八段锦”这种引导功法，但由于缺乏相关的支撑材料，“八段锦就是后世的坐式八段锦”的说法并不能确定。此外，“八段锦”的记载只见于四库全书版《神仙传》中，其余版本却没有相关记载。之后，在南北朝、隋唐五代的文献中也没有发现关于八段锦的记载。所以八段锦起源于晋代这种说法的真实性，更难以判别。相较于晋代更有说服力的是宋代洪迈在其著作《夷坚志》中记载的八段锦功法“……尝以夜半时起坐，嘘吸按摩，行所谓八段锦者[①]”。从“夜半时起坐”大致可以推断出这“八段锦”是坐着练习的，应为坐式八段锦。晁公武也曾在《郡斋读书志》卷十六之“神仙类”中写道：“八段锦一卷，不题撰人，吐纳导引之术也。”[②]证实了八段锦功法在宋代已经出现。从现有的文献分析来看，八段锦的宋代起源论更有说服力。然而，在这一时期的文献中找不到关于八段锦具体功法的描述，因此无法确定那时候的八段锦是否就是后来流传的坐式八段锦。

对坐式八段锦完整功法记载最早的文献是元初的《修真十书》，书中记载的“钟离八段锦”，基本确定了八段锦功法的练习动作，而且文字已经歌诀化。其歌诀如下：“闭目冥心坐，握固静思神，叩齿三十六，两手抱昆仑，左右鸣天鼓，二十四度闻，微摆撼天柱，赤龙搅水浑，漱津三十六，神水满口

① （宋）洪迈撰，何卓点校.夷坚志（第一册）[M].北京：中华书局，2006.10：258-259.

② 晁公武.郡斋读书志[M].南京：江苏古籍出版社，1988：493.

匀，一口分三咽，龙行虎自奔，闭气搓手热，背摩后精门，尽此一口气，想火烧脐轮，左右辘轳转，两脚放舒伸，叉手双虚托，低头攀足频，以候逆水上，再漱再吞津，如此三度毕，神水九次吞，咽下汩汩响，百脉自调匀。河东搬运讫，发火遍烧身，邪魔不敢近，梦寐不能昏，寒暑不能入，灾病不能，子后午前作，造化合乾坤，循环次第转，八卦是良因。”①

该书中还载有题为曾慥所作的一首“临江仙”词：“子后寅前东向坐，冥心琢齿鸣鼍，托天回顾眼光摩，张弓仍踏弩，升降辘轳多。三度朝元九度转，背摩双摆扳拏，虎龙交际咽元和，浴身挑甲罢，便可蹑烟萝。”词后还有题为曾慥写的跋文：“钟离先生八段锦，吕公手书石壁上，因传于世。其后又有窦银青八段锦与小崔先生《临江仙》词，添六字气于其中。恨其词未尽，予因择诸家之善，作《临江仙》一词，简而备，且易行，普劝遵修，同证道果。绍兴辛未仲春至游居士曾慥记。”②

经过学者杨红光的考证，这首词应是后世人托名曾慥所作，不能算作曾慥所处时代的产物③，但是上述两段记载都表明坐式八段锦至少在元朝就已基本定型，并且文字已经歌诀化。而根据上文所讲的几个人的记载，推测出最初未成形的坐式八段锦功法应该出现在北宋时期，随着时代的发展，到南宋时期逐渐流行，南宋末年至元初完成完整版，收录于《修道十书》，流传后世。

在明清时期，《修真十书》所载题为“钟离八段锦法”的坐式八段锦红极一时，流布广远，几乎成了所有养生家的至爱，《修龄要指》④、《活人心法》⑤、

---

① 《修真十书》(国家图书馆古籍馆藏《道藏·洞真部·方法类·第百廿五册》)[M]. 上海：涵芬楼影印，1923.10.

② 《修真十书》(国家图书馆古籍馆藏《道藏·洞真部·方法类·第百廿五册》)[M]. 上海：涵芬楼影印，1923.10.

③ 杨红光.“八段锦”源流及其文化内涵探析[D]. 郑州大学，2011.

④ (明)冷谦. 修龄要指(马济人主编“气功？养生丛书”)[M]上海：上海古籍出版社，1990.7：8.

⑤ (明)朱权编. 活人心法[M]. 北京：中国中医药出版社. 2015：9-10.

《遵生八笺》[①] 等多部养生著作中都有记载，并且与《修真十书》中记载的钟离八段锦相同，只是“钟离”二字被去掉，叫作“八段锦”。《活人心法》和《遵生八笺》中还加入了图式，并配有详细注释，并且《遵生八笺》该书现存十余种版本，其中明朝万历年间刻印本、明朝崇祯年间印刻本、清朝光绪年间校注本、《四库全书》本较为重要。从该书在明清的版本刊印情况来看，可见此书在明清时期民间流传甚远。总的来说，坐式八段锦是在明清时代流传开来的，名称从最初的“钟离八段锦”变成了更容易理解的“八段锦”，明清时期的养生文献中记载的八段锦多指钟离八段锦，也有人将其命名为“十二段锦”。由于八段锦功法的兴起，许多养生家结合个人的认识，在八段锦的基础上对其技法进行了重新整理和增加，并重新命名为“十六段锦”“十二段锦”“八段杂锦”等技法名称并详细记载下来。这些功法的主体是依然是坐式八段锦的内容，可以看作是坐式八段锦功法的传播形变。

从清朝末年开始，“八段锦”一词所指代的功法已经发生改变，成了特指立式八段锦。新中国成立后，坐式八段锦被收录 50 年代出版的《八段锦》一书，到了 1990 年，《中国传统健身术》一书详细记录了古代坐式八段锦的口诀和练法，从此，坐式八段锦逐渐被人们更多地关注。2010 年由国家体育总局健身气功管理中心牵头，组织北京体育大学的民族传统体育、体育养生专家及学者，编创了健身气功十二段锦，使得坐式八段锦再次回到大众的视野，吸引了更多人来习练、研究，让坐式八段锦重新焕发生机，为挖掘与普及坐式八段锦作出了杰出贡献。

2. 立式八段锦

立式八段锦，即是现在较为流行的八段锦。虽然说目前尚未有确凿证据证明立式八段锦与马王堆导引图有直接关系，但从出土的文物来看立式八段锦，“拉弓”“单举”“提踵”“攀足”“托天”等动作在马王堆《导引图》中能找到，说明是有一定的关联，只是罢于没有发现马王堆导引术的相关具体习

① （明）高濂著. 遵生八笺［M］. 北京：人民卫生出版社. 2007：294-295.

练功法的文献记载，所以不能断定其具体关系。如果说《引导图》与立式八段锦还只是部分动作相似，那么南宋时期的曾慥在《道枢·众妙篇》中则是记载了大致成型的立式八段锦，原文如下："仰掌上举，以治三焦者也。左肝右肺，如射雕焉。东西独托，所以安其脾胃矣；反复而顾，所以理其伤劳矣；大小朝天，所以通其五脏矣；咽津补气，左右挑其手，摆鳝之尾，所以祛心之疾矣；左右手以攀其足，所以治其腰矣。"[①]可以看出虽然文字表述与现在的立式八段锦有所出入，但练习的顺序与动作也与现在的立式八段锦大同小异，只不过文中没有记载这套功法的名字。

元明清时期，坐式八段锦经过《修真十书》的刊载，备受热捧，盛极一时，但与之相比立式八段锦功法却并没有得到当时人们的关注，内容上也没有比前人有更进一步的发展，基本处于停滞不前的状态。明代龚居中的《福寿丹书·安养篇》中记载的"吕真人安乐歌"与《道枢》中的描述更为接近，与"引导诀"在动作上有点差别[②]。同一朝代的胡文焕编纂的歌诀养生专著《类修要诀》，此书里提及的"许真君引道诀"能够称得上为立式八段锦最初的歌诀之一，内容为："仰托一度理三焦，左肝右肺如射雕。东肝单托西通肾，五劳回顾七上调。游鱼摆尾通心脏，手盘巧足理于腰。次鸣天鼓十六，两手掩耳后头敲"。[③]

但是从整个明代至晚清的养生文献来看，对立式八段锦的记载并不多见，在有限的文献记载中歌诀也不统一，动作也未定型，大多只是歌诀内容相似。

清朝光绪年间，梁世昌刊印的《易筋经外经图说》中插入了八段锦练功图，每幅图都有功法的详细描述，内容为："两手托天理三焦，左右开弓似射雕，调理脾胃须单举，五劳七伤往后瞧，摇头摆尾去心火，背后七颠百病消，

---

① （宋）曾糙. 道枢（马济人主编"气功·养生丛书"）[M] .上海：上海古籍出版社，1993.3：370.

② 龚居中. 福寿丹书 [M] . 北京：北京中医古籍出版社，1999.4.

③ 胡文焕编；孙春芳点校. 类修要诀 [M] . 北京：中医古籍出版社. 1987：10.

攒拳怒目增气力，两手攀足固肾腰”。[①] 这也是关于完整立式八段锦功法的最早文献记载，并更名为八段锦，功法已经完全歌诀化。

自此之后，“八段锦”三个字才是指我们当下随处可见、所熟知的养生功法，为立式八段锦的范本。光绪二年，山阴娄寿芝手辑《八段锦坐立功图诀》刊行，娄寿芝的作品与梁世昌几乎同时刊印，但是却更加强调其文学性，不易理解学习，故并未广泛流传。明治三十六年，上海绛雪斋出版的图书，内有《八段锦坐像立像》一文，其立像动作基本依照梁世昌所刊载的内容[②]。至此，立式八段锦动作、歌诀完成定型，在社会上广为流传，同期坐式八段锦开始淡出人们视野，立式八段锦也称八段锦得到了空前的发展。

至新中国成立后，1957 年 9 月人民体育出版社出版的体育锻炼方法丛书《八段锦》，由《八段锦》编写小组编写[③]。此书以立式八段锦为主，记录了多种立式八段锦和一套改编后的坐式八段锦。21 世纪初国家体育总局推出“健身气功 · 八段锦”，虽说是编创新功法，但是其八段锦内容较之前并无改变，只是规范了歌诀与动作。

二、八段锦的文化内涵

有人提出：“八段锦是一种由八个练习动作组成的养生功法。因其技法简单，歌诀明了易懂，深受人们喜爱，故得名‘锦’。”有人认为：“八段锦是中国古代流传下来的著名养生功法。‘八段’是指功法的节数，‘锦’则是形容功法奥妙。”也有人认为：“八段锦是八节连做的功法运动，其之所以只用八段法式，或许与中国北宋流行的太极八卦理论相关。”还有人认为：“锦”字可拆分为“金”“帛”，在古代指珍贵、美好的事物，这里形容八段锦功法的珍贵。“锦”字还有“集锦”之意，表示对前人功法动作的精选和提炼；因此，八段锦也可以认为是精选了前人的功法动作，按照身体内部联系与运行的固

① （清）梁世昌.《易筋经外经图说》[M].北京：国家图书馆古籍馆藏书《易筋经 · 八段锦全》.
② 八段锦坐像立像（国家图书馆古籍馆藏书）[J].上海绛雪斋：1903（清光绪二十九年）.
③ 《八段锦》编写小组. 八段锦 [M] .人民体育出版社，1957.9.

有原理[①]，以绵延起伏、简便易行的身体锻炼为基本方法，以强壮体魄、防治慢性病为目的的保健练习。

不管怎么说，八段锦作为一种中国古代流传下来的著名养生功法，承载着悠久的历史文化底蕴。它的每一个动作都蕴含古代先民的智慧，旨在调整呼吸、活动筋骨、平衡身心。经过世代传承，成为一种备受推崇的健身养生方式。练习八段锦不仅能够增强体质、预防疾病，还能舒缓压力、提高生活质量。其动作优美流畅，适合各年龄段的人群。无论是年轻人、中年人还是老年人，都可以根据自己的身体状况选择适当的动作进行锻炼，从而达到强身健体的目的。

八段锦的传承与发展见证了中华武术文化的悠久历史和丰富内涵。它是一种独特的养生方法，融合了古代导引术、中医理论以及道家、佛家、儒家的修行理念。在我国，八段锦已经成为一种具有代表性的传统文化符号，受到了广泛关注和赞誉。总而言之，八段锦作为一种古代传承的养生智慧，既体现了中华传统文化的精髓，又为现代人提供了一种实用、有效的健身方法。无论是对于身体健康，还是对于心灵修养，八段锦都是一种值得推广的养生之道。

（一）八段锦哲学基础分析

吴正耀论文《中国传统体育养生的哲学基础及其独特的风格》中认为：对每一个领域的研究都需要哲学的理论支撑，需要使用一定的理论手段。这些方法的特性往往对理论特点和风格产生很大的影响。中国在传统养生体育发展的过程中，也不断吸收和应用了中国古代的哲学思想，来指导养生实践，例如阴阳、五行、精气神等学说。八段锦作为广为人知的养生功法，其发展与定型历程深受中国传统哲学的影响，每一式动作都蕴含着传统哲学的智慧。总之，中国传统养生体育和八段锦的发展都具有深厚的哲学基础。它们不仅在实践中注重养生和保健，也注重对人体、自然和宇宙的认识和理解。这些

---

① 杨红光，“八段锦”源流及其文化内涵探析［D］. 郑州大学硕士论文，2011.

哲学思想和概念在其发展过程中不断被运用和吸收，并与实践经验相结合，形成了独特的理论体系和风格。

1.“气”的思想。人的生命活动过程实质上就是气的活动过程，气构成了大自然的本体和规律，由自己气化出一切。于是，我国的古代养生家们都非常讲求养气和补气。八段锦功法中的坐位八段锦口诀反复提到“行气”，并强调行气在精神保健上的重要作用：“口气分三咽，龙行虎自奔。闭气搓脚热，背摩内精门。尽此一口气，想火烧脐轮。”这表明，八段锦养生气功高度重视“气”的作用和价值。

2. 阴阳学说。阴阳学说是我国古代的一个宇宙观的理论，它指出世界万物都是由阴阳二极彼此制约、互根交错作用所形成的，这种相互作用之间总是处在不断的动态变换当中。在这一观念的影响下，许多功法也强调了动静结合的重要性，比如坐式八段锦，要求外静而内动的一种形式，内动动作如：叩齿、咽津、鼓漱、运气、火烧丹田等，外部的一系列动作，如鸣天鼓、撼天柱、托天、攀足等，整个行功过程以静止结束。八段锦的养生核心理念在于阴阳调和。这种动静结合的方式，符合了中国阴阳学说的基本思想。坐式八段锦将动作分为阳和阴两种类型，并且阴阳之间相互对立、相互依存、共同作用，最终达到“邪魔不敢近；梦寐不能昏；寒暑不能入；灾病不能迍”的功效。因此，坐式八段锦功法重视动静结合，[①] 是中国阴阳学说思想在具体实践中的一种体现。

3. 天人合一思想。“天人合一”是我国传统哲学的基础思想之一，它指出人和自然界是互相关联、相互依存的关系，必须和睦相处。在道家、儒家、佛教、医家等思想体系中都强调了这一观念。《黄帝内经》中，强调人应与自然相对应，以四时相符，进一步说明人融合于大自然达到天人合一境界的方法。在坐式八段锦功法中，也强调了这一思想。通过闭目静坐、清心寡欲，让身心得以放松，达到致虚极，守静笃，物我两忘的境界，从而实现天人合

① 杨红光，“八段锦”源流及其文化内涵探析［D］. 郑州大学硕士论文，2011.

一的目标。功法口诀中的“闭目冥心坐，握固静思神。叩齿三十六遍，两手抱昆仑”也就是想要让习练者获得天人合一的境界，使自身也能够在真正的静心环境下得到放松，从而消除身体疲劳，进而达到养生益体的效果。因此，坐式八段锦功法的实践过程中体现了”天人合一”的思想，让习练者能够通过这种方式与自然环境相融合，实现身心健康的目标。

（二）八段锦与中医文化

中医学理论是对中国古代保健防病疗法的重要经验总结，被誉为中华民族悠久历史的文化瑰宝。这一理论对现代养生体育活动产生了深远影响，现代运动保健理论汲取了中医学养生益寿的基本理念，并积极实践。诸如八段锦、气功、太极拳等养生运动理论，将中医学阴阳平衡、精、气、神的根本理论付诸实践，使其成为运动保健活动的具体应用。八段锦的运动保健功受到了中国医学家的广泛关注，不少明清医学家将其编入运动保健医学文献。从立式八段锦的口诀中，可以明显看出其中蕴含的中医思想。例如，“两手托天理三焦”一式，提及三焦，这是中医藏象学说的一个重要概念，包括上焦、中焦和下焦。

八段锦，包括其他中国传统养生体育项目的防病治病作用与传统中医学的“治未病”理念不谋而合。《黄帝内经》提倡“上医治未病，中医治欲病，下医治已病”。这里的“未病”是指疾病初发阶段，“欲病”是指疾病即将发生之际，“已病”则是疾病已经形成。这一理论形象地比喻为生命的小苗，需要在风暴来临之前加上护栏，以防其在狂风中折断。《黄帝内经》强调预防为主、防重于治、有病早治。这种思想与八段锦健体、养生、防病的理念紧密相连。

八段锦等一些古老养生体育项目，源于中国传统中医理论，历经实践与创新，逐步形成了独特的功能与作用，如练精养气、防病健体等。这些运动的锻炼效果具有全身性、整体性和预防性，而非专门针对某一病症或局部问题。正因如此，它们能够促进人体血管畅通、关节灵活、气息顺畅，被传统中医学视为预防和减少病症的主要方法，具有互补作用。

（三）八段锦与儒、释、道文化

元初的《修真十书》是中国道教的著作经典，是最早记载中国坐式八段锦的著作。在中国养生文化的形成和发展过程中道家养生思想起着重要的作用。从某种程度来说，没有道教就没有八段锦，① 因为在我国的古代坐式八段锦与立式八段锦，都是中国道教修行之人的一种修行手段，它在滋补精神、修身养性、明目明身、平肌益血等方面都有很好的效果，而且古代关于八段锦的记载也多见于中国道教典著中，可见八段锦的形成和定型与中国道教文化的发展有着密不可分的关系。八段锦作为中国道教中重要的修真养生方法，其在增进中国道教修士生活和身心健康等方面都有着巨大功用，被中国历代的道教信徒和道士们所推崇。同时，八段锦的特点和修行要领也受到中国道教“虚”“静”“自然”“贵人重生”“气”等中国传统思想文化观念的影响，传承至今。②

除此之外，八段锦与儒家的“过犹不及”“中庸”，佛教坐禅中的“静”“空”具有一定的关联。儒家重视修身治国平天下的道德修养而忽视了体育运动中的竞争意识以及体育与政治之间的关系。一方面，儒家文化在中国体育发展中发挥着消极的作用。但另一方面，儒家文化倡导“中庸之道”精神，注重适度运动，在客观上推动了中国养生体育文化事业的发展。受儒家思想的影响，中国围棋、气功、太极拳、养生术等中国传统体育中某些具有‘阴柔文化’特色的运动得以流行，并逐渐发展成中国传统体育中具有代表性的运动，继而流传到东南亚各国，成为世界各国人民养生、健身、内修、调节身心的运动。

佛教文化起源于印度，自从西汉末年引入中国后，它便落地生根并不断地发展和变革，成为中国传统文化中不可分离的一部分，对武术、气功、养生、保健等有重要的影响。佛教主张坐禅入静，讲的是“静”“空”。而“静

① 杨红光；魏真：八段锦文化内涵探析［J］. 少林与太极（中州体育），2012.

② 杨红光；魏真：八段锦文化内涵探析［J］. 少林与太极（中州体育），2012.

坐”要求凝神专注于某物或某一事件，以达到身心俱忘之境界。这对中国传统养生功法产生了很大影响，坐式八段锦中“凝神静思”要求人们在练功时做到凝神、静坐和默想，并强调“虚怀若谷”“不求甚解”，指出修炼功法之初，先排除杂念，沉住气，就可以进行后一步，这符合佛教所倡导的“四大皆空”“灵台静，静能生慧、慧能生智”思想。

第二节　八段锦健身养生机理

一、八段锦的健身养生机理

（一）动作与生理结构的精准适配

八段锦的动作设计巧妙，充分考虑了人体关节、肌肉、骨骼、经络和脏腑的特点及需求。通过各种伸展、扭转、屈伸等动作，对身体各部位进行有针对性的锻炼和刺激，促进肌肉力量和柔韧性的平衡发展，增强关节灵活性和稳定性，维护骨骼健康。动作的幅度和力度适中，既不过度疲劳身体，又能有效激活身体机能，使身体在适度的运动中得到调养和修复。

（二）气血与经络的畅通调和

其动作配合呼吸，有节奏地舒张和收缩肌肉，推动气血在经络中的运行。拉伸和扭转动作能刺激经络穴位，疏通经络，促进气血流通，从而调整脏腑功能，增强身体的内在活力和自我调节能力。

（三）身心的协同调节

八段锦的运动形式注重身心合一，在动作的缓慢流畅和哲学思想的引导中，帮助练习者放松身心，减轻压力、焦虑和抑郁，调整心理状态，保持适度的紧张与放松，培养专注力和内心平静，以平和的心态面对各种挑战和变化。这种身心的协同调节有助于改善神经系统功能，增强身体的抗压能力、适应能力和心理调节能力。

（四）呼吸与动作的有机融合

特定的呼吸方法与动作紧密配合，增强心肺功能，提高氧气供应和代谢水平，促进体内废物排出，为身体提供良好的内环境，实现养生保健的效果。

（五）整体的平衡与和谐

八段锦的整套动作相互衔接，形成一个有机的整体，使身体的各个部分得到均衡锻炼，达到身体结构和功能的平衡与和谐，进而实现健身养生的综合目标。

二、八段锦的运动形式中的养生机理

八段锦，以其舒缓柔和的动作，导引行气，调理气血，为身体带来和谐与平衡。这种舒缓的运动方式使身体得以充分放松，进而更好地激活自身的运动调节功能，有利于身体的恢复。通过八段锦的动作，我们以运动的方式锻炼躯干的屈伸，以及体内运动形式的气运起落，拉伸全身经络，调节经络流动，实现“正骨柔筋，气血畅流”的运动。八段锦的重要特征之一是动静结合，其基本理论依据在于内外合一、阴阳平衡原理。八段锦的动作主要以肢体的伸展、屈伸、俯仰为主，并配合呼吸，使脏腑得到刺激，增强机体免疫力和运动功能。每一个动作都有其特定的作用，每一个环节都是通过不同的动作形式来促进健身养生的效果，其中融合了中医养生原理和体育科学健身理论的精华。

（一）两手托天理三焦

招式中讲的三焦，中医通常认为它是人体气血运行的重要场所，气血通过三焦运行至全身。上焦指胸锁乳突联结中点的膻中穴至头的部分；中焦指膻中穴到丹田之间的部分；下焦指丹田以下的部分。[①] 总起来讲，大概等于人体内器官的全部活动。由于此段运动主要是为人体的舒展动作，伴随深呼吸，故而对内脏各部位的调理作用比较大，对腰背肌力的锻炼也能起到一定的作

① 田代华，刘更生校注. 灵枢经校注［M］. 北京：人民军医出版社. 2011：95.

用，有助于改善肩内收和圆背的不良体态。

两手托天理三焦通过两手上托、徐缓用力、深呼吸保持抻拉的动作，整个躯干得以充分伸展，脏腑得到按摩。由于经络贯穿全身各部位，形成一个环形循环。因此，疏通经络可使脏腑及其络属的经筋、皮部畅通，进而促进三焦气机运化。此外，通过对脊柱进行对拉拔伸，刺激人体后背的督脉和脊椎两侧的足太阳膀胱经。督脉被誉为“阳脉之海”，膀胱经则是背部贯通人体上下的最大阳脉，是人体最大的排污系统，五脏六腑的腧穴均分布在其沿线。因此，这一动作还可助长人体阳气生发，达到养生功效。

（二）左右开弓似射雕

左右开弓似射雕的健身养生机理在于调整身体的平衡，增强肌肉力量，提高身体协调性和心肺功能。此式动作主要以展臂扩胸的动作为主，冲击背部督脉及手三阴三阳经的俞穴，同时调动手太阴肺气和手少阴心经的气血。这一动作有效地纠正驼背和双肩内收等不良体态，具有预防和治疗胸、颈部疾病的效果，使身体保持健康的状态。

通过马步左右转换的方式，不仅有效提高上下肢肌肉活动能力，还能增强人体平衡与调整功能。在此基础上，上臂与手腕肌腱活动能力得到提升，进一步增加手指关节和指关节的弹性。这种不断虚实变换、转移两脚之间重心的方式，对腰胯及腿脚肌肉进行了有效锻炼。在动作过程中，头顶百会上顶，尾闾高度下降，对脊椎产生拔高效果，有助于预防脊柱病变。左臂与右臂对称拉伸，使胸臂关节得到放松，胸廓充分舒张，起到辅助调节心肺功能的作用。左手的“八字掌”刺激手掌劳宫穴，锻炼肺和大肠经。通过阴阳对立与平衡的定势，人体达到四平八稳的协调状态，增强稳定性与协调功能。在意注拇指商阳穴的同时，推动大肠经，进而直接作用于肺经，实现调理心肺的功效。足趾抓地有助于促进脾胃二经，提高消化吸收能力。

（三）调理脾胃臂单举

中医理论高度重视脾胃的作用，认为它们是人体生命的后天之本。脾胃互为表里，共同完成饮食的消化与吸收，维持着气机的升降平衡。脾胃功能健全，人体的健康才能得到保障。在脾胃养生方面，一掌上托，一掌下按的运动方式具有显著效果。这种运动通过对脾胃的挤压拉伸，使得脾升胃降，达到调理脾胃的目的。脾主生发，胃宜和降，脾胃和谐，人体的消化吸收功能就能得到改善，从而增强体质，保持健康。此式运动简单易学，适合各年龄段的人群。在练习过程中，要注意力集中，呼吸自然，保持心境平和。通过长期坚持，脾胃功能得到调和，人体的免疫力也会得到提升。

调理脾胃臂单举招式利用一松一紧的方式上下对拉产生心静力的牵张，可牵拉腹腔，从而对脾胃湿热中焦肝胆产生了治疗效果。同时能够激活位于腹部、胸胁区的各经脉和背俞穴等，起到调理脾胃等内脏经脉的功效。能使脊椎骨的各椎体内的小关节和小肌腱受到训练，进而提高脊椎的灵活性和稳定性，可以防止和治愈胸、颈部疾患等。

（四）五劳七伤往后瞧

五劳七伤是中医理论中关于身体损伤的两个重要概念。五劳指心、肝、脾、肺、肾等五脏的劳损，另一种解释则是久视伤血，久卧伤气，久坐伤肉，久立伤骨，久行伤筋。这两种说法的共同点在于，损伤的发生都是因为劳逸不合、活动失调。在五劳中，心、肝、脾、肺、肾等五脏的损伤都与我们的生活方式密切相关。久视伤血，可能导致眼睛疲劳，视力下降；久卧伤气，可能导致气血不足，精神不振；久坐伤肉，可能导致肌肉乏力，腰酸背痛；久立伤骨，可能导致骨骼疲劳，关节疼痛；久行伤筋，可能导致筋脉拘挛，活动受限。七伤的说法则更为多样化，包括七情伤、肾虚七症等。七情伤指的是情绪波动对身体的损伤，如怒伤肝、喜伤心、思伤脾、忧伤肺、恐伤肾等。肾虚七症则是指肾脏功能失调所表现出的七大症状，如腰膝酸软、精神不振、记忆力减退等。总的来说也是精神活动异常和神经紊乱可能导致脏腑气血紧张。而头部活动具有调节大脑和颈椎功能的作用，改善它们对脏腑、气血和身体各部位的影响。通过“往后瞧”运动方式，头部得到活动，有助于消除疲劳和紧张，使身心保持舒适，此外，还能增强大脑和颈椎的功能，提高身体各方面的健康水平。

五劳七伤往后瞧动作要求习练者最大限度地旋转颈椎，使长期紧张劳损的肌肉得到充分抻拉，提高肌肉的活性和弹性，同时增大颈部活动范围。颈椎反复、有序的主动旋转有助于改善颈部周围血液循环，使两侧颈肌得到充分舒展和紧缩，进而促进颈部大椎穴的畅通。大椎穴的畅通是确保人神志清醒、内脏机能顺畅的主要保障。此外，这一动作中肩关节充分外展，眼肌活动，有助于预防眼肌劳损以及肩部、颈部和背部的疾病。通过促进颈部和大脑血液循环，消除中枢神经系统的疲劳，达到防治“五劳七伤”的目的。

（五）摇头摆尾去心火

心火是中医病名，表现为阳热内盛，心火上炎，可能导致口舌生疮、心烦失眠等症状。病机是肾阴或肾水可以制约心阳，心阳下降温煦肾水，这种状态就是中医所称的水火既济，即心肾相交，可避免心火旺盛病证。

摇头摆尾去心火动作使上半身以腰为轴，背部挺直，让脊柱得到锻炼，并通过俯仰摇摆，锻炼悬在脊柱上的内脏，并传导气血，起到沟通心肾、水火既济的作用。摇头和摆尾的动作可以使大椎穴得到刺激，达到舒活筋络、祛除热气的作用。脊柱的大幅度横向屈曲、环转、旋转，使头颈、腰腹、臀部、股肌群都参与收缩，不仅增加颈、腰、髋关节的柔韧性，而且增强了这些部位的肌肉力量。

心火与肾水在中医养生中有着密切的关系。通过特定的动作锻炼，可以实现水火既济，达到平衡心肾、预防疾病的目的。

（六）两手攀足固肾腰

中医理论认为肾是人体生命的先天之本。肾脏内含有真阴真阳，是元气生发之地，为人体提供生命活动的能量。肾阴肾阳不仅是人体阴阳平衡的基础，也是支持人体生长发育的关键。肾脏的健康状况，即肾气的兴衰，直接影响着人体的生长发育和衰老过程。在中医养生中，注重肾脏的保养至关重要，因为它关系到人体的生命质量和寿命。

两手攀足固肾腰，此式练习通过双手主动上举，带动上身立起，以及双手上下摩运、直膝屈身、两手背按于脚背、塌腰抬头等方法，旨在疏导经脉。体前屈后伸能有效刺激脊椎骨、督脉以及命门、腰阳关、委中诸穴，进而调动肾经、膀胱经、督脉等的经气，发挥疏导经脉功能。同时，这种练习能调顺经脉气血，激活腰部滑膜关节和筋骨肌肉，使腰部循脉气血得到调整，从而预防腰疼。此外，通过意守等引导方式，命门得到滋养，调节身体内气，促使各个循脉的气血流畅。按照中国传统健身方法，这种练习能滋养腰滑膜关节、组织和筋、脉、骨等组织，达到有病治疗、无病预防的目的。由此可见，两手攀足固肾腰是强肾健腰、防治腰疼的一种有效健身方式。

（七）攒拳怒目增气力

在中医学理念中，肝脏主导筋脉，与眼睛和指甲密切相关。肝脏被视为将军之官，喜欢开朗，厌恶抑郁。攒拳怒目的养生机理主要在于调理肝胆、增强脾胃、锻炼筋骨、提升心肺功能、调节情绪和提高免疫力等方面。长期练习八段锦，可以使人体的气血充沛，身体健康。

攒拳怒目动作通过模拟愤怒的情绪，激发肝胆之气，促进气血运行，有助于疏导肝气、调理肝胆功能，增强心脏活力，缓解紧张情绪，使肝胆功能得到调和。在动作过程中，拧腰顺肩、力达拳面，有助于刺激脾胃经脉，增强脾胃功能，从而使气血生化充足，内力得到提升。此外，这个动作需要全身肌肉、骨骼和关节的协同作用，特别是对四肢关节和脊柱的锻炼，有助于增强筋骨，提高身体素质。动作过程中的呼吸调整，可以使心肺功能得到锻炼，改善心肺功能，同时可以调理情志，提高免疫力。

两脚并蹲、十趾抓地，双手握固、旋腕、逐节用力抓握等动作，长期练习能刺激手、足三阴三阳相应穴位及督脉。同时，通过冲拳和抓握回收的运动，让全身肌肉得到充分的静态拉伸。坚持这种锻炼，能够有效提升肌力，从而增强力量。

（八）背后七颠百病消

背后七颠百病消是一种以踮脚跟为主要动作的养生运动。练习主要在于震颤脊柱及全身，包括肌肉、骨骼和脏腑。练习时，站立或坐下，保持身体舒展，放松肩部，自然呼吸。将重心放在脚跟，轻轻踮动脚跟，使身体上下震动。同时，配合深呼吸，对各个器官产生良性刺激，有助于脏腑气血运行、振奋正气。

背后七颠百病消的动作设计主要针对肾脏部位，通过踮脚跟的运动，可以起到按摩肾脏的作用。肾脏得到锻炼后，其功能会逐渐增强，对于防治肾虚、尿频等病症具有显著效果。动作过程中，内脏会随着身体的运动得到适度的按摩，有助于增强脾胃肝胆等内脏的功能，能使全身肌肉得到放松，有助于舒缓紧张的神经，能提高人体的免疫力，增强对疾病的抵抗力。

踮脚跟动作能有效刺激背部的经络，特别是足太阳膀胱经，使整个内脏的经络气血相互流通，阴阳协调，还可提高小腿后侧肌肉群强度，拉伸脚踝肌腱、韧带，增强人的协调意识。落地震动能轻微影响下肢力量和脊椎各滑膜关节内外功能，并使全身肌肉得以轻松恢复，有利于消除肌肉压力。小足趾抓地可触动脚部的相应经脉。因为小脚趾是足三阴、三溪等经脉会合的部位，触动这些经脉就能调动相关内脏。长期坚持可以改善背部血液循环，激活背部经络，有助于预防颈椎病、腰椎病等背部疾病。

三、八段锦的意守与呼吸中的养生机理

（一）八段锦意守活动的养生机理

意守与呼吸是八段锦练习过程中最为重要的两个环节。意守是指在练习八段锦的过程中，注意力集中在身体某个部位，使之气血运行顺畅。呼吸则是指在练习八段锦的过程中，呼吸要深长、缓慢、自然。意守与呼吸相互配合，有助于提高八段锦的养生效果。长期坚持练习，有助于提高气血运行、增强脏腑功能、舒展筋骨、调节神经系统、增强免疫力、减少内耗等。

1. 节省能耗

在意守入静之后，脑电波逐渐同步化，脑细胞的电运动更具有序性，高级神经的机能活性亦随之提升。神经细胞的功能得以优化，从而使整个人体进入一种崭新的动态平衡阶段。这一变化导致物质代谢量减少，细胞氧耗量降低。通常情况下，当人们处于熟睡状态时，单位氧耗量比觉醒后减少百分之十。临床观察结果显示，意守入静时，单位氧需求量远低于熟睡时的正常水平。[①] 在意守入静之后，大脑细胞还受到修补和修复的影响。因此，入静后递增率减少，血浆中的皮质激素、生长激素等水平降低。这样的变化有助于身心健康，实现身体与心灵的和谐统一。

2. 强健大脑

高级神经学说理论表明，当脑电快波占主导时，代谢功能较高。相反，慢波主导时，大脑消耗的氧气减少。脑细胞在兴奋活跃状态下，代谢功能增强；而在放松或抑制状态下，合成功能增强。在意守入静时，脑电波快波占据优势，对其他神经细胞产生抑制作用，从而降低氧消耗。因此，脑细胞功能得以提高。这种提高有助于增强训练者大脑皮质中神经细胞的活动能力，进一步改善神经细胞的分解与控制功能。因此，意守入静具有健脑增智的效果。[②] 此外，意守入静后的内抑制与生物过程不同，它确保各种反射的准确进行，并对大脑细胞生化物质及其生理功能具有保护作用和修复意义。

3. 调节情绪、畅通气血

八段锦运动强调精准的发力和动作，使人体的中枢神经系统进入一种抑制状态，实现“心随手动”的效果。这种调节作用降低了副交感神经的兴奋度，使人忘却烦恼，心情愉悦，并能控制不良情绪的产生。此外，它还能使内分泌功能保持正常。意守的作用不仅在于排除杂念，更重要的是其生理效应。中医理论认为：“意到则气到，气到则血行，血行则病不生。”同时，“血

① 释行宇编著. 少林八段锦［M］. 成都：成都时代出版社，2008.01.

② 释行宇编著. 少林八段锦［M］. 成都：成都时代出版社，2008.01.

得热则行，经络遇热则通。”八段锦的功法通过意守将注意力集中在用力部位或穴位，以达到疏通经络、畅行气血、保健脏腑的目的。[①]

4. 增强脏腑

根据中医学说，丹田与五脏六腑及十二经络相互关联，是全身气血汇聚之地。将意念专注于丹田，可实现心肾相交，达到水火平衡的效果。这种平衡对于身体健康和养生至关重要。在八段锦的运动过程中，意守与呼吸相结合，使内脏器官随着身体运动得到适度的按摩。这有助于增强脾胃肝胆等内脏功能，预防消化不良、便秘等消化系统疾病。

（二）八段锦呼吸练习的养生机理

八段锦的呼吸练习，是指通过身体运动的配合，将日常的平和呼吸引导至悠缓、细匀、深长的逆腹式呼吸。换气运动包括外呼吸和内呼吸：外呼吸是指胸腔内进行的空气与血液交换，也称为胸腔换气；内呼吸则是指血液与组织细胞间的空气交换，又称细胞换气。八段锦式的换气运动，实则是为了调整内呼吸。内家武学的呼吸运动与普通运动呼吸有所不同。八段锦中所运用的呼吸运动，具有以下三个特点：气贯丹田、开吸合呼、内外相合。这三种特点对人体健康产生了深远影响。

1. 气贯丹田的生理作用

气贯丹田的呼吸方式，意味着呼吸的气息能深入到腹部，锻炼腹部肌肉，从而增强消化系统的功能。这种呼吸方式，是通过内功运动实现的，能使腹式呼吸更加深长。呼吸运动可以分为肋间肌收缩和横膈膜收缩两种肌肉的运动。肋间肌收缩有限，而膈肌由于其正常的上凸解剖结构，具有较大的运动潜力。现代医学研究表明，胸腔的容积与膈肌的活动范围呈正相关。气贯丹田时，膈肌的活动范围扩大，从而增加胸腔容积，使呼吸更加深长，氧气供应更加充足。此外，膈肌运动范围的扩大还对腹腔内脏器起到按摩作用，增强胃肠蠕动能力，提高胃肠血液循环速度和胃液、肠液分泌，进而提高胃肠

① 李鸿义编. 八段锦［M］. 长春：吉林科学技术出版社，1989.04.

道的消化吸收功能和吸收能力。这种呼吸方式还对胃肠道疾病，如溃疡病、慢性胃炎、消化不良症等具有防治效果。

膈肌活动范围的扩大，会挤压周围的胸腔脏器，对心脏和肺部产生一定的治疗效果。心脏的血液循环量增加，从而对心肺部的多种病变，如心神经官能症、心绞痛等具有一定的治疗作用。对于其他器质性心脏病，如风湿性心脏病，也能起到缓解病情的效果。此外，对肺部的多种病变，如肺结核、矽肺、慢性气管炎、细支气管哮喘性疾病等，同样具有防治效果。正常人的血容量约为五千毫升，大部分贮存在腹腔的肝脏中。当气贯丹田，深压膈肌时，腹部压力增加，胸部气体压力降低（负压增加），促进回心血量增加，进入全身系统，从而促进全身循环系统和代谢功能。这种呼吸方式对临床常见疾病如慢性肝炎、慢性胆囊炎、慢性胰腺炎等具有一定的防治效果。

2. 开吸合呼的生理作用

练习八段锦时，要求呼气时为合为发，气入丹田；吸气时为蓄，气达指尖足心。这种开吸合呼的呼吸方式使呼吸更加平稳，有助于放松身心，缓解压力。在八段锦的动作中，双臂向上向外时为吸气，向内向下时为呼气。例如，在练习双手托天理三焦这个动作时，双手上托时吸气，向下运动时呼气。这种呼吸方式可以明显增加膈肌活动和腹肌活动，从而加强八段锦的健身作用。同时，这也是内外相合的基础。掌握合吸开呼的呼吸技巧，能够使练习者在练习八段锦时更加轻松自然，充分发挥动作的养生效果。

3. 内外相合的生理作用

内外相合，即呼吸与身体运动的紧密结合，使气血循环更加顺畅，提升身体机能。这一概念强调肢体动作与呼吸动作的默契配合。在八段锦的练习中，无论吸气、呼气还是呼吸停止，都应顺其自然，避免憋气。否则，肌肉容易紧张，消耗更多氧气，导致头晕等不适症状。特别是在呼气结束后自然停止呼吸的时刻，肌肉处于最大限度的放松状态，体内氧气补充和气体交换达到最佳，让人感觉轻松舒适。此时，呼吸与动作的协调，如同行云流水，使气血在体内畅通无阻，起到调和内脏、强身健体的作用。这种独特的呼吸方式，使人们在锻炼过程中感受到身心的宁静与和谐。

第三节　八段锦与课程思政的内在关联

一、八段锦的哲学思想与课程思政的教育理念相结合

（一）强调平衡与和谐

八段锦动作中的阴阳平衡、动静结合等哲学理念，与课程思政中倡导的个人身心平衡、人与自然和谐相处等观念相呼应。在教学中，可以引导学生思考如何在学习和生活中保持平衡，例如合理安排时间、处理好学业与兴趣爱好的关系，以及在社会发展中注重生态平衡和可持续发展。

（二）培养辩证思维

八段锦的哲学思想蕴含着辩证的观点，如强弱、松紧、动静地相互转化。课程思政中可以借此培养学生的辩证思维能力，让他们学会全面、客观地分析问题，理解事物的两面性，培养他们在面对困难和挑战时，能够从不同角度思考，寻找解决问题的方法。

（三）注重修身养性

八段锦强调通过练习达到身心的修养和提升。课程思政可以将这种修身养性的理念延伸到培养学生的品德修养和社会责任感上。教导学生在追求自身发展的同时，要关心他人、服务社会，树立正确的价值观和道德观。

（四）倡导持之以恒

练习八段锦需要长期坚持才能达到良好的效果。这与课程思政中培养学生的毅力和坚忍精神相一致。鼓励学生在学习和追求目标的过程中，不怕困难，坚持不懈，培养他们的自律和耐心。

（五）强调个体与整体的关系

八段锦的每个动作都是整体的一部分，个体动作的协调统一才能展现出整套功法的魅力。课程思政中可以引导学生认识到个人在集体中的作用，明白个人的成长与集体的发展相互依存，培养学生的团队合作精神和集体荣誉感。

（六）传承与创新

八段锦作为传统文化的传承，同时也在现代社会不断创新发展。在课程思政中，可以激励学生既要尊重和传承优秀的传统文化，又要具备创新意识和创新能力，在继承的基础上推动社会的进步和发展。

通过以上方式，将八段锦的哲学思想有机融入课程思政的教育中，能够让学生在学习体育技能的同时，潜移默化地接受思政教育，促进学生的全面发展。

二、八段锦的历史、机理与价值观

（一）八段锦的历史渊源与文化传承

八段锦历史悠久，虽然它的起源还未有统一说法，但能肯定的是它作为中国古代导引术的重要组成部分，融合了中医、武术、哲学等多种元素。在漫长的历史发展过程中，八段锦不断演变和传承，成为了深受民众喜爱的健身功法。通过学习八段锦的历史，学生能够深刻感受到传统文化的博大精深和源远流长，从而增强对民族文化的自豪感。同时，传承八段锦也是对历史文化的延续和创新，鼓励学生积极参与到传统文化的传承和发展中，培养他们的文化自觉和文化自信。此外，古代健身理念强调“天人合一”“动静结合”，注重身体与自然的和谐统一。八段锦的动作编排和呼吸方法充分体现了这一理念。在现代社会，尽管生活方式和环境发生了巨大变化，但这种古老的智慧依然具有重要的价值。引导学生思考如何将古代健身理念与现代健康观念相结合，能够让他们更好地适应快节奏的生活，保持身心健康。这不仅是对传统文化的传承，更是对其在当代社会的创新应用，培养学生的创新思维和实践能力。

（二）八段锦的机理与哲学思想

八段锦的每个动作都蕴含着中医哲学原理。例如，“两手托天理三焦”通过向上伸展双臂，调理人体的三焦功能，体现了阴阳平衡的思想。三焦是六腑之一，分为上焦、中焦和下焦，分别对应人体的心肺、脾胃和肝肾等脏腑。上举动作属阳，下落动作属阴，一阴一阳，相互协调，达到平衡阴阳、调和气血的效果。通过对这些动作机理的解析，学生能够深入理解中医哲学中的辨证思维，学会从不同的角度看待问题，培养他们全面、客观分析事物的能力。而且，八段锦强调身心合一、和谐统一。在练习过程中，要求身心放松，呼吸自然，动作流畅。这种身心的统一不仅有助于锻炼身体，还能调节心理状态，缓解压力和焦虑。引导学生在日常生活中也追求身心的和谐，树立正确的健康观和生活态度，让他们明白健康不仅仅是身体的无病，还包括心理的平衡和精神的愉悦。这对于培养学生积极乐观的人生态度和应对挑战的能力具有重要意义。

（三）八段锦文化与社会主义核心价值观

八段锦文化中蕴含着友善、和谐、文明等价值观元素。在集体练习八段锦时，参与者之间相互交流、互相帮助，体现了友善的精神。八段锦动作的柔和、流畅，以及练习者之间的默契配合，营造了和谐的氛围。此外，八段锦作为一种传统文化的代表，其传承和推广也是对文明的传承和弘扬。培养学生在练习和传播八段锦的过程中践行这些价值观，能够增强他们的社会责任感和文明素养，促进社会的和谐发展。社会主义核心价值观强调个人的价值追求与社会的发展需要相统一。学习八段锦不仅能够提高个人的身体素质和心理素质，还能够为社会的健康事业做出贡献。通过组织学生参与八段锦的公益推广活动，让他们在服务社会的过程中体会到个人的价值和社会的需求，培养他们的奉献精神和爱国情怀，为实现中华民族伟大复兴的中国梦贡献自己的力量。

第四节　八段锦课程思政建设的源起

一、课程思政理念引入八段锦教学的契机

（一）教育政策的有力导向

国家大力提倡课程思政建设，明确要求各类课程均应发挥育人功能，构建全员、全程、全方位的育人格局。国家政策为八段锦课程思政建设提供了有力导向。2020 年，教育部印发的《高等学校课程思政建设指导纲要》为高校课程教学改革和体育类课程思政建设指明了方向，推动“课程思政”工作在全国高校全面开展。此外，党的十八大以来，党中央高度重视传统文化的传承与发展，明确要求加强中华优秀传统文化教育，推动传统文化进教材、进课堂、进校园。八段锦作为中华传统养生文化的代表，其课程思政建设契合教育改革的需要，具有明确的现实依据。在国家政策的引领下，高校作为思政教育的重要场域，在各个课程中融入思想政治教育成为新要求与紧迫任务。教育工作者应守好责任田，在课程教学改革中坚定党的路线、方针，坚守立德树人根本任务，为构建新时代中国特色社会主义现代化国家贡献力量，以更好地为国家发展和社会进步输送大批优秀青年人才。

（二）契合社会需求

在当下快节奏、高压力的社会环境中，人们对身心健康的关注度与日俱增。八段锦作为融合健身与养心的传统功法，其所蕴含的平和、宁静、和谐等理念，与课程思政致力于促进人的全面发展这一目标深度契合，为思政理念的融入注入了强劲动力。八段锦作为我国导引养生功中的代表性项目，发展至今，融合了我国古代哲学、儒释道家等流派的思想精髓，形成了一套独特的习练功法。“治未病”这一养生观念对于大学生健康意识的培养举足轻重。将思政教育融入八段锦课程，能够助力学生深刻领悟中华优秀传统文化的博大精深，有效培养其民族自豪感和文化自信。而“治未病”养生观念，

对于大学生健康意识的塑造也具有不可忽视的重要意义。八段锦课程自身具有深厚的传统文化底蕴，富含丰富的中华优秀传统文化内涵，形式丰富多样且易于被学生接纳。随着八段锦课程的持续普及，越来越多的高校和专业机构开始关注并研究八段锦，形成了一支专业素养过硬的师资队伍。这些教师不仅具备丰富的教学经验，还拥有深厚的理论研究成果，为八段锦课程思政建设提供了坚实有力的支撑。然而，在“课程思政”理念下，传统的八段锦课程已经不能够满足新的发展需求，八段锦课程亟须进行改革。将八段锦中思政元素进行挖掘，对八段锦课程进行重新设计，以满足八段锦课程中“立德树人”的需要，更好地适应新时代的社会需求，为培养德才兼备的人才贡献力量。

（三）学生成长的现实需求

当代学生置身于信息爆炸的时代，面临着多元文化的冲击以及各种价值观的激烈碰撞。在追求个人发展的进程中，他们极易出现价值迷茫与道德困惑。八段锦课程引入思政理念，能够为学生提供稳固的价值导向和坚实的精神支撑，助力其树立正确的世界观、人生观和价值观，培育积极向上的人生态度与强烈的社会责任感。八段锦课程思政的建设，恰能满足学生成长的迫切需求。一方面，通过八段锦的练习，学生能强身健体，培养坚韧的意志和良好的自律习惯。课程中融入的思政理念，让学生在一招一式的练习中，体会到传统文化中蕴含的和谐、平衡等思想，从而引导他们以平和、包容的心态面对生活中的挑战。另一方面，八段锦课程思政强调团队协作和互助精神。在集体练习或交流分享中，学生学会与他人合作，理解个人与集体的关系，增强集体荣誉感和团队意识。再者，思政理念在八段锦课程中的渗透，能够激发学生对传统文化的热爱和传承意识。让他们在感受传统文化魅力的同时，明白自身在文化传承中的责任，树立文化自信，进而积极投身于弘扬传统文化的行动中，为学生提供了全方位的精神滋养和价值引领，助力他们在成长道路上坚定信念，明确方向，成为有担当、有素养、有追求的新时代人才。

（四）文化传承的使命

中华优秀传统文化，是孕育社会主义核心价值观的重要源泉。八段锦在传统文化中地位显著，承载着深厚的哲学思想、道德理念和人文精神。在全球化进程加快的当今时代，传承和弘扬中华优秀传统文化是教育领域的重要使命。将课程思政理念融入八段锦教学，能使学生在实现强身健体目标的同时，深刻领悟传统文化的内涵，增强文化自信，培养民族自豪感。这种教学模式为学生了解传统文化打开了窗口，引领学生在传统文化领域汲取智慧和力量，承担起传承与创新的责任，为中华民族的伟大复兴提供持续动力。

二、八段锦课程思政建设的必要性

（一）传承中华优秀传统文化，为国育才为党育人

学校体育是促进学生身心协调发展的重要途径，是提高综合素质的重要载体。民族传统体育承载着中华民族传统文化，而八段锦是民族传统体育项目之一，是中华传统养生文化的代表，具有悠久的历史和丰富的内涵。八段锦课程思政建设有助于传承和弘扬这一优秀传统文化，使更多的人了解、认识和传承八段锦，同时强化思想政治教育，有助于学生树立正确的价值观、世界观和人生观，全面培养学生德智体美劳的综合素养，切实提高学生的身心健康水平和综合能力，使他们成长为具备深厚传统文化素养的新时代中国特色社会主义建设者和接班人，真正实现为党育人、为国育才的崇高目标。

（二）提升教育质量，促进教育教学改革

教育的本质是唤醒人的内在觉醒，使人们在受教育过程中认识自己、认识社会、认识世界，理解人与人、人与社会、人与自然的内在联系，从而找到生命的意义和人生的目的。八段锦的丰富的思想文化内涵，通过课程思政教育教学改革与实践，将可以使参与者在身体健康、心理素质、文化素养、精神文明等发展中提升认知、改变思维，在人体结构、社会关系、自然结构等方面的了解与理解更全面化、系统化和整体化，对待事物的看法和解决问

题的方法更显智慧。八段锦的特点是简单易学，不限场地和人员，任何学生都能练习，它不限时间和人数，可以个人或集体练习，满足不喜欢户外长时间锻炼的学生需求。八段锦课程思政建设有助于提升教育质量，使课程教学改革能遵循因材施教原则，符合学生身体素质、健康状况、认知思维、思想格局等的个体差异性发展，促进个性与共性的协调发展，使课程更加贴近时代要求和社会需求，为我国高等教育发展提供有力支持。八段锦以“以人为本，追求自然”的运动理念，符合当前学校体育改革的方向，能够满足学生全面发展的培养需要。

（三）加强师资队伍建设，增强教师队伍素质

八段锦课程思政建设有助于提升教师队伍的政治素质和业务能力，使教师更好地承担起教书育人的使命，为学生的成长提供优质教育服务。课程思政建设需要老师有多元化知识储备的知识结构体系，需要有跨学科融合应用的能力，更需要老师有过硬的思想政治素质和坚定的新时代中国特色社会主义强国建设的理想信念，以至构建有灵魂课堂和多元协同创新育人思维能力。八段锦课程思政建设涉及以中华民族伟大复兴、强国建设、全民健康、幸福美好生活等建设目标，涉及师生在“国格、体格、性格、品格”教育中汲取中国智慧、弘扬中国精神、传播中华优秀传统文化等的课程内容、课程目标、教学模式、教学方法建设，要求教师队伍要有高度的思想政治觉悟、丰富文化素养、过硬业务水平和创新教学能力。因此，八段锦课程思政建设能加强师资队伍建设，增强教师队伍素质。

（四）营造良好校园文化氛围，提高学生体质和文化自信

八段锦课程思政建设有助于在全社会营造弘扬传统文化、培育民族精神的良好氛围，增强民族自豪感和文化自信。青少年是强国建设的主力军和中华民族伟大复兴的主要参与者，青少年的体质好坏影响着国家的繁荣发展，青少年的健康体魄、信仰信念、文化认同、文化自信关乎新时代中国特色社会主义强国建设的进程。学校作为国家培养高素质人才的摇篮，在培养学生的文化素养、身体素质、坚强意志、理想信念等方面具有不可或缺的作用。八段锦本身蕴含的优秀传统文化的优势，不仅可以丰富校园体育文化氛围，还能促进学生民族团结、民族文化自信。在八段锦的练习中，动作柔和、缓慢、圆润，静与动相结合，形、神、气都体现在其中。由于动作简单易操作能满足学生的学习需求，其形、意、导的慢速运动的形式可达到强身健体，在学习八段锦的同时可潜移默化地接受传统文化的熏陶，以此提高学生的文化素养。八段锦的活动可以通过校内外结合，如协会社团、各类比赛、各种交流、社会实践服务等平台进行展示、表演、传播，以及实践应用日常生活，不仅能提升学生体质，而且促进学生积极参加各类全民健身社会服务实践活动，培养综合能力，增强民族文化自信。

未来，八段锦课程思政建设还需进一步加强与其他学科的融合，拓展课程的深度与广度；充分利用现代信息技术，创新教学方法和手段；加强与社会各界的合作，为学生提供更多实践机会。同时，也要关注课程建设中的资源分配、教学评价等问题，确保课程思政建设的可持续发展。在应对挑战的过程中，不断探索创新，推动八段锦课程思政建设取得更为显著的成效，为培养德智体美劳全面发展的社会主义建设者和接班人做出更大贡献。

第三章　八段锦课程思政的解剖学基础

第一节　八段锦的呼吸动力学

一、八段锦的呼吸形式

呼吸，对于维持生命状态、锻炼精神力量至关重要，它是人体健康的基石。在生命的起点和终点，呼吸都扮演着不可或缺的角色。婴儿的第一声啼哭，标志着生命的新开始，而最终的呼吸停止，则宣告了生命的终结。

从解剖学的角度来看，呼吸是一种通过呼吸系统实现的生理过程，涵盖了吸气和呼气两个基本阶段。吸气，是通过鼻腔或口腔引入新鲜空气，将氧气带入体内；呼气，则是将体内的废气通过鼻腔或口腔排出。在这个过程中，肺部是气体交换的关键器官，它将氧气输送到血液中，同时将血液中的二氧化碳排出体外，维持体内的酸碱平衡。呼吸系统的构成包括鼻腔、喉部、气管、支气管和肺部等器官。鼻腔和喉部不仅负责过滤、加温和湿润吸入的空气，还参与声音的产生。气管和支气管将空气输送到肺部，而肺部则负责进行氧气和二氧化碳的交换，为身体的细胞代谢提供必要的氧气，并排出代谢产生的二氧化碳，防止其在体内积累导致酸中毒等病理状态。此外，呼吸还能帮助人体调节体温、排除体内的毒素和废物。在正常情况下，呼吸是一个自然而然的生理过程，由位于脑干的呼吸中枢自动控制。然而，某些疾病或外界因素可能导致呼吸困难或异常，影响身体健康。因此，保持良好的呼吸习惯和关注呼吸健康对于维护整体健康至关重要。

八段锦的呼吸方式与日常的胸式呼吸不同，八段锦的呼吸主要依赖于胸腔和肺部的协同作用，也称逆腹式呼吸。其原理是利用横膈肌在垂直方向上的运动来产生气压差，在此基础上，在吸气时，膈肌上升，腹部内收，胸部挺直；在呼气时，膈肌下降，腹部外凸，胸部放松。这种呼吸方式在八段锦的练习中占据主导地位，吸气时腹部收缩，呼气时腹部放松，因为它与八段锦的连绵起伏的提升、舒展、下降的动作协调配合。若采用传统的腹式呼吸或胸式呼吸，很难做到动作的连贯和起伏的到位，也无法有效控制身体的气血流动。

以“双手托天理三焦”和“调理脾胃须单举”两式为例，第一个动作“双手托天理三焦”中，吸气时腹部收缩，双手上托，头部抬起；呼气时腹部放松，双手下放，头部收回。在第二个动作“左右开弓似射雕”中，吸气时腹部收缩，双手向两侧平举，头部抬起；呼气时腹部放松，双手下放，头部收回。以此类推，在每一个动作的吸气和呼气过程中，都要注意配合逆腹式呼吸，使身体更加放松，呼吸更加自然。有时某些动作会达到生理极限，此时，练习者需要闭气几次。如“双手托天理三焦”和“调理脾胃须单举”两式，双手上举至最高点或一只手臂上举至最高点、另一只手臂向下虚按时，均需要短暂的闭气技巧。这种呼吸技巧不仅能让八段锦的动作更加精准和饱满，还能促进气血的顺畅流通。为了达到细腻、均匀、深长的呼吸效果，最好使用鼻子呼吸，如果难以做到，可以尝试鼻吸口呼的方式。

二、八段锦呼吸的解剖学基础

八段锦的呼吸方式主要以逆腹式呼吸主，涉及腹腔与胸腔的结构与功能。人体结构中，胸腔和腹腔是两个重要的腔体，它们各自与外部环境相连，胸腔开口于顶部，而腹腔开口于底部。这两个腔体之间由一个关键的结构——膈分隔开来，同时它们都与脊柱相连，在背后形成一个稳定的联结。这两个腔体有一个共同特点是，它们都能够改变形状。这种形状变化的能力直接关联到人体的呼吸系统，当呼吸时，胸腔和腹腔的形状会随之变化，从而使得空气能够进入或排出体外，维持身体的新陈代谢和生命活动。因此，胸腔和腹腔的形状变化能力与呼吸有着密切的关系。

（一）八段锦呼吸的胸腔解剖学

八段锦呼吸的胸腔解剖学基础主要涉及胸廓、肺和膈肌等结构。

1. 肺

（1）肺的结构：肺由许多肺泡组成，外面包绕着丰富的毛细血管和弹性纤维，肺泡的壁和毛细血管壁都很薄，只有一层上皮细胞构成，这些特点有利于气体交换。（2）肺的功能：肺是呼吸系统的主要器官，是气体交换的主要场所。肺泡数量多，增加了气体交换的面积，有利于气体交换。肺泡外面包绕着丰富的毛细血管，有利于气体在肺泡和毛细血管内的血液之间进行气体交换。（3）肺的呼吸方式：在八段锦呼吸过程中，通过深吸气和深呼气，可以使肺泡充分扩张，增加肺活量，提高肺的气体交换能力。

2. 胸廓

胸廓是肺的外部环境，由 12 对肋骨和胸骨组成的框架，它为肺提供了扩张和收缩的空间。在八段锦呼吸过程中，通过深吸气和深呼气，可以扩大和缩小胸廓容积，促进肺的扩张和收缩，增强肺的功能。

3. 膈肌

（1）膈肌的结构：膈肌是位于胸腔和腹腔之间的一层肌肉，呈圆顶状，将胸腔和腹腔分隔开。膈肌由外部肌层和内部肌层组成，外部肌层较厚，内部肌层较薄。（2）膈肌的功能：膈肌是主要的呼吸肌之一，参与呼吸运动。在吸气时，膈肌收缩，使顶部下降，胸廓扩大，肺随之扩大，从而使空气进入肺。在呼气时，膈肌松弛，顶部上升，胸廓缩小，肺也随之回缩，从而使空气排出肺。（3）八段锦呼吸与膈肌：在八段锦呼吸过程中，通过深吸气和深呼气，可以锻炼膈肌，增强其收缩和松弛的能力，提高呼吸效率。同时，通过逆腹式呼吸，即吸气时腹部收缩，呼气时腹部放松，可以增强膈肌的力量和耐力，有利于呼吸系统的健康。

（二）八段锦呼吸的腹腔解剖学

八段锦呼吸的腹腔解剖学基础主要涉及腹部的结构，包括腹部肌肉、肠道和腹部器官等。

1. 腹部肌肉

腹部肌肉包括腹直肌、腹外斜肌、腹内斜肌等，它们在八段锦呼吸过程中起到重要作用。例如，在逆腹式呼吸中，吸气时腹部收缩，呼气时腹部放松，可以锻炼腹部肌肉，增强其力量和耐力。

2. 肠道

肠道是消化系统的重要组成部分，它与呼吸系统的关系主要体现在气体交换和消化吸收方面。在八段锦呼吸过程中，深吸气和深呼气可以促进肠道内气体的交换，有利于消化吸收。

3. 腹部器官

腹部器官包括肝脏、胰腺、胃等，它们在八段锦呼吸过程中的作用主要体现在与肺的协同作用，促进体内气体交换和血液循环。

三、八段锦呼吸吐纳方法

呼吸吐纳特指通过鼻腔或口腔吸入清新空气（即氧气），吐出肺中浊气（即二氧化碳）。在中医和一些传统养生实践中，呼吸吐纳被赋予了更深的含义，它不仅是指生理上的气体交换，还涉及气的流动和调整，以及与身体其他系统的相互作用。例如，中医中的调息功法、气功以及八段锦等养生功法，都会强调呼吸吐纳的技巧，以达到调整身体状态、增强体质和促进健康的目的。在现代语境中，呼吸吐纳通常指的是通过有意识地控制呼吸节奏和深度，来进行身心放松、减压或提高呼吸效率的练习。这些练习可能包括深呼吸、缓慢呼吸、腹式呼吸等方法，它们有助于改善肺功能、降低心率、改善血液循环，并有助于情绪调节和心理健康。

八段锦的呼吸吐纳方法独具特色。根据八段锦柔和缓慢、圆活连贯的动作特点，练习时以逆腹式呼吸为主，辅以提肛呼吸，两种方式相兼，保证舒缓连贯。并且，在八段锦习练过程中动静、松紧的交替或变化时应采取闭气的方式。八段锦的呼吸原理简单而又深奥：吸气时，提肛收腹以使得膈肌上升；呼气时，松腹松肛以使得膈肌下降。练习每一式动作时遵循：起吸落呼、开吸合呼、蓄吸发呼三个呼吸原则。而对于个人来说，呼吸频率因每个人肺活量不同而有差异，动作幅度也因个人而定。因此，每个人要找到适宜自己的呼吸方法、动作节奏，发觉气息不畅、动作幅度不适合自己时应该及时调整，不可生搬硬套。

四、八段锦呼吸吐纳的实践要求

预备式：端正身形，两脚并拢站立。将身体重心右转移、左脚开步抬起时（吸）；左腿下落呈开立（呼）。双臂内旋，两掌两侧摆起，掌心向后（吸）。屈膝同时双臂外旋向前合拢腹前（呼）。然后呼吸自然、意守丹田。

（一）双手托天理三焦

在动作的上升阶段吸气，双手向上伸展至头顶，手臂尽量向上伸直，同时扩张胸腔，感受气息上升至胸腔。在动作的下降阶段呼气，双手下降至初始位置，同时收缩胸腔，将气息缓缓呼出。

（二）左右开弓似射雕

在拉弓时吸气，感受气息从丹田（腹部）上升至胸腔。在放箭时呼气，手臂向前伸展，同时将气息从胸腔导向双手，感受气流从手指尖流出。

（三）调理脾胃须单举

在举起手的同时吸气，手臂向上伸展，手心向上，感受气息上升至手臂。在放下手的同时呼气，手臂下降至初始位置，同时将气息从手臂导向腹部。

（四）五劳七伤往后瞧

在转头的同时吸气，头部向后转动，扩张胸腔，感受气息上升至头部。在恢复原位时呼气，头部回到正中位置，同时收缩胸腔，将气息缓缓呼出。

（五）摇头摆尾去心火

在摇头时吸气，头部轻轻向左右摇动，感受气息在头部流动。在摆尾时呼气，尾闾（尾骨）轻轻向左右摆动，同时将气息从头部导向腹部。

（六）两手攀足固肾腰

在向上攀手的同时吸气，感受气息上升至胸腔。在向下攀足的同时呼气，手臂向后伸展，同时将气息从胸腔导向腹部。

（七）攒拳怒目增气力

在握拳时吸气，感受气息从丹田上升至胸腔。在怒目时呼气，拳头紧握，同时将气息从胸腔导向双手。

（八）背后七颠百病消

在踮脚时吸气，感受气息上升至头部。在脚跟落地时呼气，同时将气息从头部导向腹部。

收式：双臂向内旋转，摆到两边（吸）；双臂弯曲肘部，掌心叠放丹田（呼）。双臂自然落回时身体平静、周身轻松、呼吸自然。

在练习八段锦时，呼吸应该与动作协调一致，动作的起势通常伴随着吸气，而动作的收势或转势则伴随着呼气。这样的呼吸吐纳练习有助于提高呼吸系统的功能，促进气血流通，调整身体机能，达到养生的目的。

第二节　八段锦的肌肉系统

一、八段锦的骨骼肌解剖学

八段锦是动静结合的养生术，以其温和的强度和全面的健身效果，成为大众乐于接受且付诸实践的有氧运动项目。国家体育总局推出的八段锦教学版本，包含八式动作，旨在满足不同习练者的需求。选择八段锦健身时，应根据个人的身体状况和关节灵活度，灵活选择适合的一式或几式动作，以达到各自的锻炼目标。八段锦不仅能够防病治病，还能在强壮筋骨、增强体质的同时，培养内心的宁静与身体的灵活性。

骨骼肌，作为人体运动系统的核心，由肌腱和肌腹构成，是体内最为丰富的组织之一。肌腱作为纽带，将肌肉与骨骼相连，使得肌肉的收缩能够引发骨骼的运动。骨骼肌约占全身重量的百分之四十，其内嵌的本体感受器能够将外界刺激转化为神经冲动，维持肌肉的紧张度，确保身体姿势的正确，以及运动时的协调和平衡。

在八段锦的练习中，动作的连贯性和均匀性是基本原则，而“调息、调身、调心”的三调合一理念，更是练习的精髓。通过意念的引导，习练者能够在练习过程中保持专注，调节身体和心境的和谐统一，从而达到身心合一的境界。这样的练习方式，不仅加强了骨骼肌的生长和功能，更在精神层面上赋予了习练者深刻的内在修养。

（一）颈部肌肉锻炼

人体的颈项，作为头颅与躯干的桥梁，不仅神经血管纵横交错，更是健康的重要枢纽。正确的颈部运动，能够有效预防相关疾病的发生。颈部运动不仅促进血液循环，提升关节活动度，还能增强肌肉和韧带的强度。八段锦的练习中，特别重视颈部的锻炼，其中有四式动作尤为突出。

在第一式“双手托天理三焦”中，当双臂缓缓上抬再到双手从头顶向两侧下摆时，头部从正中位缓慢上抬，然后回归原位，这一系列动作主要针对颈阔肌和胸锁乳突肌进行拉伸。而在第二式“左右开弓似射雕”、第四式“五劳七伤往后瞧”、第五式“摇头摆尾去心火”中，颈部需缓慢左右转动，这需要胸锁乳突肌、斜角肌以及颈夹肌、肩胛提肌、斜方肌等肌群的相互配合与协调发力，以实现动作的连贯与自然。特别是“左右开弓似射雕”这一式，通过开肩展胸的动作，不仅锻炼了斜方肌这一层肌肉，更深入地刺激了头半棘肌这一深层肌肉。此外，通过骨骼杠杆原理引导肌肉运动，八段锦能够在一定程度上提高关节的灵活性，增强颈肩部肌肉的力量和韧带的稳定性，从而预防各类颈肩急性或慢性损伤。

科学研究也指出，在稳定颈椎和颈部运动中，颈部后伸深肌群发挥着至关重要的作用，其中半棘肌更是关键。颈椎病患者通过有选择性地、规律性地练习八段锦中特定的动作，能够有效缓解颈部肌肉的僵硬，提高关节活动度，从而有效促进半棘肌生理功能的恢复，缓解慢性颈痛患者的疼痛问题。八段锦的缓慢与柔和，不仅能让练习者在动静结合中体会到身心的和谐、在精神层面上达到一种平衡与宁静，还能够充分放松肌肉。

（二）上肢肌肉锻炼

手肌：手肌散布于掌部，且均在双手掌侧面，主要起灵活使用手指的作用，具有完成多种精细动作的功能。手肌多由外侧大鱼际肌、内侧小鱼际肌、中间蚓状肌和骨间肌组成。八段锦对掌部有掌式与拳式两种锻炼途径。拳式以第七式“攒拳怒目增力气”为例，用力的方法是：以肩关节推动肘关节、以肘关节驱动腕关节、以腕关节推动拳头逐层用力，加强掌指部的力量。掌式以第一式“双手托天理三焦”为例，两掌叠加时，十指在腹部相交，两臂向上交叉上抬，使蚓状肌伸展，同时锻炼小指对掌肌的指伸肌、拇短伸肌等。又如第六式“两手攀足固肾腰”，双掌四指指力并拢，拇指也并拢，拇指用力向外翘，把劲力蓄在干掌的手指上。在这期间，拇长屈肌、指深屈肌相对延伸，骨间背侧肌群相对用力伸展，能够强化掌指之力。这说明八段锦是通过逐层用力的发力方式来锻炼，使掌部骨骼肌得到加强。掌式就拿第一式“双手托天理三焦”来说，两掌叠加时，十指在腹部相交，两臂向上交叉上抬，使蚓状肌伸展，小指对掌肌的指伸肌、拇短伸肌等得到锻炼。又如第六式“两手攀足固肾腰”，双掌四指并拢，拇指也并拢，拇指用力向外翘，把劲力蓄在手掌的手指上。在这过程中，拇长屈肌、指深屈肌相对延伸，骨间背侧肌群相对用力伸展，能够强化掌指之力。这说明八段锦是通过逐层用力的发力方式来锻炼，使掌部骨骼肌得到加强。

腕部：腕关节是人体活动最经常的一个关节，在日常活动中伤害概率较大的地方，腕关节受损通常给人们的日常活动带来极大麻烦。由于腕关节具有一定的活动量和转动幅度，所以如果不能够很好地控制自己的肢体姿势就容易出现各种问题。所以，维持腕关节稳定，灵活是十分重要的，并且在改善灵活度与稳定性的时候要注意方式方法。通过练习八段锦功法可以达到上述目的。八段锦中第一、三式均应以桡侧腕长伸肌为主、桡侧腕短伸肌和全部伸肌的肌群主要发生收缩。让腕部关节转动背伸，伸直肘关节，慢慢向上抬起。另外，还需要将肘前斜方肌进行适当拉伸，使得其伸展性增加，同时也起到了辅助上肢力量提升作用。这种复合运动能有效加强前臂转动，加强腕部屈伸，能提高关节灵活性，有效提高了关节稳定性。此外，还能提高手的力量以及手指对物体的控制能力。对主要从事手活动的专业人员，通过练习八段锦，可有效减少职业病发生概率。另外，八段锦对上肢功能也具有一定的辅助作用，有助于提升工作效率。比如，推拿医师练习八段锦，可以加强手臂悬力，防止腕关节意外伤害。

手臂：手臂与下肢相比，骨骼较为灵巧，关节囊较松弛，肌肉细小而纤细，它和人体日常活动息息相关。在上肢运动时，需要协调全身肌肉力量来完成各种姿势。第一式“双手托天理三焦”和第三式“调理脾胃须单举”主要是柔和地上举。这两式着重运动桡侧腕的长伸肌和短伸肌、尺侧腕伸肌和其他肌群，以加强两臂上挺和两手攀足的动作，与下垂的手臂上提相配合。然后俯下身去按压，可以有效地伸展三角肌和斜方肌、冈上肌、背阔肌及其他肌群。第四式“五劳七伤往后瞧”和第八式“背后七颠百病消”都是双臂外旋、外展，由肩静止性地向下发力，保持姿态平稳。同时，这些动作还可以帮助练习者放松背部软组织，起到舒筋活血、疏通经络之功效。基于正确的引导，通常坚持练习八段锦 5 个月，患者肱二头肌、肱三头肌、肱四头肌会明显增强肌肉力量。八段锦运动能增强上肢骨骼肌的肌力与耐力，坚持不懈地练习可以有效地伸展上臂部肌肉和韧带，缓解上臂僵硬感觉，减轻肌肉疲劳，让关节更灵活、更牢固，防止职业病。

肩部：肩部是上肢中最柔韧的一个关节，其骨骼肌丰富，关节囊及韧带很容易发生疲劳与破坏。在日常生活中，导致肩关节活动受限的原因很多，会严重影响患者的正常生活质量，甚至诱发其他疾病。八段锦对肩部肌肉、关节、韧带的锻炼效果显著，练习八段锦能有效地提高肩关节的活动度，加快肩周炎的康复，减轻肩部疲劳。八段锦的第一式和第六式主要以伸展背阔肌、大圆肌、小圆肌和冈下肌为主，力量主要集中在这些肌肉上；“摇头摆尾去心火”则采用马步俯掌按膝，进行大幅晃动，整体运动舒缓，有利于肩部整体骨骼肌群的松弛。第三式和第十式主要是锻炼斜方肌、肩胛下肌和冈上肌，主要拉伸的是关节囊和韧带。第四式和第十一式在上述基础上增加了屈肘收腹及提拉腰部肌力的训练。一些科学研究证明，坚持完成八段锦运动，三角肌前束、三角肌后束、冈下肌等长收缩肌的电信号发生显著改变。这些信号在一定程度上反映出了肩关节周围肌群的功能活动情况。通过对八段锦的牵拉、转动、拉伸和其他锻炼，可以有效地减轻肩部肌肉的不适感，改善肌肉痉挛、紧张疼痛等症状。

（三）核心肌群锻炼

核心肌群根据其位置被划分为浅层运动肌和深层稳定肌，各自包含不同的肌肉，对脊柱稳定性起着关键作用。浅层运动肌如腹直肌、腹外斜肌、竖脊肌和臀大肌，主要连接胸廓和骨盆，控制脊柱运动方向；深层稳定肌如腹横肌、多裂肌、腰方肌和盆底肌，主要负责维持腰椎和脊椎曲度。① 八段锦通过扭转和拉伸核心肌群，增强其肌耐力。② 例如，双腿为基础，双手放在膝盖上，身体向左右倾斜，然后以髋关节为支点进行摇转，锻炼背阔肌、多裂肌、腰方肌等。八段锦的第六式“两手攀足固肾腰”中，练习者双手抬起，掌心向上，弯腰触摸脚部，同时拉伸腹直肌、腹外斜肌、背阔肌、腰方肌及其韧带。这种练习对腰背损伤具有保护作用，并能增强肌肉力量。研究显示，八段锦能显著增强身体特定部位的肌肉力量。八段锦的根基是桩法，它能刺激多裂肌、腹直肌等，从而稳固腰部。

---

① 《核心肌群训练引导康复护理对痉挛型脑瘫患儿运动功能的影响》孙艳萍；高艳；李文艳；欧博玲 –《海南医学》– 2019.

② 《从骨骼肌角度分析八段锦功法功理》成子己；管翀；谢芳芳；姚斐 –《中医药导报》– 2020.

在呼吸方面，通过增强膈肌和呼吸肌的力量，提高肺弹性，八段锦能提高慢性阻塞性肺疾病患者的生存质量。“双手托天理三焦”练习中，双手上举，掌心向上，扩展胸部肌肉。此外，第三、第六和第七式等练习通过上肢展体带动胸肌、胸小肌和背部菱形肌的拉伸，逆腹式呼吸则激活腹横肌，增强核心肌群力量。①

（四）下肢肌肉锻炼

人的下肢主要由臀部、大腿、膝盖、小腿等部位组成，下肢的骨骼肌占了全身骨骼肌的百分之八十。骨骼肌的收缩和肌肉的张力增加时血管会受到挤压，下肢静脉就会积聚太多血液，这个时候骨骼肌的收缩和舒张将发挥着关键的作用，把下肢的静脉血液有效地输送到心脏。在这个过程中，骨骼肌的收缩会导致静脉血管的压迫，从而促进血液的流动。当骨骼肌舒张时，静脉血管则会扩张，使得血液能够更加顺畅地流动。这种由骨骼肌引起的血液流动，被称为肌肉泵作用。静脉血液在流动过程中，会通过静脉瓣膜。这些瓣膜的作用是确保血液只能流向心脏，而不能反流。在骨骼肌的收缩和舒张的作用下，静脉血液得以顺利地通过这些瓣膜，流入心脏。总的来说，骨骼肌在下肢静脉血液流动中起着至关重要的作用。对于维持正常的血液循环，确保身体各部位得到充足的氧气和营养，具有重要意义。

八段锦功法是一种具有轻松自如、舒展大方特点的传统健身功法，主要以特殊动作和胯部姿势的转变来锻炼下肢肌肉。这种功法通过不断的动作变化，如转动、伸展和脚步的切换，从而有效增强下肢肌肉的力量。在八段锦的练习中，第二、第五、第七式主要以马步作为基础姿势。马步是一种重要的锻炼姿势，主要通过大腿后侧肌群的参与，使膝盖弯曲，股四头肌作为拮抗肌来维持马步的稳定性。此外，腹直肌、骶棘肌、内外斜肌的协同作用，帮助练习者挺胸、收腹，并将身体重心置于双腿之间，进一步增强下肢的肌

① 《从骨骼肌角度分析八段锦功法功理》成子己；管翀；谢芳芳；姚斐 –《中医药导报》– 2020.

肉力量。第七式“攒拳怒目增气力”实际上是从马步到弓箭步的转变。在这一过程中，练习者通过缓慢地屈伸膝关节，牵引股四头肌离心收缩，同时踝关节稍微弯曲，将力量集中在小腿肌肉，从而支持弓箭步的锻炼。第八式“背后七颠百病消”则要求练习者五指抓地，双腿并拢、提肛收腹，连续尽力提踵 7 次。这样的动作可以有效拉伸腿部的腓肠肌、半腱肌、股内侧收肌等肌群，同时增强跟腱、趾长伸肌、拇短伸肌的力量。规律练习八段锦功法三个月左右，可以显著增强下肢骨骼肌的肌肉力量，提高下肢关节的稳定性和灵活性。这样的锻炼在日常生活和运动中，能够有效预防下肢损伤，提升整体的运动表现和健康水平。①

二、八段锦对肌肉的作用

（一）缓解肌肉酸痛的作用

电子产品的增多和普及使得颈肩腰腿痛成了现代社会人们日常生活身体不适的主要问题，且这一现象正呈低龄化趋势。青少年原本是极少产生颈肩腰腿痛的群体，因为他们对于疼痛的代偿能力比成人强很多，不容易被这类疼痛困扰。但现在，青少年也开始出现了此类疼痛，这表明颈肩腰腿痛这个人群的年龄段变得越来越广，因此，对这类健康问题的重视程度应该提升起来。现代的电子产品加深了人们对生活的体验感，但同时也在剥夺我们的健康。而使用电子产品时的不正确姿势容易造成脖颈酸胀、疼痛，腰部背部长期不适，久而久之就会陷入胸闷气短、情绪低落的亚健康状态。另外，在夏天，现代年轻人喜爱待在空调房，湿气、寒气容易侵入膝关节和肩关节，长此以往可能演变成为颈椎病、肩周炎、腰肌劳损等疾病。

练习八段锦，不仅可以得到身体锻炼，还可以缓解身体慢性疼痛。颈椎病是一种慢性退行性疾病，往往是由长期的不良生活习惯所诱发，如长时间

① 《从骨骼肌角度分析八段锦功法功理》成子己；管翀；谢芳芳；姚斐 –《中医药导报》– 2020.

低头伏案、维持同一姿势过长时间等。甚至在睡眠中，过高的枕头或过低的枕头都可能成为颈椎退变的导火索，导致颈部肌肉的劳损或损伤，以及颈椎生理曲度的改变或增生。研究发现，通过练习八段锦，颈部肌肉得以积极参与到锻炼中，得到充分的拉伸和放松，加强了颈部肌肉的力量，还增加了肌肉的稳定性，为颈椎病的康复创造了有利条件。在日常生活中，对于颈椎病的预防和康复，注重康养同样重要。习练八段锦，不仅可以增强颈部肌肉的力量，助于缓解症状，还可以在精神层面上达到一种和谐与平衡，让身心在忙碌的生活中找到一片宁静的港湾。

（二）预防骨质疏松的作用

骨质疏松是一种常见的骨骼疾病，主要表现为骨密度降低、骨微结构破坏和骨折风险增加。骨质疏松的发生与多种因素有关，包括年龄、性别、遗传、营养、生活方式等。预防骨质疏松的关键是提高骨密度和骨微结构强度，减少骨折风险。中医理论认为，肾藏精，主骨、生髓，开窍于耳，其华在发，肾的健康直接关联着人体的骨髓强健。八段锦与五禽戏、太极拳、易筋经等养生功法同属一脉，皆可通过科学的锻炼方式，达到促进血液循环、关节灵活、调畅情志、调整脏腑的功效，还能有效改善腰背痛、项背痛、小腿抽筋等症状。八段锦的每一式设计，都充分考虑了脏腑功能与疾病的预防、治疗及保健需求。八段锦中的动作不仅可以锻炼全身肌肉，增强肌肉力量和耐力，促进骨骼的健康，增加骨密度和骨微结构强度，还可以改善身体姿势和骨骼平衡，减少骨折风险，在一定程度上预防骨质疏松。例如，双手托天和双手攀足，通过拉伸脊柱和背部肌肉，改善姿势，从而减少腰背骨折的风险；攀足固肾，可以锻炼下肢肌肉和关节，提高下肢的灵活性和协调性，减少跌倒和骨折的风险。

为了获得最佳的锻炼效果，练习八段锦时，时间和空间的选择至关重要。常言道：“一日之计在于晨”，练习八段锦的最佳时间应在上午九点到十一点（夏季），此时阳光最为充足。对于空间，建议选择开阔地带，避免建筑物或树木的遮挡，并在练习过程中尽量让皮肤暴露在阳光下，接受适量的阳光照射，促进骨骼钙的吸收，增加骨骼的营养和氧气供应。

第三节 八段锦课程思政与解剖学原理

一、动作与人体骨骼肌肉系统

从解剖学角度详细分析动作对骨骼、肌肉的锻炼作用，能够让学生更加清晰地了解身体的结构和功能，以及运动对身体的影响。这不仅有助于学生掌握正确的动作技巧，提高练习效果，还能培养他们的科学精神和对人体结构的尊重。比如：在“两手托天理三焦”动作中，双臂上举伸直的过程中，主要锻炼了肩部三角肌、肱三头肌、胸大肌等肌肉群，同时拉伸了脊柱周围的肌肉和韧带，有助于增强肩部和背部的力量，改善脊柱的柔韧性。此外，遵循人体骨骼结构形式，强调正确的动作姿势及正确姿势的重要性，能够让学生养成严谨的学习态度，注重细节，避免因粗心大意而造成身体损伤。同时，这也有助于培养学生自我保护的意识，让他们在日常生活和运动中能够注意保护自己的身体。例如，在“左右开弓似射雕”动作中，身体要保持正直，双脚站稳，拉弓的手臂要与肩平行，手指要伸展。错误的姿势可能导致肌肉拉伤、关节损伤等问题。

二、运动解剖学与健康促进

八段锦的练习可以增强肌肉力量，提高关节的灵活性和稳定性，改善心肺功能，促进血液循环和新陈代谢。从解剖学角度来看，这些效果是通过锻炼特定的肌肉群和关节实现的。例如，“摇头摆尾去心火”动作能够锻炼腰部和颈部的肌肉，增加脊柱的活动范围，有助于预防腰椎间盘突出和颈椎病。通过学习这些知识，学生能够深刻理解运动与健康的关系，认识到科学运动对于预防疾病、促进健康的重要性。此外，运用解剖学知识指导实践、服务社会的意识。通过了解、理解、运用解剖学知识，可以培养学生参与和指导科学健身社会服务活动。例如，学生可以将所学的解剖学知识应用到健身指导、康复训练等领域，为他人提供科学的运动建议和帮助。通过这种方式，学生能够将个人的知识和技能转化为社会服务的能力，增强社会责任感和使命感，为提高全民健康水平贡献自己的力量。

三、解剖学知识与职业道德

结合解剖学知识，通过案例分析和讨论，让学生了解违反职业道德的后果，引导他们树立正确的价值观和职业观，在未来的工作中坚守职业道德底线，为社会提供优质、安全的服务。比如：在医学和健身领域，正确应用解剖学知识是至关重要的，健身教练需要根据客户的身体状况和运动目标，制订合理的训练计划，避免因错误的训练方法导致客户受伤。医生在进行手术和治疗时，也需要准确了解人体的解剖结构，确保操作的安全和有效。此外，尊重患者和客户的隐私、保护个人信息安全、遵守职业道德规范等都是医学和健身从业者应具备的基本素质。这些案例，介绍医学和健身领域中解剖学知识的正确应用和伦理准则，能够让学生明白自己所学知识的责任和使命，培养他们的职业操守和道德责任感。

四、锻炼要领与解剖学原理的关联

首先，刚柔并济是我国古代各类健身导引术中的一个基本原则。习练八段锦功法时，需要轻缓用巧力做动作，全身肌肉、神经放松，这要求对肌肉和关节的控制达到一定水平。从解剖学角度看，这种方式能有效锻炼肌肉的协调性和关节的灵活性，避免过度用力造成损伤，同时也能更好地发挥肌肉和关节的功能，对于消除脑力和体力疲劳大有裨益。其次，意守丹田有助于调节身体内部的气血循环。从解剖学来说，通过集中意念和调整呼吸，能够影响自主神经系统的平衡，促进腹腔血液循环，增强内脏器官的功能。在练习八段锦时融入意守丹田，能让身体的肌肉、心理和精神全面放松，更好地发挥八段锦对身体的锻炼和调理作用。此外，呼吸均匀，八段锦练习中要求呼吸自然、平稳，这有助于形成腹式呼吸。从解剖学角度解释，腹式呼吸能充分调动膈肌的运动，增加胸腔的容积，改善肺部的通气功能，促进氧气的摄入和二氧化碳的排出，为身体的代谢提供充足的氧气，对心脏和其他器官都有益处。通过这些锻炼要领的讲解、亲身体验，强调刚柔并济、专注当下、自然放松等人生哲理，培养学生为人之道。

五、健康本位思想与解剖学原理的融合

八段锦不仅能让肌骨得到舒展，气血得以通畅，更能在动作与呼吸的和谐配合中，达到防病治病的功效。其动作的设计符合人体解剖学和生理学的规律，通过锻炼特定的肌肉群和关节，调理内脏器官的功能，促进身体的整体健康。八段锦倡导的动静结合、内外兼修的养生哲学，与解剖学原理相互呼应。“动”能锻炼肌肉、关节和心肺功能，“静”能调节神经系统和内分泌系统，使身体达到平衡状态。在全民健康的时代背景下，八段锦以其独特的方式，为人们提供了一种简单易行、效果显著的健身方法。它融合了解剖学原理和传统养生智慧，不仅能强身健体，还能培养人们的健康意识和生活习惯，为健康中国战略的实施贡献力量。综上所述，八段锦的课程思政不仅体现在其对学生品德和价值观的培养上，还通过与解剖学原理的结合，让学生更深入地理解人体的奥秘，激发他们对科学的探索精神和对社会的责任感。

第四章　八段锦课程思政的中医学基础

第一节　八段锦和脏腑

一、何谓脏腑

中医将人体脏腑划分为五脏和六腑，五脏为心、肝、脾、肺和肾，六腑为胆、胃、小肠、大肠、膀胱与三焦。三焦为人体第六腑，不是一个具体的脏腑，三焦有上焦、中焦与下焦，具有调节全身功能活动，提供维持生命活动所需营养物质的功能之一。脏腑间以经络为纽带，脏腑间病变可互相影响和改变。

（一）脏腑在人体中的地位和作用

1. 五脏的位置和作用

（1）心脏

从解剖生理系统来看，心处于人的两个肺间，膈膜上方，像拳头一样大，外形上圆，下尖细，犹如倒扣着荷花花蕾。心脏与肺脏相表里，又有相辅相成的关系，心与肝、脾、肾，共同担负着维持人体内环境相对稳定的作用。

中医学中，心脏被称为“心”，为“君主之官”，即是五脏六腑中的大主，主血脉、主藏神，像君主一样主宰着人体的血脉运行和意识、思维、情志等精神活动的功能，为四肢百骸供应血液营养，统摄着人的精神、意识和思维活动。[①] 心主血脉，指全身血液的运行靠心气的推动来促进，从而将营养输送

① 《五脏六腑都有“官职”》江海涛 –《保健与生活》– 2015.

到全身脏腑、形窍之中；心藏神主神明即指心主宰着人体的精神、意识、思维等活动，是指人的意识行为与外界环境相联系的关键，并通过经络系统而影响其他器官组织的功能状态。心的血脉功能正常，则血液运行通畅，面色红润，肌肤光滑；心的神明功能正常，则精神饱满、思维敏捷、情志稳定。中医学还认为，心与小肠、脉、面、舌等有密切关系。心的生理特性有：心喜静恶躁，长期烦躁、焦虑会耗心气、扰心神，平和心境助心正常运转。心体阳而用阴，以阳气为基（体阳），主血脉、藏神时，靠阴血濡养（用阴），二者协同保心功能。心的病理变化有：心的气血不足、心的阴阳失调等，心气不足、心阳不振等心的病理变化可能会引起情志方面出现如抑郁、淡漠等异常表现。

（2）肝脏

肝脏在人的右上腹部，状如楔子，分左右两片叶子，大部分藏于右肋骨内，小部分延伸至左肋区下方，右叶大而厚，左叶小而薄。肝不仅对维持生命活动有重要意义，而且还参与了脏腑之间的生理过程，起着极其重要的调节作用。

中医学认为，肝脏被称为“肝”，是人体内的重要器官之一，主疏泄和主藏血，为“将军之官”。主疏泄是指肝气具有疏通、畅达全身气机的作用，可以调畅精血津液的运行，调畅脾胃之气的升降、胆汁的分泌排泄，以及调畅情志活动等。疏泄的中心环节是调畅气机，通畅一身之气运行，助力各项生命活动有序进行。主藏血，是指肝脏具有贮藏血液和调节血量的功能。人动则血行于诸经，人静则血归于肝经。肝脏能够根据人体动静状态的变化来调节血液，使血液运行保持顺畅、协调。当机体状态改变时，人体各部所需血量发生改变时，肝脏贮藏的血液又向机体的外周输送，以适应机体活动的需求，以达到新的平衡。肝的生理特性有肝喜开朗而恶抑郁，肝的病理变化有肝气郁结、肝气亢逆、肝血不足、肝阴亏虚等。中医学认为，肝脏与情志活动有密切关系，肝气郁结可导致情志抑郁；肝气亢逆可使人出现急躁易怒等情况。因此，中医治疗肝脏疾病时，不仅会针对肝脏本身，还会结合情志调节，以达到更好的治疗效果。

（3）脾脏

脾脏在中焦，位于膈膜下方、肚子左侧。脾主运化，胃为水谷之海。中医学中，脾脏被称为“脾”，主运化、主统血，脾在身体的中央，负责机体的运化，布散精气。脾主统血是指具有统摄、控制血液在经脉内正常运行，防止血液溢出脉外的功能，以此维护机体脏腑组织间正常的血液濡养及协调平衡。脾的统血功能正常，则血液运行正常，无出血、紫癜等症。脾主运化，就是脾能将水谷化为精微，促进食物消化吸收，把食物变成精华，并进一步传输至全身各脏腑器官和组织的功能。脾的运化功能正常，则饮食正常、肌肉丰满、四肢健壮。中医学认为，脾脏与情志活动有密切关系，脾气虚，因气血生化不足，机体及心神失养，可致精神萎靡、情绪低落，类似情志抑郁表现；脾湿困，因湿浊阻滞气机，气血运行受阻、脏腑功能失调，易引发心境烦闷、情志不畅。中医学还认为，脾与胃、肠、肉、唇、口等有密切关系。脾的生理特性有脾喜燥恶湿、脾体阴而用阳。脾“体阴”是因其主运化水谷、生成气血津液等阴的物质，且自身需阴液濡润，又位居中焦；“用阳”是因其运化、升清、统血等功能发挥要依靠阳气推动、温煦。脾的病理变化有脾气虚、脾湿困、脾热等。

（4）肺脏

肺脏在人的胸腔内，肺分为左肺、右肺，左肺有两叶，右肺有三叶，共五叶。居五脏之首，乃五脏之华盖也。中医学中，肺脏被称为“肺”，主气、司呼吸、主宣发、肃降。肺为娇脏，其性柔弱，易虚难实。“易虚”，因其位最高且与外界直通，外邪易侵。“难实”非无实证，初期多表、虚证，成里实热需邪气积、正邪久斗，邪盛致之。中医认为，肺脏主气和行水。肺主气，含呼吸之气与一身之气。呼吸之气，经肺吸入清气、排出浊气，完成气体交换；一身之气，参与宗气生成，积于胸助心脉行血、司呼吸，转化自然阳气，驱动呼吸、心血运行及肢体运动。肺主行水，宣发时，将脾输至肺的清轻水液布散至头面、皮毛，润肤卫外；肃降时，推送浓稠水液向下至肾与膀胱，经肾气化排尿，还协同大肠，吸收糟粕多余水分，助机体水液代谢有序。中医还认为，肺与大肠、皮毛、鼻等有密切关系。肺的生理特性有肺喜润恶燥、肺体阳而用阴。肺“体阳”，居高位，主气、宣发卫气御外，显阳气布散卫护之能；“用阴”靠阴液肃降通调水道、布津液润身。其病理有肺气虚、热、燥等。肺气虚致宗气不足、神失养，人倦怠懒言且情绪低落；肺热则扰神灼津，令人烦躁易怒。

（5）肾脏

肾脏左右各一，位于腰腹。中医讲，肾主藏精、主水液、主骨生髓、主作强、主纳气，关乎生殖发育。藏精分先天、后天，先天禀于父母，后天源于脾胃运化，藏于肾为“肾精”，滋养周身，影响生长、生殖与脏腑功能，精气足则体健。主水液靠气化调平衡，功能正常无水肿、尿少。主骨生髓助骨骼、牙齿强健；主作强保生殖力与器官健康；主纳气助肺呼吸顺畅。肾与膀胱、脑等密切相关，生理特性有主闭藏、体阴用阳。病理变化有肾精不足、肾气虚等，肾精不足致精神萎靡似抑郁，肾气虚让人情绪低落、不振，补肾常需协同脾、肝、心调养。

2. 六腑的位置和作用

（1）胆

胆囊居于肝脏下方胆囊窝内，呈空心囊状，依傍肝脏，满贮胆汁，神经分布丰富。其核心生理机能是贮藏、浓缩并排泄由肝脏分泌的胆汁，以此助力日常饮食的消化吸收进程。在中医理论中，胆有“主决断”之能，在精神意识层面主宰对诸事的判断抉择，与肝之谋虑相辅相成，协同维系精神活动平稳有序。胆气充盈、功能好时，人果敢勇毅、行事利落；反之，胆气亏虚或郁结，便会陷入困局。胆气不足，决断力滑坡，易现优柔寡断、自信缺失，情志抑郁；胆郁之际，气机阻滞，胆汁排泄遇碍，滋生烦躁焦虑情绪，致情志不畅。中医学里，胆与肝、胃、小肠关联紧密，其生理上喜清净、恶郁结，病理涵盖胆气不足、胆郁等状况，牵一发而动全身。

（2）胃

胃大部分位于左季肋区，小部分处于腹上区，处于食管与十二指肠之间，连通食管和小肠。胃内壁由黏膜层、黏膜下层等构成，其黏膜层可分泌胃液，黏膜和黏膜下层共同形成环形皱襞，增大消化吸收表面积。胃液含盐酸、胃蛋白酶等成分，胃蛋白酶能初步分解蛋白质为多肽，助力后续消化。胃酸可抑制、杀灭部分随食物进入胃内的细菌，守护肠道免受部分微生物侵害。依据中医理论，胃可储存食物、吸收诸多水分，行初步消化后，将食糜推送至小肠，故而有“水谷之海”美誉。

（3）小肠

小肠位于胃的下方、结肠的上方，全长约 5–6 米，是迂曲、环行、叠置的空心管状器官。小肠内壁有环形皱襞，环形皱襞的表面有众多细小的指状突起，称为小肠绒毛，它们极大地增大了消化和吸收的面积。小肠绒毛内有毛细血管和毛细淋巴管，分别负责吸收营养物质和运输部分代谢废物。按照中医理论，小肠是接受营养的器官，能够将食物中的营养物质分解成更小的分子，方便吸收，也能够分泌肠液，帮助消化食物。小肠绒毛内的毛细血管和毛细淋巴管能够吸收营养物质，包括碳水化合物、脂肪、蛋白质、维生素和矿物质等。这些营养物质通过血液循环系统被输送到全身各个器官，供人体利用。小肠不仅能分离食物精华，还能转运食物残渣到大肠。如果小肠功能阳气不足，就容易出现受凉和腹泻等现象。

（4）大肠

大肠在人腹腔，有上下两端，上端通过阑门连接小肠，下端连接肛门，包括盲肠、结肠和直肠三部分，主要生理机能包括传导和排泄粪便，作用是排泄人体废物和吸收水分。大肠的传导作用与肺的呼吸、脾的运化、胃的受纳等生理机能相互配合，共同完成人体的消化和排泄过程。因此大肠被称为传导之官。大肠的生理特性有肠喜润而恶燥，宜通而不宜滞等。大肠的病理变化有肠热、肠燥、便秘等。中医学认为，大肠的传导和排泄功能与脾胃的运化、肺的呼吸、肾的气化等生理机能密切相关。此外，从中医理论看，情志受多因素影响。大肠湿热时，湿热蕴结致腑气不通、气血不畅，影响心神，使人烦躁、焦虑，情志不稳；大肠虚寒时，阳气不足，运化、传导失常，气血生化少，机体与神失养，易现情绪低落、精神萎靡，类似情志抑郁表现。

（5）膀胱

膀胱位于盆腔内，处在耻骨联合后方、小腹之中，为空心囊状器官，是六腑之一，最重要的作用就是贮存与排出尿液，调节人体的津液代谢，保持体内水分的平衡。在中医学中，膀胱与肾相表里，共同完成人体的水液代谢。膀胱是人体水液汇聚之所，具有“津液之腑”和“州都之官”的称号。

（6）三焦

三焦是上、中、下三焦的合称，主要功能是主持诸气，总司全身气机和气化，能够疏通水道，沟通上下内外，使水液在全身周流，向下输送水液代谢废物等，也是人体水液运行的通道。从部位上看，上焦位于膈上，主要包括心肺；膈下脐上为中焦，主要包括脾胃；脐下为下焦，主要包括肾、膀胱、大肠、小肠、女子胞、精室等。三焦在人体气体以及水分的代谢过程中起着极为重要的作用，还具有宣发卫气等作用。

（二）人体各脏腑间的关系

1. 脏与脏之间的关系

心、肝、脾、肺、肾五脏各有各的生理功能与病理变化，但是，它们并不是彼此孤立，而是关系密切，脏与脏之间的互相生长、互相制约。

2. 腑与腑之间的关系

六腑虽生理功能各异，但都是参与饮食物的受纳、腐熟、消化，以及津液的受纳、输布、排泄等过程的脏器。六腑共同作用，完成对食物的消化和吸收、津液的输送与分配、废物排出等工序。比如吸收消化食物主要由胃、胆、小肠协同完成，并经过大肠再吸收并负责将多余垃圾排出，而膀胱负责贮尿液，这是一个整体的运作过程，若其中某一功能失调，就会引起一系列疾病。所以六腑之间一定要互相调和，以保持人体正常生理状态。

3. 脏和腑之间的关系

在医学中，脏包括心、肝、脾、肺、肾，功能丰富。心主血脉、神明；肝主疏泄、藏血；脾主运化、统血；肺主气、宣发肃降、通调水道；肾主藏精、水、纳气，主要贮藏精气。腑含胆、胃、大肠、小肠、膀胱和三焦，胃受纳腐熟，小肠分清泌浊，大肠传导糟粕，胆藏泄胆汁、主决断，膀胱贮排尿液，三焦主持气化和水液运行，主要负责消化等功能。脏和腑关系密切。一是表里关系，如心与小肠、肺与大肠等，相互配合调节平衡。二是经络关系，经络连接脏腑，沟通协调，如肺经和大肠经相互络属。三是功能关系，脏腑功能相互依存，如脾肺生成宗气。四是病理关系，脏腑在病理上相互影响，肾病可影响肝，心病影响肺，肝病影响脾等。

二、八段锦对脏腑的作用

八段锦各式健身效用独特，其每个动作对相应脏腑在一定程度上能起到保健作用，有助于促进脏腑功能的协调与平衡，增强体质、预防疾病。

（一）两手托天理三焦

理三焦运动时，双手上举带动胸廓抬起，利于三焦气机畅行，胸腔舒展使肺呼吸顺畅充分，胸廓运动与身体姿势调整促进心脏血液循环。该运动带动全身变化，提升心肺功能，双手合掌运气升清降浊，调和五脏。还可改善肢体末梢循环，活动肩关节，辅助维持脊椎形态，调节内脏神经，让身体代谢与循环更流畅，从多方面助力身体健康。

（二）左右开弓似射雕

左右开弓姿势能使胸部扩张，它的主要作用是在肺上，兼顾心。当我们做完这一运动后，再做一个简单的深呼吸，就会使胸腔内的气体得到充分换气，将浊气排出体外，清气得以吸入。肺主气、司呼吸，这个动作可以帮助吐出浊气、吸入清气，又能活络肩部。

（三）调理脾胃需要单举

中医把脾胃视为后天之本，人体所食需依赖脾胃的转化、运化作用，把食物里的微精摄取上去送到心肺并输送到身体各处。如果脾胃虚弱则不能很好地完成这一过程。因此，该式对机体消化功能有促进功能。

（四）五劳七伤往后瞧

这个动作能强壮肺脏，强化肺通气使得肺气发挥补益全身，同时有助于缓解颈部肌肉疲劳，另外通过刺激背部经络，还可以产生其他健身效果，尤以脊柱两侧内脏神经为甚，通过扭转启动进行有效调控。

（五）摇头摆尾去心火

摇头摆尾是一种全身性、大幅度的动作，通过人体的摇摆，可以让五脏六腑得以清洗，胸腔左右扭转还能达到祛除人体郁火之效。这一招在古代很流行，被称为“摇尾疗法”。

（六）两手攀足固肾腰

两手攀足，以活动腰部为目的。除能治腰痛外，又能固肾。在中医理论中，“肾是先天之本”，代表肾脏在五脏中所处的位置极为重要。所以肾脏强固，对人体健康大有裨益。

（七）攒拳怒目增气力

这一动作对于肢体、头和眼均有锻炼效果。在中医理论里，脾与四肢、肌肉联系紧密，若脾气健运，能运化水谷精微以充养四肢肌肉，使肢体强健有力。肝主藏血，攒拳怒目过程中，通过肢体的伸展与用力、眼神的专注与聚力等，可促进全身气血运行，有助于疏解肝气，缓解可能存在的肝气郁结状况，使肝脏的气血调节功能得以顺畅发挥。同时，肝开窍于目，眼睛的视物功能依赖肝血的濡养与肝气的疏泄，“怒目”这一动作能够刺激肝的气血运行到眼部，起到濡养眼睛、增强视力的功效，并且在整体上协调了肝、脾等脏腑与肢体、头目之间的功能联系，促进人体的气血流通与脏腑功能平衡。

（八）背后七颠百病消

靠脚踮动，震动传至头与五脏六腑，使全身肌肉、器官放松，让体内气运行透彻和谐。此动作产生的震荡能刺激内分泌器官分泌激素，其独特之处在于可依据身体状况发挥双向调节作用，比如调整激素水平的失衡，维持内分泌稳定。这不仅有利于优化气血循环，缓解身体疲劳，还能增强体质，在预防疾病方面也有着积极意义，从多方面促进人体的健康平衡。

第二节　八段锦和经络

一、人体经络

（一）何谓经络

经络是人体内经脉与络脉的总称。在人体体表与脏腑之间起着联系和联络作用，为经脉之支脉，细于经脉。经络交错，遍布周身，无所不在。经络系统将人体的脏腑、四肢、官器、肉、肌、骨等组织紧密联系在一起，形成一个统一的整体，保证身体正常的生命活动。同时，它又具有疏通经脉、调畅气机、行血化滞、温煦气血以及调和脏腑之作用。

（二）人体经络之作用

经络系统是人体内运行气血、沟通脏腑、联络内外、调节阴阳的通道，具有重要的生理和病理意义。经络的作用主要如下。

1. 运行气血，防治疾病

经络是人体内运行气血的通道，它能够调节人体的气血运行，使之通畅、协调，让人体机能活动处于一个相对平衡状态。人体的所有组织器官都需要气血的滋养来维持正常的生理活动。气通过经络循环于全身，发挥其营养脏腑组织器官、对抗外邪和保护机体的作用。人在生病的时候，表现为气血不和，阴阳偏盛或偏衰之症，可以通过刺激经络调节，以“泻其有余，补其不足，阴阳平复”（《灵枢·刺节真邪》）。经络系统在中医学中具有重要的治疗作用，通过针灸、推拿、拔罐等方法刺激经络系统，可以调节气血、平衡阴阳，达到防治疾病的目的。

2. 沟通脏腑，调节平衡

经络贯穿于人体内的各个脏腑之间，使脏腑之间能够相互联系和协调，共同完成人体的生命活动。经络系统能够通过脏腑之间的关系，调节人体的阴阳平衡，使阴阳之间相互依存、相互制约，保持人体的健康状态。

3. 联络内外，通感传导

经络不仅贯穿于人体内的脏腑之间，与四肢百骸、五官九窍，以及体表的皮肤、筋骨、关节等部位相连，使内外之间能够相互联系和协调。在人体内，各部分主要依靠经络来进行交流和联络，如果没有经络这一纽带，就无法维持正常的生理活动。经络具有传导信息的功能，肌肉表面受到某种刺激时，刺激量会沿着经脉传达到体内相关的五脏六腑，使其功能发生变化，从而达到疏通气和血液、调节五脏六腑功能的目的。例如，针灸中的“得气”和“行气”现象便是经络信息传导感应的表现。

二、八段锦对经络的作用

（一）双手托天理三焦

在中医理论中，把人体分成三大部分，界定为三焦（上中下）。人体的五脏六腑都有通过肺来完成气化作用的功能。肺属上焦，主宣肃；脾主运化、主升清、统摄血液；肾属下焦，主藏精纳气；三焦为六腑之一，其通调水道，通调上下之气，三者合而为一，气机便得以运行。“双手托天理三焦就”就是通过这个原理，借助双手上提，拉直身体，调理三焦，调理手、足三阳和三阴以及拉伸任督二脉，促进大周天的往复循环，从整体上看，是对身体整个经络循环的整理和撑拉运动。

（二）左右开弓似射雕

练习八段锦“左右开弓似射雕”时，多经络与脏腑受其益。目光随食指指尖，结合手部姿势与适度用力，可刺激手阳明大肠经起点商阳穴，推动大肠经气血运行，维持大肠传导糟粕功能。双手大拇指上提，依经络循行刺激手太阴肺经穴位，梳理经气，护肺脏功能。双臂舒展扩胸时，手臂伸展牵拉、胸廓打开，进一步刺激肺经穴位，促进气血流通，增强肺呼吸与气血交换能力，兼锻炼手指灵活性，改善手指远端血液循环。做马步姿势，下肢肌肉发力状态沿足少阳胆经传导，调节其气血运行，对膝阳关、风市等穴位及胆经整体气血流通有促进作用，维持胆正常疏泄。综上，此式有效刺激督脉、手阳明大肠经、手太阴肺经、足少阳胆经，利于维持肺、大肠与胆的生理功能，促进人体气血协调畅行，彰显八段锦对经络脏腑调节的独特价值，为中医养生保健提供实践依据。

（三）调理脾胃须单举

八段锦“单举”动作，以双臂上下托压运作，契合传统体育养生功“升降开合”要则，于中医理论体系中有深刻意义。人体两肋为肝经胆经所行之处，依五行学说，肝胆属木，脾胃属土，木克土，肝胆对脾胃有制约。“调理脾胃须单举”借双手对握、上下交替托压押拉，着重刺激肝胆两经，旨在达成脾胃养护之效。其精妙处在于单手上举、另手下按，构建上下对称与左右平衡力学架构。在此过程中，手臂松紧交替，除牵动腹腔脾胃，亦对中焦及肝胆区域予以轻柔按摩。练习此式，所涉经脉有足太阴脾经、足阳明胃经、足厥阴肝经、足少阳胆经与手太阴肺经等。通过对这些经脉的有效刺激，可调和肝胆与脾胃关系，缓解肝胆对脾胃的过度克制，促进脾胃功能恢复正常，增强脾胃运化与受纳之力，且推动气血周流不息，使消化系统气血畅达，维持其整体健康稳态。

（四）五劳七伤往后瞧

五劳通常指久视伤血、久卧伤气、久坐伤肉、久立伤骨、久行伤筋，因劳逸不当致身体损伤；七伤有多种说法，如大饱伤脾等，多与不良生活习惯或过激情绪影响脏腑有关。此式动作在上肢外旋与头部扭转时，会对胸腔、腹腔内的脏腑产生牵拉作用。向后扭头能刺激大椎穴，而大椎穴为诸阳之会。在这个过程中，由于经络系统的关联性，会涉及到手三阴经、手三阳经、足三阴经、足三阳经以及督脉等。通过对这些经络穴位的刺激，能够促进气血的流通与调节，从经络层面影响五脏六腑，有助于维持其气血的正常循环与功能稳定，从而在一定程度上改善因五劳七伤等不良状态导致的身体气血不畅、脏腑功能失调等问题。

（五）摇头摆尾去心火

在动作过程中，身体的旋转可对督脉产生刺激，尤其是长强穴（而非低脉）以及尾闾穴等，同时扭头能有效刺激脊椎顶端的大椎穴，这一系列刺激有助于促进督脉气血的顺畅运行，从而起到疏散内热的功效。上体摆动时，能够精准地刺激到足厥阴肝经的重要穴位期门穴，进而推动整个肝经的气血流通，起到平降肝火的作用。身体的旋转摇摆动作对肾脏有着类似推拿的保健效果，而其中的马步姿势又能对足少阴肾经予以刺激，激发肾经经气，调节肾脏功能。通过对督脉、肝经、肾经等经络及相关穴位的协同刺激，此式能够调节人体气血阴阳平衡，改善因心火亢盛、肝火上炎、肾阴不足等引起的多种不适。

（六）两手攀足固肾腰

第六式动作幅度大，自直立至前屈后伸近乎对折，运动强度较高。此式着重作用于足太阳膀胱经，在双手攀足的过程中，能充分地对该经络进行刺激与按摩。因足太阳膀胱经与肾相表里，故通过这种对经络的疏通，可间接实现对肾脏的调理作用，以促进肾脏的精气化生、水液代谢等功能的正常运转。同时，在身体前屈后伸的运动进程里，脊柱的屈伸活动也会对督脉产生刺激，督脉为阳脉之海，其气血运行得到促进，有助于振奋全身阳气。并且，由于肾经与膀胱经的表里关联以及动作对身体气血分布的整体影响，足少阴肾经也会受到一定程度的激发与调节，进一步强化肾脏功能，维持人体生殖、泌尿等系统的健康平衡。

（七）攒拳怒目增气力

“攒拳怒目增气力”里的握固动作独具特点与养生意义。握固这一形式，古已有之，它既是养生保健之法，亦有中医理论支撑。攒拳时采用的握固动作，在锻炼过程中，可对足太阴脾经起到积极刺激，推动该经络气血通畅，助力整体健康状态的提升。从中医角度看，肝主筋且开窍于目，练习此式时，攒拳怒目，刻意锻炼眼睛的睁大和凝视，能刺激足厥阴肝经，使其气血得以疏通，让筋脉得到濡养，有助于维持肝脏正常的疏泄等功能，起到养护肝脏的作用。整体而言，此式通过特定动作作用于脾经、肝经等经络。

（八）背后七颠百病消

这个动作是靠脚跟向上抬起来完成，有效刺激足阳明胃经起点处厉兑穴及足阳明胃经原穴位冲阳穴，能够有效疏通整个胃经。在激发人体自身能量的同时也可以增强全身的抗病能力。在自然下落过程中通过振动，可以进一步激活全身气血流动，从而使得全身气血均衡通畅，实现健身、保健的目的。在运动过程中，双脚十趾紧抓地面，有助于激发脚趾部位的阴阳经脉，调整对应脏腑的气血活动。在中医理论中，脚趾部位是足之阴经和足之阳经相交的部位，通过刺激这些穴位，可以促进阴阳经脉的气血流通，有益于身体健康。此外，通过在大趾末端刺激井穴和隐白穴，可以活化鹏阳之气，使之内气更加旺盛。中医认为，鹏阳之气与水液运化有着密切的关系，这个动作可以加强水液运化作用，同时又能激发足三阳经之气于足少阴肾经和任脉上运行，从而起到治疗水肿的功效。

第三节　八段锦和气血

一、何谓气血

气血是中医学中的重要概念，它是指人体内的气和血液这两种基本物质。气是人体内的一种无形无相的物质，是构成人体和维护生命活动的基础；血是人体内的一种有形、红色的物质，是滋养人体和维持生命活动的物质基础。气血在人体内是相互依存、相互联系，共同完成人体的生命活动。中医学中，调节气血是治疗疾病的重要方法，通过针灸、推拿、中药等方法调节气血，可以治疗许多疾病，保持人体的健康状态。

（一）气

气，作为一种精细的物质，在人体内具有推动、温煦、防御、固摄和气化等作用，它能够推动血液运行、温煦身体、防御外邪入侵、固摄血液和精液、调节水液代谢等，从而维持着人体的生命过程。在中医学中，气的概念占据了核心地位，其运动状态被视为生命活动的关键指标。根据中医理论，气的运动一旦停止，就意味着生命的终结。这强调了气在人体中的至关重要性，以及其对生命活动的持续推动作用。中医学认为，气的顺畅流动是维持身体健康和预防疾病的关键。中医中“气”的概念源于古人对人类生命现象的深入观察。古人通过观察人体的一些明显而重要的生命现象，如呼吸时气的吸入和流出，活动时汗液产生的热气等，逐渐形成了对气体的简单而直观的认识。这些观察促使他们对气的性质、功能和作用进行了深入研究，从而在中医学中建立了气的理论体系。此外，他们在练气功的过程中，体会到气在体内的流动，然后在简单知识积累的基础上，进行推测便逐渐形成“人体的气是一种可以流动的细微物质”概念。随着时间推移和人们理解的不断深入，对于人体气的源头、作用、运动规律及形态以及与脏腑之间的相互关系已有较为系统的了解，确立了中医学的“气学”理论。

（二）血

血是一种营养丰富的红色液态物质。血液维持人体正常的生命活动，具有滋养、濡养、运载和止血等作用，它能够滋养人体各个器官、组织、细胞，运载人体内的物质，调节人体内的水分和电解质平衡等。在中医理论中，血液是通过经脉作用于脉管系统，以保证其正常运转。血液循环于全身的脉络之中，脉络制约着血液的运行，血液循脉行于周身，内达脏腑、外达肢节、循环往复。如果因某些原因，如饮食不洁、劳倦过度、情志不遂及久病体虚所致血瘀气滞均可引起血脉瘀阻不通。如果由于外伤或其他因素的影响，血液可能会离开正常的脉道，这种情况被称为“离经之血”。这种血液逸出脉外，形成了出血的症状。此外，气逆、痰浊等病理状态也可能导致血瘀的产生。血瘀指的是离经之血不能及时排出体外，从而在体内积累。长时间的血瘀会导致脉络痹阻，血脉瘀阻在脏腑之间，进而引发肢体疼痛、麻木以及活动受限等症状。

（三）气与血的关系

气和血是维持人体生命活动的两大基本物质，它们之间有着密切的联系和影响，既互相依存，相互制约，同时又存在于不同层次的组织器官之中，并对其产生相应的功能作用。气血都是人体内的精华所化，气为阳、血为阴，气和血既互相依存，相互为用，也各自发挥着不同的功能和作用。气有推动，有激发、固摄等功能，血液具有营养，滋润之功效。

二、人体气血之功能

在中医理论中，人体中存在着气血，它们共同维持着人体内的平衡，所以当气血不和时，人就容易产生疾病。

（一）推动和调控作用

在人体内，气血可以发挥良好的推动与调节作用，另外，气血还能够将人体内的津液与血液以及其他一些体液相互联系起来。例如，血液是靠气来驱动，而血液中所承载的多种精微物质，在气的推动下输送至各个脏腑中以达到营养脏腑的目的，从而才能维持脏腑的正常功能。

（二）防御作用

气血对人体也起着防御作用，其原因是气血能防御外界邪气侵袭，并且气血在正常运行的时候，还能促进其自身各机能的发展，从而巩固人体正气。

（三）生命的支柱

气血是生命的支柱对人体起着调节作用。因为气血是人维持生命活动最基本的物质，并依靠脉络循行运转，气血在正常情况下能够推动和保护机体的各个组织器官，而气血一旦出现问题就会影响到人体的整个生理系统，甚至危害生命。

（四）调节液态物质

气血对人体内的液态物质起到调节作用，主要调节汗的分泌，以及液态物质的排泄，预防液态物质造成无故损失，因此，人体才不容易出现血汗、盗汗或遗尿的状况。

（五）刺激身体活性

气血也可以起到刺激身体活动的作用。这是因为在气血保持相对稳定的情况下，可以不间断地温润滋养脏腑，对脏腑起到一定的促进作用，包括营养和滋润作用，此外，还能合成水谷微精物质，并将其输送到全身，从而激发出身体内的活性。气血对人体来说是非常重要的，根据中医理念来讲，气血是需要达到一种平衡和谐的状态，才能够保证身体精力充沛。相反，如果气血运行不畅，或者是气血运行受阻，往往就会给身体持续造成伤害，患者也会加快衰老。

（六）八段锦和气血

中医上认为，心主血，肺主气。现代生理学认为心血管系统与呼吸系统两者直接参与人体血液循环及人体气机的调控。人体的气血循环过程中，血以气为动力，才能流通，而气必须靠血这个载体，才能循环周身，气血正常运转，血管需要畅通，心肺功能才能正常运转，八段锦就是通过运动来改善人的心肺功能，增强了心肺对气机的良性调节，然后达到对气血循环输运的影响。

第四节　八段锦和阴阳

一、何谓阴阳

阴阳是中国古代哲学中的一个核心概念，它描述了宇宙中两种基本的对立面和它们之间的相互作用。阴阳被认为是生成和维持万物的基础，它们在自然界和人类社会中普遍存在。阴阳的概念被广泛应用于哲学、医学、占卜、风水等多个领域。阴阳代表了自然界和社会生活中的一切对立面，如日与夜、月明与月暗、静与动、寒与热等。它们既相互对立，又相互依存，通过相互作用和转化，维持着宇宙的和谐与平衡。太极图是阴阳概念的一个经典视觉表达，它展示了阴阳相互转化的过程。

阴阳的特性可以总结为统一、对立和相互消长。统一指的是阴阳是不可分割的整体，彼此相互依存。对立指的是它们在性质上的相反。相互消长则是指阴阳之间的动态平衡，一方增强时，另一方会相应减弱，反之亦然。阴阳的理念也被应用于生活中的各个方面，人们通过理解阴阳的原理，来寻求和谐的生活状态，比如在医学上调整阴阳平衡来治病，在风水上通过阴阳布局来改善居住环境等。

总的来说，阴阳是一个深奥且广泛的概念，它不仅是中国古代哲学的重要组成部分，也是中国传统文化中的一种世界观和方法论。

二、八段锦阴阳

（一）阴阳和劲力抻拉

1. 上下方向

八段锦动作于阴阳和运动之劲力抻拉方面，在上下方向上有着独特的体现与功效。第一式中，主要针对躯干阴面与侧面展开纵向拉伸，其间头部上仰并回正。此动作可有效梳理三焦，对心经、肺经、心包经以及胆经予以刺激，进而推动全身气血的流通，开启气机运行。第三式则是在第一式与第二式基础之上，使躯干朝斜方向进行上下抻拉，能够进一步强化对心经、肺经、三焦经与胆经的刺激，有助于脾胃功能的调理与平衡。第八式涉及全身的上下运动，此动作可放松全身肌肉组织，在运动过程中对脏腑起到按摩作用，并且能刺激足底肾区。通过这些作用，达成调理肾脏、养心安神之效，使人体身心在上下方向的运动抻拉中得到整体性的调养与平衡。

2. 左右方向

八段锦中，以左右运动路线为主的动作主要是第二式。这一式的动作设计体现了阴阳的对立统一关系，通过左右对称的动作来达到身体平衡和内在和谐。在第二式的动作中，练习者需要左右拉伸躯干，同时头部配合左右旋转，目视手指。助于扩大三焦的横向空间，按摩心脏和肺部，刺激心经、肺经以及膻中穴，从而促进心、肺两脏的功能，维持其阴阳平衡。

3. 前后左右

在八段锦中，以前后方向运动路线为主的动作主要是第四式和第七式。第四式动作通过躯干的前后运动以及四肢的旋转，头部与躯干的配合，实现左摇右摆。这样的动作可以牵动躯干的骨骼和筋肉，刺激内脏器官及其周围的经络，促进经络中的气血循环，从而达到调理内脏功能的目的。同时，肢体的旋拧和拉伸有助于骨骼和筋肉的舒展，刺激肢体上的三阴、三阳经，帮助气血流注全身。第七式涉及前后、左右斜对角线的抻拉，躯干向斜的前方相反方向抻拉，进一步推拿脏腑，通畅三焦。动作中的“攒拳”“怒目”和脚趾抓地等细节，可以促使肝脏的疏泄功能，增强身体的活力和力量，从而达到“增气力”的目的。这两式的练习可以帮助练习者更好地理解和体验阴阳对立统一的原则，通过身体运动来调和阴阳，促进身心健康。

4. 整体的旋转

八段锦中的第五式动作主要以脊柱为中心轴，由尾闾带动脊柱做旋转运动，同时带动躯干运动。在动作过程中，头部应保持自然放松的状态，随着脊柱的旋转而轻微摆动。这个动作通过脊柱的旋转刺激了下焦的各个脏腑，尤其是对肾脏的调理作用显著。肾阳得到激发和提升后，能够向上滋养心脏，从而实现水火既济、阴阳平衡的效果。

5. 整体的折叠

八段锦中的第六式动作运动路线主要是折叠和抻拉，涉及身体的前后、阴阳对立的变化。这一式主要通过抻拉和伸展四肢以及躯干的阳面，来运动背部肌肉，尤其是腰部的肌肉，能够有效地刺激膀胱经，对肾脏功能有调理作用。肾脏是人体的“先天之本”，膀胱经与肾脏紧密相关，通过拉伸和按摩膀胱经，可以促进肾脏的健康，帮助调节泌尿系统功能，同时也有助于缓解腰背部的疼痛和僵硬。

总结来说，八段锦通过上下、前后、左右、旋转和折叠等多种运动路线，以及头、四肢、脊柱在桩功基础上的全方位牵引运动，实现了对整个机体的全面拉动。这种运动方式不仅能够帮助体内血气流通，促进新陈代谢，还能够调整体内血气的阴阳平衡，达到强身健体、预防疾病的目的。通过长期的练习，可以逐渐感受到体内气血的流动和阴阳平衡的调整，从而在身心层面获得和谐与健康。

（二）阴阳和功法的特征

1. 动静结合，松紧相济

八段锦运动“动静结合”。一方面，“动”意味着肢体动作的连续移动变化，在每一式的运动过程中，通过意念引导机体，使机体动作的各个部位节节贯通，张开抻拉，由此有的放矢地引导经络之气流注全身。所谓“静”，是指静止或定势动作，各式的定势动作，肢体静止不动，而内部劲力则进一步激发各肢骨骼，经络，从而对不同的肢体部位产生影响。另一方面是从动功和静功两个角度来看。动功，主要指意念对机体的引导，持续运动骨骼筋肉、持续按摩脏腑，激发经络，使得机体实体部分，也就是人体中属于阴的部分，得到锻炼和强化；静功多指动作习练时“藏”之处，如第二式双臂左右拉伸的动作，肩部肌肉越来越紧密，胳膊向两侧张开，之后掌内扣，把手臂上的骨骼筋肉再进行抻拽，这时注意肩部的肌肉，在维持手臂横向打开的同时，渐渐地相对轻松。这一过程松紧相济，有利于经络之气全面流注。

2. 辨明虚实，开合转换

在八段锦的动作中，可以从重心移动的程度，动态和定势的动作，以及意念倾注的地方的多少这三个方面来区分动作的虚实。其中，身体重心多的部分为实，较少的部分为虚。定势的动作相对于动态的动作来说肌张力大则为实，肌张力小则为虚。倾注意念较多的地方为实，较少的地方为虚。如八段锦第二式动作，根据重心的角度来看，下肢为实，上肢为虚。从意念的角度来看，上肢倾注的意念较多则为实，下肢则为虚。

第五节　八段锦和五行

一、什么是五行

五行又称五行学说，是人们认识世界的基本途径，五行作为一种哲学思维模式在先秦时期就已经萌芽。中国古代的哲学家们通过运用五行理论，解释了世界上一切事物的产生以及它们之间的联系。

（一）中医中的五行

中医的望、闻、问、切四诊方法所得信息都具有五行的归属，并依此能对病人的病情作出全面的判断。在临床上常用于辨别脏腑病位及病性，例如病人脸色青紫、喜酸食、脉弦数等，便可诊断肝病；面赤、口苦、脉洪，可以确诊是心火旺。舌红苔黄或黄腻，脉滑数者，可诊为脾虚湿盛，舌苔多厚朴等药物所致。再比如痉挛拘急的抽风，按五行分类为木病，就人体脏腑而言，可以确诊肝病；舌质紫暗，舌苔薄白，脉弦滑或细弱，可见于瘀血证。浑身水肿、尿少，五行归类为水病，并可定病位在肾。按照五行学说，在治病过程中，不能只考虑病变脏腑自身，应以脏腑间生克关系为基础，控制疾病传变。正如《难经》所论述的：“见肝之病，则知肝当传之于脾，当先实脾。”

（二）脏腑和五行

脏腑和五行一一对应，五脏亦可以用五行属性来形容，肺主降，归于金，肝主升，归于木，肾主水，归于水，心主温煦，归于火，脾主运化，归于土。肝喜条达，恶郁，具有疏泄的作用，且木性能曲能直、枝叶条达的特点，具有生发之性，故肝为木。心有温煦之功，且火性湿，其性在炎，故心为火。肾具有封藏精气，固摄精关，生精之作用，故肾脏属水。脾具有运化水谷、输送精微的功能，是气血生化之源，正如土性敦厚，具有生化万物的属性一样，所以以脾为土。所以五行与五脏之间的对应关系可简单表述如下：肝为木、心为火、脾为土、肺为金、肾为水。

二、八段锦和中医的五行理论

八段锦可以帮助人体阳气上升，宜于草木生长萌发，万物复苏的春天做运动，或晨练朝阳升起，有助于充盈肝血，强壮筋脉，符合五行中“木”属性。此外五行与五脏五季相对应，夏天要多练“摇头摆尾去心火”，秋季多练“左右开弓似射雕”，四季则可练习“调理脾胃需单举”。五行相生相克法引导着脏腑功能的保健。例如肺金不足，如想防范肺腑的疾患，则可以选择疏通手太阴肺经和手阳明大肠经的动作“第二式左右开弓似射雕”还能选择疏通脾胃、肾经的动作“第一式两手托天理三焦、第三式调理脾胃须单举、第六式两手攀足固肾腰”，以培土生金，金水相生，促进脾胃的运行和肾气的固摄，均有利于肺气的充盈。对于肝火偏旺的，肝阳上亢等肝实的症状，便可以选择“第五式摇头摆尾去心火”，通过泄心火而达到清肝火的功效。

第六节　八段锦课程思政与中医

一、中医理论在八段锦中的体现

（一）中医经络、气血、脏腑理论与八段锦动作

经络学说是中医理论的重要组成部分，认为人体经络是气血运行的通道，

内联脏腑，外络肢节。八段锦中的许多动作，如“两手托天理三焦”通过伸展上肢，拉伸了手三阴三阳经，促进了三焦的气血运行；“左右开弓似射雕”的扩胸动作能够刺激肺经，调理肺气。而“背后七颠百病消”动作通过颠足，震动经脉，刺激涌泉穴，起到补肾气、调气血的作用。深入阐释这些动作与经络、气血、脏腑之间的关系，能够让学生清晰地看到中医理论在实际运动中的应用，从而更加深入地理解中医理论的科学性和实用性。这不仅能够激发学生对中医理论的浓厚兴趣，还能培养他们运用中医理论来指导实践的能力。

（二）中医“治未病”思想与八段锦

中医“不治已病治未病”的理念强调预防疾病的重要性，注重通过养生保健来增强人体的正气，抵御邪气的侵袭。八段锦作为一种中医养生功法，其动作的编排和呼吸的配合旨在调节身心的平衡，增强体质，提高人体的免疫力和适应能力，从而达到预防疾病的目的。引导学生从中医角度认识健康，使他们明白健康不仅仅是身体上没有疾病的表现，更是一种包括心理平衡、良好的社会适应能力在内的全面的良好状态。这有助于学生树立正确的健康观念，增强对中医文化的认同感和自信心，进而积极推动中医文化的传承和发展。

二、八段锦与中医养生

（一）八段锦是中医养生方法的优势

八段锦的动作设计精巧，缓慢而柔和，配合均匀深长的呼吸，能够有效地调节人体的气血运行和脏腑功能。例如，“调理脾胃须单举”动作通过一手上举、一手下按，对脾胃经进行拉伸和刺激，有助于促进脾胃的消化吸收功能。长期坚持练习八段锦，可以增强心肺功能，提高呼吸系统的效率；通过调节呼吸和身体的运动，能够改善心血管系统的循环，增强心肌的耐力。此外，它对于消化系统也有积极的影响，能够促进肠胃蠕动，改善消化功能，缓解消化不良、胃胀等问题。同时，八段锦还有助于提高睡眠质量，减轻焦虑和压力，使人身心得到充分的放松和恢复。详细讲述八段锦的这些特点和优势，能够让学生深刻认识到中医养生方法的独特魅力和价值，从而培养他们主动追求健康生活方式的意识和习惯。

（二）中医养生理念在八段锦练习中的应用

中医养生强调顺应自然的变化，根据四季的交替和昼夜的节律来调整生活和锻炼方式。例如，春季适合舒展肢体，夏季可以适当增加运动量，秋季要注意收敛神气，冬季则应注重保暖和减少过度消耗。在练习八段锦时，也需要根据季节的特点选择合适的时间和强度。同时，个人的体质差异也需要考虑在内，体质较弱的人可以从较轻松的动作开始，逐渐增加难度和时间；而体质较强的人可以适当加大动作的幅度和速度。此外，练习过程中的情志调节也至关重要，要保持心情舒畅，排除杂念，以达到身心合一的境界。强调这些中医养生理念在八段锦练习中的具体应用，能够让学生将养生理念融入日常生活的方方面面，不仅关注自身的健康，还能将这种关爱传递给他人，激发学生的社会责任感和奉献精神，为构建健康和谐的社会贡献自己的力量。

三、中医基础与人文关怀在八段锦课程中的渗透

（一）中医整体观念与八段锦练习

中医在诊疗过程中一直秉持整体观念，将人体视作一个有机整体，各个脏腑、经络、气血相互联系、相互影响，而非孤立地看待某个症状或疾病。八段锦的练习也遵循这一原则，通过一系列连贯流畅的动作，对全身的经络、肌肉、关节进行锻炼和调理，从而实现整体上的身心平衡与健康。例如，“五劳七伤往后瞧”这个动作，在转动头部和身体时，不仅活动了颈部和肩部的肌肉，还对内在的脏腑起到一定的按摩和调节作用。探讨中医的整体观念在八段锦练习中的具体体现，能够培养学生从全局和系统的角度看待自身健康

问题的思维方式，使大家在日常生活中，能够更加全面地关注自身的整体状况，包括身体、心理和社会环境等多个方面，更好地维护自身健康。

（二）中医医德与八段锦学习

中医自古就强调“医乃仁术”，认为从业者不仅要有精湛的技艺，更要有高尚的品德和人文关怀精神。在学习八段锦和中医基础理论的过程中，引导大众体会关爱他人、尊重生命的优良品质。例如，通过了解古代名医的事迹，如孙思邈的“大医精诚”，让大家明白在为人处世中，要时刻怀着慈悲之心，尽最大努力帮助他人。同时，在八段锦的练习中，培养大众的耐心、细心和专注度，让大家在未来的人生道路上，能够以关爱和尊重为基础，与他人建立良好的关系，成为有温度、有担当的人，为社会带来积极影响，为社会的发展贡献自己的力量。

实践篇

第五章　八段锦课程思政的技术体系

第一节　八段锦基本动作技术

八段锦课程思政的八段锦主要以国家体育总局推广的健身气功八段锦为主，基本动作技术有基本手型（拳、掌、爪）和基本步型（开步、马步）。

一、基本手型

（一）拳

八段锦的握拳也叫握固，是由大拇指弯曲到无名指的第三节处，其余四指并拢弯曲到掌心，形成一种紧握的状态。

（二）荷叶掌

荷叶掌也叫自然掌，是由五个手指自然伸直微开，形成掌心略含聚气的状态。

（三）叠指掌

食指伸直，中指、无名指、小拇指并拢叠指微曲扣于掌心，大拇指微曲扣于虎口处。

（四）爪

五指自然张开，五指的第一、二指节弯曲，五指的第三指节与手背成一个水平面，同时手掌心空出。

二、基本步型

（一）开步

左脚左侧跨步，两脚平行开立，双腿直立，约与肩同宽，身体重心在两脚中心，两脚掌贴地，双手自然垂下放在两腿外侧、沉肩松腰。

要点：含胸拔背、松腰敛臀，虚灵顶劲。

注意：1. 两脚距离不要过宽或过窄，与本人肩部同宽即可。

2. 两臂自然垂于体侧。

（二）马步

两脚平行开立，两脚间距约为本人脚长的 2~3 倍，屈膝半蹲或微蹲，膝盖不超过脚尖，脚掌踩实地面，身体重心落在两腿之间。

要点：上身直立，下颌回收，宽胸实腹；脚跟外蹬，两膝微向内扣。

注意：1. 两脚尖内扣，松腰敛臀蹲坐。

2. 膝不过脚尖，尾闾尖稍回收。

第二节　八段锦基本要点

一、场地服装

（一）场地

习练八段锦，对场地要求不高，对于个人，只要有一块能站或能坐且安全的地方就可以进行习练，两人以上的则需要宽敞些的空间，练习者可站可坐，动作幅度可大可小，因地制宜。因此，习练八段锦基本不受场地或人员制约。

要求：

1. 习练者择地习练时注意周边地势，以安全第一为原则。

2. 习练者尽量不要在封闭空间进行长时间练习，预防运动中缺氧。

3. 习练者不宜在风口处进行练习，容易邪风邪气入体。

（二）服装

1. 衣服

（1）比赛服装

服装与武术服装类似，在各种正式的场合时，应穿着正规比赛服装，颜色多为素雅类型，鲜艳的搭配较少。

（2）练习服装

在平时练习时，没有过高的服装要求，以舒适的运动服装为宜。

2. 鞋

鞋子用脚感舒适的橡胶底类，柔软且防滑，便于蹬地转动发力。

二、锻炼的基本原则

（一）自然性原则

八段锦讲究“顺乎自然”“听其自然”。八段锦强调顺应自然，利用自然条件主动锻炼。首先要选择环境优美、适合练功的地方；其次练功方法要顺应自然机能，锻炼身体；最后不能用意过重，否则可能导致不良后果。

（二）自主性原则

八段锦不要求短时间高强度的剧烈运动，而是按照传统养生类运动的基本要求循序渐进、由内到外地调整身体的姿势、呼吸、意念。八段锦是中华传统导引养生术的一种功法，讲究内观与自我聚焦，专注于身心动态变化与呼吸即时调整。因此，参与八段锦习练应遵循自主性原则，才能起到更好的效果①。

（三）经常性原则

运动健身的一个原则是经常性原则，不管做何种运动，想达到理想的健

---

① 尹峰，董强主编. 八段锦［M］. 长春：吉林出版集团有限责任公司，2008.08.

身养生效果，都需要练习者保持一种运动的日常化、生活化。八段锦运动是由内而外以内劲方式进行气与力、松与紧的一呼一吸状态完成一招一式，只有坚持习练，效果才会显著。

（四）阶梯型原则

积跬步至千里，八段锦的学习或习练应遵循一步一个脚的不断积累原理。在技术学习过程中，先从单个动作元素到多个结合，技术要求应由简单到复杂，思想文化内涵的理解与体验应由易到难、由浅到深，一步一步深入。这样才能达到步步为营、步步高升，实现身心精神全方位健康发展的习练功效。

（五）整体性原则

八段锦健身养生机理蕴含中医理论与深厚文化内涵，有着中医整体健康理念的养生观，强调身体动作与呼吸、心理状态的协调配合，注重“内练筋骨皮，外练精气神”的内外兼修实效。因此，应从全面性出发，着眼于全方位健康发展进行练习，才能取得整体性效果。

三、锻炼的基本要领

（一）松静自然

形神松静、自然有度是练习八段锦功法的最基本准则，也是核心要领。放松是一种由内到外、由浅到深的松而不散的运动过程，使身体、心理、精神达到轻松愉悦、没有紧张、急迫的浮躁感。自然是指呼吸、意念、动作姿态都要松静自然，不要有刻板现象。具体来说，动作姿态自然，要合于法，每一个动作都要精准、规范，呼吸自然应遵循机体机制，不能用力吸气或用力呼气；意念自然要做到“似守非守，绵绵若存”，意念的过度使用会出现精神紧张等不良健康问题。有度是指形体与精神的松静要把握好界限，八段锦的锻炼须因人而异，具体的界限要在自己的练习过程仔细体会，才能逐步掌握好这个“度”。“过犹不及”，过度的放松与静谧也会导致练习的效果大打折扣。

（二）动静结合

动静可以分为精神和身体上的运动与安静，二者是相对的，身体的运动可以使精神达到安静，从而静极生动，智慧产生，达“致虚极，守静笃”境界。八段锦有坐式、立式，练功中需要动静相交或内动外静或外动内静，以动为用，以静为养。总之，动中取静，静中制动，化动为静，静中生慧。

（三）灵活精确

灵活是指练习时对动作的熟练程度包括动作姿势的标准性，发力的大小、练习的频率以及呼吸的调整等等，都要根据练习者的实际练习情况协调运用，灵活掌握，特别是在对针对身体素质薄弱与有基础疾病的老年人时，更要注意。精确主要指习练时的动作与方法要符合规范。练习分为三个阶段，在练功初始阶段，最重要的是基本姿态的练习即身形习练，效果最佳的习练方式是采用预备式的站桩，站桩的时间、强度、高低因人而异。在进行动态锻炼时，应专注当下，体会一招一式对身体各部位的作用与变化，以便知己知彼，灵活调整。在习练完整套路过程中，对动作的运动轨迹、先后、要求及方法等做到精准，可以达到事半功倍的运动疗效。

（四）刚柔并济

柔刚是相对也是对立统一，在练功时要把刚与柔贯穿始终，要做到刚中有柔，柔中有骨，切不可动作僵硬，用力古板。只有做到动作松紧自然有度，使出的劲才能刚柔兼备，自然有度。八段锦作为传统体育养生功法，要求在练功时全身的肌肉、神经要松而不散，做动作时气力缓慢柔和，柔中有刚，这样的练习方法对消除人的身体、心理、精神疲劳有很大帮助[①]。

（五）练养并行

练，包括四肢、呼吸以及其他人体中各个系统参与的进行整体的有机结合的运动过程。养是指通过身体各机能、各系统参与运动后，身体五脏六

---

① 马凤阁，卓大宏等编. 八段锦 中国古代健身法［M］. 北京：人民体育出版社，1990.09.

腑得到濡养、精气神得到提升、身心处于松静、精神归于内守的一种合乎自然的康养状态。练与养相互影响，相互促进，不可割裂，应做到“练中有养”“养中有练”。在练习或静养中，都要注意“饮食有节，起居有常，因人而异、因时而动、天地合宜”，精神上保持积极向上的心态，都会达到健身养生功效。

（六）循序渐进

八段锦动作虽然不难，但其一招一式都有其功效与文化内涵。每个阶段的学习或习练要求都不尽相同。对于初学者，先学会动作招式，到一定时候再要求呼吸、意念的加入，此外，对于呼吸的学习，可以先逆腹式呼吸，掌握呼吸方法后，再强调呼吸与动作的配合。学练八段锦是一个由易到难、由浅到深，不断体验、理解、总结、反思、内观的一个过程，因此，要循序渐进。

四、呼吸吐纳方法

自然呼吸是八段锦练习的重要基础，尤其是在练习过程中要做到平顺呼吸。该呼就呼，该吸就吸，把天地间的清新之气吸入肺部，注意不要憋气。首先，保持呼吸舒适自然，不要有大的波动，注意循序渐进，起呼落吸、开吸合呼，呼吸与动作自然配合。呼气时，小腹自然放松向上，以气为主，手足为辅，气尽而功成。即以气支配身体其他部位。由快到慢，深、细、匀、长，逐渐增加肺活量。在各节动作的松紧性和动静交替变化时，可适当屏住呼吸。所有动作都要与呼吸相协调，做到“一以贯之”。初学者应待动作熟练后再逐步地体会呼吸方法。呼吸的快慢因人而异，切不可照搬照跟别人，在练习时出现呼吸不顺，应及时调整化解。

五、心理调节方法

心理调节是指练习者心理活动的过程，是对不良情绪的控制与调整，又称练心。八段锦的心理调节是通过身体行为结合意念、呼吸进行调控和调整而达到身心合一、身外无物的过程。不同的练习阶段，注意的要点、调整需达到的状态也不同。练习之初，主要是注意动作的规范和要领；在熟练阶段，更注意身息心的协调配合。当动作越来越熟练时，呼吸就会变得更加自然，头脑更加平静，此时，心思可以集中在每个动作的规格、要点、关键部位，最终达到动作、呼吸、心理的协调，实现知行合一。

第三节　八段锦教学套路

一、预备势

（一）动作提要

1. 两脚开立与肩同宽；2. 头顶朝上，下颌稍收，舌抵上颌，唇轻紧闭；3. 沉肩坠肘、腋下虚掩、松腰敛臀；4. 呼吸自然，调息 6~9 次。

（二）动作方法

1. 两脚并步立起，两臂自然垂于大腿外侧，身体中正，眼睑微收。2. 身体重心移到右腿，左脚抬起向左开，下落成开立步。3. 双臂向内旋转，两掌向侧摆起，手心向后，抬起至髋同高，两膝微屈，双臂外旋，两手合于腹前，成抱球状，同时松肩沉肘，掌心向内，两掌指间距离约 10cm。

（三）练习要点

1. 两脚立正站立；2. 重心右移，左脚向左侧开步，成开立步；2. 双臂内旋，两掌向侧缓缓抬起，手心向后；4. 两膝微屈，双臂外旋合抱球于腹前。

（四）易犯错误及纠正

错误点：抱球时，五指用力张开伸直，手腕回扣，骨盆前倾，塌腰，跪膝，八字脚。纠正方法：沉肩垂肘，掌开自然，指尖相对，松腰敛臀，尾闾回收，膝不过脚尖，两脚平行站立。

（五）功法特点

1. 意守部位：浑身轻松、平心静气、顺项提顶、沉肩坠肘、意守丹田。

2. 功用：安心神、调呼吸、正身形、舒五脏，为练功作好前期准备。预备势可采取自然呼吸方法，在构成预备势的静立桩上，又进行 1~2 次循环性呼吸，利于调整人体松静，气血运行，对双手托天三焦的运动做生理和心理上的准备。

二、两手托天理三焦

（一）动作提要

1. 预备势。2. 两掌收于腹前合手，两臂成圆弧形。4. 上下动作起伏协调一致。

（二）动作方法

1. 预备势，保持身体平衡。2. 双手从体前缓缓下落置于腹部前合拢，双臂弯曲呈弧线形，双手掌心朝上，十指交叉或指尖相对，同时两膝微蹲。3. 双手从腹前方慢慢向上提升，到达胸口处旋肘抬臂；4. 继续上升，眼随手动，翻掌，同时两腿慢慢地伸直，脚踏实地。5. 眼继续随手上看，抬头，掌心向上，两手升至最高点时，两掌跟上撑，使两臂成弧线形，同时头回正，眼平视前方。6. 随后，十指松开，两手从上经身体两侧下落至腹部前合拢，回归到以上第 2 点状态。7. 最后一式结束，还原成预备势。

（三）练习要点

1. 身体松静自然；中正安舒；2. 每一个动作练习从 1 到 6，构成一次完整练习过程。3. 建议进行 6–8 次完整练习；4. 做动作过程，保持呼吸自然，上吸下呼，5. 舌尖抵上颌，助于动作的连贯性和协调性。

（四）易犯错误及纠正

错误 1：两手交叉幅度过大。在进行动作时，两手交叉的幅度过大可能会影响动作的准确性。纠正方法是：确保指尖接触指沟，避免过度交叉，保持动作的稳定性。

错误2：双掌内翻。双掌内翻可能导致动作不标准。纠正方法：双掌内侧虚触腹部即可，注意体会腹部几乎不受压力，保持双掌的内翻程度适中。

错误3：双掌水平面过高。双掌水平面过高会影响动作的连贯性。纠正方法：放松两臂和肩膀，使两臂自然下垂，保持双掌水平面与地面平行。

错误4：两掌上托时抬头不够。在两掌上托时，抬头不够可能导致动作不完整。纠正方法：仰头，目视手背，确保头部与双手在同一水平线上，使动作更加标准。

错误5：继续上举时松懈断劲。在动作过程中，有时会出现上举时力量松懈的情况。纠正方法是：旋肘抬两臂上托展开后，继续完全向上伸展，有托天感觉，使力量保持连贯性。

错误6：含胸。动作过程中，偶有含胸的现象。纠正方法：双掌向上伸展，上顶时抬头看两掌，胸部扩展，腰腹背伸张，尾闾微收。

错误7：下落时肩抬紧。在下落过程中，肩膀容易紧张抬高。纠正方法：肩下沉，肘下坠，坐腕舒指，放松肩膀。

（五）功法特点

1. 意守部位：两掌上托时意在“气从关元提至天突”，两掌下落时意在“气从天突降至关元”。

2. 功用：人体五脏六腑之精气，都汇集于三焦。动作双手交叉向上，逐渐施加力量，使在双手向上发力的过程中，保持身体的抻拉状态，使得三焦通畅，利于气血调和，能更好地锻炼身体；通过伸展身体特别是上肢各个关节围合处，可以锻炼肌肉、韧带和关节软组织，提高关节的灵活性，预防肩颈部疾病发生。

3. 习练宜忌：对于患有颈椎疾病、肩背粘连或头晕等严重疾病的患者，头部在练习提举动作要适当，拉伸动作不宜用力过猛。

三、左右开弓似射雕

（一）动作提要

1. 预备势。2. 身体重心右移，左脚向左侧打开，两掌胸前交叉，成马步。3. 上身中正，保持平稳。

（二）动作方法

1. 预备势。2. 身体重心右移，左脚向左侧打开大于肩宽，自然开立，两手腕胸前交叉。3. 右掌变爪，左掌成叠指掌，左拉弓右向侧平行推出，同时两腿屈膝成马步，两手形成拉弓姿势。4. 两手变掌同时身体重心右移，右手向右上到侧缓缓打开，双手侧伸直，掌心朝下，保持下肢动作。5. 两手从体侧向下弧线摆动收合交叉于胸前，同时脚掌用力抓地，两腿从马步转成弓步，到慢慢收回左脚并与右脚合拢。6. 换方向重复 1–5 动作，左右各一次为完整动作。

（三）练习要点

1. 身体保持中正放松。2. 马步时，根据个人实际情况调整左右距离和高度。3. 动作过程中，左右手同时进行变拳或叠掌指，两肘与地面保持平行。4. 根据个人条件，呼吸的长短可适当调整。对于中老年人，呼吸可以相对较短，随着身体健康状况和练习时间的加长，可以逐渐提高呼吸的深度。5. 本式动作分为三个遍数，每遍为左右各做一次。最后一遍动作后，右脚收回，身体重心继续左移，两脚呈开步站立。

（四）易犯错误及纠正

错误 1：端肩。许多人在运动过程中容易出现端肩现象，这会导致肩部肌肉紧张，影响运动效果。纠正方法：沉肩，坠肘，让肩部放松，从而提高运动效果。

错误 2：弓腰。弓腰姿势会使背部肌肉紧张，长期保持这种姿势可能导致腰背疼痛。纠正方法：上体保持直立，避免弯腰。

错误3：两肩上耸、伸肘。这种姿势会导致肩部肌肉紧张。纠正方法：沉肩松腰，气力从内而出，大臂带支小臂。

错误4：躯干前俯，塌腰。这种姿势会对腰部肌肉造成过大压力，可能导致腰痛。纠正方法：胯部前收，尾骶骨向下，重心落在两足底，相对放松腰部肌肉，维持身体的重心，躯干保持中正。

（五）功法特点

1. 意守部位：拉弓时，意在脊背的发力。射箭时，意至食指商阳，注意力集中在食指尖。

2. 功用："左右开弓似射雕"此式动作，有助于发展下肢肌肉力量，在练习过程中，注意感受腿部肌肉的发力，从而提高肌肉力量和关节稳定性。在完成动作时，关注手指尖的气血流动，有助于疏通经络，促进气血循环。动作展肩扩胸过程中，背部肌肉会得到有效锻炼，从而刺激督脉和背部俞穴，有益于背部健康。此式动作要求身体在不断变化的重心下完成，有助于提高身体的平衡感和协调性。在拉弓射箭的过程中，注意前臂和手部的肌肉发力，从而提高肌肉力量和耐力，增强手腕关节和指关节灵活性，且利于纠正驼背、肩内收和其他一些不健康的体位，对肩，颈疾病具有良好的防治作用。长期坚持练习，有助于提高身体机能，提高生活质量。在练习过程中，注意动作要领，确保安全有效。

3. 习练宜忌：对于年老或身体较弱者，在蹲马步时根据个人腿部力量和身体承受能力，适当提高马步的高度，不必强行达到标准动作，以免下蹲过深，给膝关节带来过大压力。在蹲马步的过程中，要保持身体重心稳定，避免摇晃。可以通过双手向前平伸，或者手扶墙壁、椅子等物体来保持平衡。在练习过程中，要保持呼吸顺畅，不要憋气。深呼吸有助于肌肉放松，提高锻炼效果。随着身体适应能力的提高，可以逐渐增加马步的高度和练习时间，提高锻炼效果。过度练习可能导致关节磨损、肌肉拉伤等问题。在练习过程中，要注意控制力度和时间，以免对身体造成损伤。

四、调理脾胃须单举

（一）动作提要

1. 预备势。2. 两腿微屈，两掌托于腹前。3. 手上举时两腿伸直。4. 上举和下撑掌动作协调一致。5. 呼吸自然，不要憋气。

（二）动作方法

1. 预备势。2. 屈膝半蹲，双手合掌于腹前，两掌心向上，手指尖相对。3. 左手从腹前缓缓向上托举到胸前，右手向右下至胯前，两手呈抱婴儿状。4. 然后，左手向外翻掌手心向上，同时右手向内翻掌下按置于右体侧，两腿左右开立，呈上撑天、下按地的顶天立地动作。5. 此时，左手心向上，指尖向右，同时右手掌向下按，手心向下，指尖向前，动作稍停顿，脚踩实地，舒胸拔背，力达掌根。6. 身体气力缓缓松沉，双手按原路返回到腹前，两臂自然呈弧线弯曲，两腿微蹲。7. 换手重复 1–6 动作，左右一次为完整 1 遍。8. 最后一个动作：在完成第三遍最后一个动作时，注意将两腿膝关节微屈，同时右臂屈肘，右掌下按在右髋旁，掌指向前，掌心向下，目光平视前方，还原预备姿势。

（三）练习要点

1. 动作分解，一个完整动作包含左右两个部分，左边部分动作是 1~6，右边部分换手重复即可。2. 完整连接，每个部分之间无间隔，连续完成。3. 手指方向，上举时指尖向内，下按时指尖向前。4. 呼吸配合，上吸下呼，开吸合呼。5. 力达掌根，上撑下按，舒胸展体，拔长腰脊。6. 练习次数，完整动作由一左一右组成，为 1 遍，总共完成 3 遍。

（四）易犯错误及纠正

错误 1：指尖朝向不对。纠正方法：上托的掌指朝头的方向，掌心向上；下按的手放在髋关节旁，指尖朝前方，掌心向下。

错误 2：肘关节过于伸直。纠正方法：肘关节保持自然弯曲，力不在掌根。

错误 3：动作不舒展。纠正方法：舒展胸廓，以肩带动两掌，身体对拔拉长，两脚掌踩实地、指抓地。

错误 4：手臂直接下落。纠正方法：上臂屈肘外旋，经体前下落于腹前。

错误 5：腹前两掌指尖距过大或过小。纠正方法：两掌指尖相距 10 厘米左右。

（五）功法特点

1. 意守部位：意守丹田，伸拉两肋，吸清气，呼浊气。

2. 功用：这一式动作，使胸胁部的相关经络和背部俞穴得到刺激，可以调理脾胃经络。通过两掌上撑下按，舒胸展体，拔长腰脊的动作，锻炼了脊柱各椎间关节和肌肉，增强脊柱的灵活性和稳定性。长期坚持练习，对预防和缓解肩颈疾病具有显著效果。

3. 习练宜忌：肩周炎患者做此动作时须缓慢，保持呼吸顺畅，避免憋气，逐渐提高动作的难度和幅度。

五、五劳七伤往后瞧

（一）动作提要

1. 双脚平行开立，双膝微屈，双手立掌下按，掌心朝下，放在身体两侧。

2. 起身，身体对拔拉长，两臂斜下方伸直，手掌打开掌心向后，指尖朝下，眼睛平视前方。3. 脊背后卷按身体纵轴转动颈头。

（二）动作方法

1. 双脚平行开立，双膝微屈，双手立掌下按，掌心朝下，放在身体两侧。2. 两腿徐缓挺膝伸直，身体重心向上转移，肘关节伸直，手掌打开，指尖向下，掌心朝向后，眼平视前方。3. 后背夹脊后卷旋臂，缓慢外旋至掌心向外，同时转头向左斜后方看，躯干动作略慢与手部动作协调配合，4. 松腰沉髋，双膝微曲，上身中正。5. 回收舒展的身体，同时臂内旋，肘微曲，两掌收拢平按于髋旁，掌心向下指尖向前；头部回正，眼平视前方。6. 左右各一次为1遍。

（三）练习要点

1. 本式1~5是一左一右完整动作，完成为1遍，共练习3遍。第3遍最后一个动作完成后还原成直立姿势。2. 往后看时转头不转身，夹脊后卷旋臂外展。3. 还原时松腰沉髋，两膝微屈，双臂内旋，掌心朝下。4. 旋臂后展呼吸，回收时呼气。

（四）易犯错误及纠正

错误1. 上体向后仰，转头速度过快。纠正方法：松腰沉肩，微收尾闾，下颌内收，上身中正；夹脊后卷旋臂动作缓慢，均匀缓缓转头，同时，脚踩实地。

错误2. 回收时，两臂伸直，肘关节锁死，手指朝向不对。纠正方法：两臂内旋，肘关节微曲，两掌收拢平按于髋两侧；掌心向下，指尖向前。

错误3. 手臂旋转、头部转向不充分。纠正方法：旋转发力始于背脊，随后节节从肩到臂到小指外侧旋转，同时慢慢转头。

错误4：往后瞧时顶肚子。纠正方法：躯干中正，松腰收尾闾。

（五）功法特点

1. 意守部位。意在脊背，后卷时头部转动刺激大椎穴，同时守住腰与尾闾，回收下蹲时气沉丹田。手臂的旋动感受手腕原穴刺激。

2. 功用。脊背后卷旋臂转头，刺激了大椎穴、颈部及肩关节的肌肉收缩力，可增强颈部运动幅度，活动眼肌，缓解眼肌疲劳。还可改善颈部及脑部血液循环，有助于缓解颈部疲劳。还可以打开手阴经、阳经，防止“五劳七伤”出现。此外，上肢伸直外旋扭转产生静力牵张作用，有助于扩张和牵拉胸腔、腹腔内的脏腑，从而达到更好的锻炼效果。随着锻炼次数的增加，身体会逐渐适应这种运动，从而提高颈部的稳定性和整体身体素质。

3. 习练宜忌。对于一般颈椎病患者，进行颈部锻炼时应注意循序渐进，以避免过度劳累和加重病情。在锻炼过程中，转头幅度应逐渐调整，避免一开始就进行过大的转头动作。这样既能保证锻炼效果，又能降低运动损伤的风险。对于严重颈椎病患者，进行此类锻炼时需更加谨慎。因为过度剧烈的运动可能会导致颈椎病症状加重，甚至可能引发其他并发症。在这种情况下，患者应在医生的建议下进行适当的锻炼，并严格控制运动幅度和强度。

六、摇头摆尾去心火

（一）动作提要

1. 马步。2. 重心右 / 左移动。3. 身体右 / 左倾。4. 上身前俯，马步换半马步。5. 身体重心由右向前、向左旋转。6. 重心向右 / 左移动，下蹲成马步。头后摆，上半身站起，下颚回收，目视前方。

（二）动作方法

1. 身体自然直立，成开立姿势。2. 重心左移，右脚侧跨一大步，略宽于肩，然后上身直立，两腿膝关节自然伸直，同时，两掌向上托举平行于胸部时，两臂内旋，手掌继续支撑到头部上方，肘部微微弯曲，手掌心向上，指尖相对。眼睛平行目视前方。3. 两腿徐缓屈膝半蹲成马步；同时，两臂经体侧向下落，双手成五指分开，放于膝关节处；肘关节微屈，四指朝向前方，大拇指在后，上体自然直立，目视前方。4. 身体重心向上稍提升，然后重心向右移动，身体跟随右倾，随后上身向前俯身，目光看向右脚。（步型由马步转换为半马步，右腿膝关节稍微弯曲，左腿微屈。身体重心移向右腿，上体右倾。）5. 上半身保持原动作不变。身体重心从右向左缓慢转移，同时身体由右向前、向左旋转；目光看向右脚。（上体保持俯身，头部高于水平；摇摆转动时，腰部为发起点，引导上体向各个方向的转动；脖颈与尾闾对拉伸长，目视右脚脚跟。）6. 重心向右移动，下蹲成马步。同时，头向后摆动，上半身站立起来，下颚微微回收；眼睛看向前方。（颈部后旋，摇头的速度要稍慢一些。视线从右脚看左脚，并伴左旋，并伴随着尾闾[①]的转动，从左外侧看左腿到左肩，伴随颈部放松晃动，眼睛看向上方；随后收髋收臀，下颌微收，上体中正。）7. 交换另一边做同样 4~6 动作，左右各一次算 1 遍完整动作，完成三遍，身体重心转移到两腿之间，收脚成开立姿势，同时，两掌向外经身体两侧上举，掌心相对，眼睛看向前方。

（三）练习要点

1. 本式动作左右两个方向为一个完整动作 1 遍，共做 3 遍。2. 马步下蹲的高低由练习者自身实际状况决定。3. 做马步时双手立指张开抓住膝关节穴位，其中四指在前，拇指在后，手心为空心。4. 摇摆时，身体重心要及时移动。5. 呼吸要自然。头部向后转动时吸气，向前转动时呼气。

（四）易犯错误及纠正

错误 1：摇转时颈部僵直。纠正方法：身心放松，气沉丹田，下颌自然微收。在身体倾斜、下弯时，保持颈椎肌肉的放松和伸展。

错误 2：前倾过大，全身都参与摆动。纠正方法：保持身体前后平衡，并以腰为轴，向右 / 左前侧俯身，颈部与尾闾对伸拉长。

错误 3：旋转时膝关节伸直，尾闾摇转不灵活，动作幅度太小。纠正方法：注意右（左）膝保持弯曲，左（右）膝不超过脚尖；加大尾闾摆动幅度，上体左倾尾闾右摆，上体前俯尾闾向后画圆，头不低于水平，使尾闾与颈部对拉拔长，加大旋转幅度。

错误 4：塌腰，撅臀。纠正方法：摆尾时，胸微内含，腹肌收缩。

错误 5：头尾不协调统一。纠正方法：颈部后旋，尾闾前旋，颈部旋转稍慢于尾闾前旋。

（五）功法特点

1. 意守部位：摇头放松脊柱，摆尾刺激尾闾，顺其自然，精神专注合一。

---

① 注：尾闾，位于尾骨端与肛门之间。督脉、督脉之络穴。别走任脉。

2. 功用：此式运动时蹲伏、摇摆尾闾，能刺激脊柱和督脉，大幅度摇头，能激发大椎穴，起到疏经泄热功效，帮助祛除心火。摇头摆尾时的脊柱腰段、颈段明显侧屈、环转和回旋，可以让整条脊柱、头颈部分、腰腹和臀、股部等肌群收缩自然，所参与的关节灵活有力。

3. 习练宜忌：摇头摆尾去心火是八段锦套路练习中最为复杂的一式，练习的难度也是最高的。它涉及脊柱及其周围肌肉群和穴位的活动刺激，初学者在习练此式时，可适当循序渐进，先逐个动作分解学练，再慢慢增加难度与要求，待熟练后再完整做动作。关节病患者可做小点幅度。

七、两手攀足固肾腰

（一）动作提要

1. 预备，两脚开立屈膝，两掌腹前下按，指尖相对。2. 攀足，上体前倾时，幅度要大，双膝关节伸直上提，双手尽量攀足后跟。3. 固肾腰，前俯腰手前穿，伸直背。4. 起身，腰为中心带动上身保持整体起来。

（二）动作方法

1. 两脚分开，自然站立，与肩同宽，松腰沉髋，膝微曲，两掌经体前下按至腹部前方，掌心向下，指尖相对。2. 两腿挺直成开步站立，两掌转动至指尖朝前，双臂上举，肘关节伸直，掌心向前，眼睛看向前方，保持身体挺直。3. 双臂外旋至掌心相对，两臂屈肘经体前下按至胸前，掌心向下，指尖相对，眼睛看向前方，保持身体稳定。4. 双臂外旋掌心向上，随之两掌掌指顺腋下向后背挪运，眼睛看向前方，保持身体平衡。5. 两掌心向背脊椎两侧沿膀胱经下摩运至臀部，随之上体前俯，两掌继续沿腿后膀胱经下摩运至脚跟，再经两侧摩运至脚面并抬头，眼睛看向前方，略停顿，保持身体稳定。6. 两掌沿地面前伸，手臂伸直，随后双臂带身，以腰为轴缓缓上起，两臂伸直上举，掌心向前，目视前方，保持身体平衡。7. 做完六至八遍后，松腰沉髋，将重心缓缓下降，两腿膝关节微微前屈；同时，两掌向前向下按至腹前，掌心向下，指尖向前；目视前方，保持身体稳定。

（三）练习要点

1. 本式动作共做 6~8 遍。2. 习练者根据自身实际状况安排运动强度与自行调整动作幅度。3. 手臂穿梭用力适当，至足背时腰部放松肩关节下沉，同时膝盖要顶直不能弯曲，头部微微抬起。4. 向上起身时以腰部带动全身。

（四）易犯错误及纠正

错误 1：身体前倾，塌腰。纠正方法：保持身体中正。

错误 2：两手向下摩运时低头。纠正方法：头部始终保持上抬。

错误 3：两膝随掌下推而自然弯曲。纠正方法：躯干前俯手臂下按时，两膝应挺直。若习练者受健康状况影响，不能完成该动作时，可降低难度，不必触脚。

错误 4：起身时，没有启用核心力量，且举臂在后。纠正方法：向上起身时以腰为轴整体带动上身且直臂起。

（五）功法特点

1. 意守部位。摩运膀胱经，畅通任督二脉，意念守在命门，气息沉至丹田。

2. 功用。上身的前屈与背伸运动对脊柱有很好的锻炼效果，可纠正因脊柱造成不良体态的问题，预防脊柱疾病发生。摩运和攀足，可以有效按摩和牵拉膀胱经，刺激命门穴位，促使人体阳气升发。当以腰部为轴带动上身整体起身时会牵拉到足少阴肾经，使肾经与膀胱经相互配合，达到强筋骨、固肾腰功效。长期练习此式，可以有效去掉肾的积滞，消减背部脂肪或堆积的垃圾，增加正气，缓解腰痛、手足麻木、腰膝软等症状，有助于防治腰椎间盘突出等疾病。

3. 习练宜忌。习练者根据自身实际状况安排，动作强度、幅度自行调整。初学者应循序渐进。

八、攒拳怒目增气力

（一）动作提要

1. 两腿左右开立，膝微屈，成马步，手握固贴于腹侧章门穴处，目视前方。2. 攥拳瞪目，双手握固、使气力，马步动作上体保持中正，下蹲高低依个人条件而定，眼睛圆睁瞪大。3. 冲拳，腰背发力使拳冲出、协调流畅，松紧交替，同时脚掌和脚趾抓地。

（二）动作方法

预备姿势——两腿开立膝盖微屈；同时两掌掌心向下于腹前平按，指尖朝前，目视前方。1. 身体重心右移，左脚向左开步成马步，同时手握固贴于腹侧章门穴处，拳眼朝上，目视前方。2. 命门处后撑，左拳缓缓向前冲出，拳面向前，手臂与肩同高，拳眼向上，两脚抓地，目光看向冲拳方向。3. 手腕向内旋至虎口朝下左，同时拳慢慢变掌，目光凝视左掌。4. 左臂肘关节微屈向外旋转；同时左掌向左缠绕，掌心向上后握拳，目视左拳。5. 屈肘，将左拳回收至腰侧，拳眼朝上，眼睛看向前方。6. 换一边做，动作重复 1~5。左右各一次做完为一个完整动作，做完 3 遍后，身体重心回收成并步站立。

（三）练习要点

1. 动作 1~5 为一左一右算完整 1 遍，本式完整练习为 3 遍。2. 左（右）拳向前缓缓冲出，脚掌踩实地面，力量从命门处由内而外地发散，沉肩坠肘，力量直达拳面。3. 冲拳时目光看向冲拳方向，聚焦专注。4. 左（右）拳变掌时，虎口朝向下方，肩部向外展开，眼睛看向前方。手臂外旋时动作连贯，肘关节微屈。5. 手掌旋腕，缠绕，由掌变拳，同时大拇指压在无名指指根，五指逐节用力抓握，拳回收。6. 收拳复原时缓缓呼气。

（四）易犯错误及纠正

错误 1：冲拳时身体前倾。纠正方法：身体重心保持在两脚间，松沉敛臀。

错误 2：冲拳时端肩、掀肘。纠正方法：肩部放松下沉，肘关节微屈，前臂由腰间紧贴肋部向前冲出，力量凝聚于拳面。

错误3：上身不中正。纠正方法：做到头、肩、臂、膝、脚平正。

错误4：握固与旋腕不连贯、充分。纠正方法：握固随臂旋转至拳面向前，使气力贯穿至肩，再由肩直接通达于拳。

错误5：抓握无力。纠正方法：屈指用力抓握。

（五）功法特点

1. 意守部位。冲拳时意守丹田，随后意念随气力发出至旋腕用力抓握及两眼怒目睁圆。

2. 功用。两掌按至腹前，掌心向下，指尖朝向前方，有助于锻炼手臂和手腕的力量，有助于防止手腕部疾病的发生。怒目瞪眼能激发肝经使肝血充盛、肝气疏泄，达清肝明目功效。马步、握固、冲拳、变掌，气力配合呼吸一紧一松来回，有利于气血流动，通达全身筋肉，使其坚实有力，气力增加。保持马步动作，不仅增强膝关节的灵活性和柔韧性以及下肢肌力，还可有效刺激血海穴位，达到调理脾胃功效。

3. 习练宜忌。注意保持身体重心稳定，不要过度前倾或后仰。马步高低可根据练习者身体状况灵活运用，避免过度拉伸导致损伤。练习过程，如有不适，应及时调整。

九、背后七颠百病消

（一）动作提要

1. 身体自然直立。2. 双腿并拢、提踵。3. 下振脚后跟。

（二）动作方法，

1. 向右移重心、左脚回收成并步站立，同时两拳由握固变掌，自然放于大腿两侧，目视前方。2. 两脚以脚掌为支点，缓缓向上提前脚跟，同时收腹提肛，两腿内夹，头部向上顶，下颌回收，动作略停，眼看向前方。3. 身体松沉，两脚跟下落，轻震地面。

（三）练习要点

1. 两腿并拢，脚趾抓地，提踵提肛收腹。头向上顶，沉肩坠肘，身体保持平衡。2. 脚跟向下落，上下牙齿闭合，轻震地面，动作轻巧徐缓。3. 落地过程身体上下颠动，身心放松，最后脚跟落地，直立两臂收于大腿两侧。4. 一起一落为 1 遍完整动作，共做 7 遍。5. 向上提起时吸气，向下落时呼气。6. 轻震地面，对老年人或体弱者颠一下再震更安全。

（四）易犯错误及纠正

错误 1：上提时端肩、重心不稳。纠正方法：聚焦专注自己内在气力运行，脚趾紧抓地面，肩部下沉，头向上顶，下颚回收。

错误 2：下落震地时，没有咬牙。纠正方法：身体下落，上下齿咬合。

错误 3：身体僵硬、憋气。纠正方法：松肩沉臂，气沉丹田，上提时应节节贯穿、落地时放松沉至脚掌。

（五）功法特点

1. 意守部位：专注于脚趾用力抓地，上提时意在内气节节上送，肩部下沉，脊柱向上顶，呼吸间意守丹田。

2. 功用：脚十趾抓地，可以激发足部相关经脉的运行，调整对应脏腑的功能；提重可增强脚踝关节灵活性、稳定性，刺激足三阳三阴经络；提肛收腹可使气力聚焦督脉、尾椎、八髎，促进气血进到大脑，激发中枢神经系统作用；上下颠足，可以开发小腿后群肌的力量，延长足底韧带，增强身体平衡能力，并利于身体各部位放松复位，消除肌肉紧张。

3. 习练宜忌：不要站在太硬的地方练习此动作。如果地方很硬，脚跟下落要轻些。

十、收势

（一）动作提要

体态平和、身体轻松、气沉丹田、心情舒畅。

（二）动作方法

1. 接上一式动作，两臂向内旋，同时摆向身体两侧，与髋关节同高。2. 两掌回拢相叠于腹部（男性左手在内，女性右手在内），鞠躬回正。3. 两臂自然下垂于身体两侧。

（三）习练要点

1. 旋臂回收，两掌叠于腹部。2. 鞠躬还原，自然放松。3. 呼吸吐纳自然，气力回收丹田。

（四）易犯错误及纠正

错误：收功时仓促、心浮气躁、急于求成。纠正方法：收功时动宜徐缓、身宜松弛、调顺气息、气归于丹田。收功之后可以适当地进行搓手、浴面等整理活动

（五）功法特点

1. 意守部位：两掌内外劳宫穴相叠丹田，周身放松，气沉丹田。

2. 功用：放松身心，调整气息回归松静状态。

3. 习练宜忌：收功时要注意体态放松、安详稳重，注意进行搓掌、浴面、放松动作等整理活动。

第四节　八段锦技术与课程思政的关联

一、八段锦的动作规范与技巧

（一）动作规范

每个八段锦动作都有其特定的规范和要求，以“双手攀足固肾腰”为例，双手不仅要尽力触摸脚尖，同时还需保持脊柱挺直，头部中正。这种严格的规范并非一种束缚，而是为了确保动作的准确性和有效性。对动作规范的严

格遵守，能够促使学生养成严谨、认真的学习态度。在追求动作精准的过程中，学生学会注重每一个细节，不放过任何一个可能影响效果的细微之处，从而培养他们对完美的追求和对卓越的向往。

（二）技巧掌握

八段锦的技巧涵盖了呼吸的配合、身体的重心转移以及动作的连贯性等多个方面。呼吸的节奏应与动作的起承转合相呼应，重心的移动要平稳且流畅，动作之间的衔接需自然而连贯。掌握这些技巧并非一蹴而就，需要学生进行反复的练习和不断地摸索。在这个过程中，学生可能会面临各种困难和挫折，如呼吸的紊乱、重心的失衡以及动作的卡顿等。然而，正是通过坚持不懈地努力，不断地调整和改进，学生才能逐渐掌握技巧，提高练习水平。强调反复练习和不断改进的重要性，能够培养学生的毅力和耐心。使他们明白在面对困难时，不轻易言败，勇于挑战自我，不断突破自身的极限。

二、技术创新与传承

（一）技术的创新发展

随着时代的变迁和科技的日新月异，八段锦在技术层面也不断推陈出新。现代信息技术为八段锦的教学和训练带来了全新的方式和手段。例如，通过视频教学，学生可以随时随地观看标准的动作演示，进行反复地观摩和学习；智能穿戴设备能够实时监测运动数据，如心率、呼吸频率、动作幅度等，为学生提供精准的反馈和个性化的指导。此外，虚拟现实（VR）和增强现实（AR）技术的应用，让学生仿佛置身于一个身临其境的练功环境中，增强了学习的趣味性和沉浸感。探讨八段锦在现代社会中的技术创新，能够激发学生的创新意识和探索精神，鼓励他们积极拥抱新技术，勇于尝试新的方法和手段，为八段锦的发展注入新的活力。

（二）传统的传承意义

传承是创新的基石，创新是传承的升华。在传承八段锦传统技艺的过程中，学生能够领略到古人的智慧和经验，感受到传统文化的深厚底蕴。同时，培养学生对传统技术的尊重和热爱至关重要，让他们明白传承不仅仅是简单的复制和模仿，更是对历史的尊重和对文化的延续。只有深刻理解传承的重要性，在传承的基础上进行创新，才能使八段锦这一古老的健身功法在现代社会中与时俱进，焕发出新的生机与魅力。通过培养学生对传统技术传承的使命感，让他们自觉地肩负起传承和发展八段锦的重任，成为传统文化的守护者和传播者。

三、技术体系与团队合作

（一）集体演练中的协作要求

八段锦在集体演练时，对参与者之间的默契配合和团队协作提出了很高的要求。动作的整齐划一是外在表现，而内在则需要团队成员在呼吸、节奏和力度上保持高度的一致。例如，在“左右开弓似射雕”的动作中，全体成员的拉弓动作要同时到位，眼神要坚定且一致，展现出强大的气势。呼吸的同步则要求成员们在呼吸的深度、频率和节奏上协调统一，形成一种共同的呼吸韵律。眼神的交流也是团队协作的重要环节，通过眼神的传递，成员之间能够相互鼓励、相互支持，增强团队的凝聚力。

（二）团队合作的价值与意义

介绍八段锦集体演练中的协作要求，能够显著培养学生的团队合作精神和沟通能力。让学生深刻认识到团队的力量远远大于个人的力量之和。在团队中，每个成员都有自己的优势和特长，学会如何发挥自己的优势，与他人互补，共同为实现团队的目标而努力，是团队合作的核心所在。同时，团队合作也有助于提高解决问题的效率。面对集体演练中出现的各种问题，如动作不一致、节奏不协调等，团队成员需要共同分析问题、寻找解决方案，通过集体的智慧和力量迅速解决问题。此外，良好的团队合作能够培养学生的人际关系处理能力，学会倾听他人的意见、尊重他人的想法、包容他人的不足，从而建立起和谐、融洽的人际关系。这种团队合作的精神和能力不仅在八段锦的演练中至关重要，在学生未来的学习、工作和生活中同样不可或缺。通过参与八段锦的集体活动，学生能够锻炼自己的团队协作能力，为未来的发展奠定坚实的基础。

第五节　八段锦运动形式拓展

一、趣味游戏八段锦

（一）脚跟前后固肾精

1. 游戏方法：（1）设置一个距离相等的跑道，把学生分为人数相等的若干小组，每组学生分为两个小组站在跑道两端，一端学生过来与另一端学生击掌接力后，方可出发。（2）接力前进方法采用前进后退法，具体方法为身体自然直立，抬头挺胸，脚尖朝前。前进后退法是前进五步后再后退三步，前进或后退时两脚脚尖跷起再左右依次出发。（3）所有人先完成的组，获得胜利。

2. 练习功效：脚后跟先着地，刺激了身体中的“肾经”穴位，用脚后跟前进后退走能经常性地刺激它，起到强肾固肾经的作用。

（二）虎步爬行铸形神

1. 游戏方法：（1）所有同学围绕成一个大圆圈，向着同一个方向出发，前一个同学出发三秒钟后，后面一个同学出发，后出发的同学抓住前一个出发的同学，该同学淘汰出局。（2）出发的方法：出发同学采取同一动作，俯身，两手按地，髋关节与臀部向上顶，同时头略微上抬，向前爬行。爬行中左手与右脚配合右手与左脚配合前行。（3）脱离圆圈的同学也视作淘汰，爬行过程注意呼吸配合，前耸吸气，后缩呼气；学生俯身的幅度学生自身状况确定，做到因人而异，具体情况具体分析。

2. 练习功效：该游戏动作与五禽戏中的“虎”形相似，该动作在练习时还可锻炼到背部肌肉等平时不易锻炼的肌肉，对人体的精气神筋骨髓都有较好的锻炼效果。“虎步爬行”还可以扩张肺气、健腰补肾、调节中枢神经系统，对防治神经衰弱、慢性支气管炎等效果显著。

3. 思政要素：体育游戏是体育课程的重要组成部分，是进行体育活动重要手段之一，还能丰富体育课堂，是重要的教学内容。体育游戏能提高学生的学习积极性，充分地调动学生学习兴趣，使学生的注意力集中于课堂教学中，大大地提高教学效果，使得学生的心理与身体得到健康的发展。趣味游戏八段锦以分组形式进行开展，在学生游戏的同时让学生懂得配合协调同学间的关系，能有效地培养学生的团队精神以及团队协作能力。以八段锦等优秀传统养身动作为游戏组成，能让学生耳濡目染地学习到中华传统文化中的精华部分：养身气功，培养学生对于中华文化的认同感、归属感以及自豪感，把文化自信贯彻落实于课堂教学中。

二、健身操舞八段锦

（一）两肘内夹紧头颈

1. 动作方法：（1）两腿左右开立，与肩同宽，脚尖朝前方，脚跟向外撑；屈膝微蹲。（2）两手经体侧上举，双手抱头，十指交叉于头部后方。（3）颈部向上伸展，眼睛看向天空，头部尽量用力向后仰。（4）该动作做 4 个八拍，每一个八拍向后仰 6 秒，向下回复 2 秒；共做四遍，四个八拍。四个八拍做完回收成立正姿势。

2. 练习功效：屈膝微蹲不仅可以起到强腰固肾，让人体更加精力充沛，还能预防腰膝酸痛，以及头晕健忘，注意力不集中等健康问题。双肘内夹头部后仰可以调理肩颈疾病，以及精神萎靡不振等健康问题。

（二）两臂上提通肺气

1. 动作方法：本动作分为四个八拍。第一个八拍伸左脚向左胯一小步与肩同宽，同时两手经体前上举至头顶两侧，两臂伸直掌心相对，两臂上举的同时挺胸仰头。一个八拍做完还原立正姿势，挺胸仰头时吸气，还原立正时呼气。第二个八拍：伸右脚右胯一小步与肩同宽，两臂上举提至胸前，与肩部位于同一水平，两手成拳，拳面相对；两臂上提平举时吸气，屈肘还原时呼气。三四个八拍与一两个八拍动作相同，方向相反。

2. 练习功效：该动作练习可以宣通肺气，手臂上举或平举时可以活动肩关节与肘关节，进而活动周身气血，不仅让一整天学生都神清气爽，学习更加地有活力；而且还可以预防学生坐姿不良带来隐患。

（三）双手按脚清胃火

1. 动作方法：该动作分为四个八拍：第一个八拍左脚向左跨一小步成开立姿势，之后弯腰，腰要立直，不要弓腰。同时伸出两臂把手放在脚背上。两手成拳状，伸出食指，按压第二三脚趾缝隙间的内庭穴位。一个八拍结束后收腰还原成立正姿势。第二个八拍与第一个八拍动作相同，方向相反。三四个八拍重复一两个八拍。

2. 练习功效：弯腰下按可以锻炼到腰部肌肉与关节，让学生在久坐学习后活动关节，使人精神更加焕发清爽。手按第二三脚趾间的内庭穴，对于消化不良的患者可以达到清泻去火的目的。①

（四）转腰旋胯活气血

1. 动作方法：（1）该动作有四个八拍。第一个八拍，左脚向左前方一步，前后开立。两臂上提至腰间，双手叉腰。然后缓慢做腰部的前屈与后伸。做完一个八拍回归立正姿势。（2）第二个八拍左脚向前一步，两脚前后开立。两臂上提至腰间，双手叉腰，同时调整呼吸均匀，重心放在两腿之间，以腰

① 成向东主编. 两分钟教你学会能防病的简单小动作［M］. 北京：中国纺织出版社，2020.08.

为轴髋关节顺时针做水平方向的旋转，转到最大幅度后再逆时针方向转动至最大幅度，再回到中正位置，同时收腿回到立正姿势。(3)第三个八拍与第一个八拍动作相同出脚相反。第四个八拍与第二个八拍动作相同出脚相反，动作速度略快。

2. 练习功效：第一个动作与伸懒腰动作原理相同，其动作练习可以促进肝脏血液再生功能，加快血液的循环和人体的新陈代谢，还能使腰髋关节以及全身肌肉得到有效的活动。

(五)前倾吐纳清肺气

1. 动作方法：(1)该动作共四个八拍。第一个八拍，左脚左胯一步，与肩同宽成开立姿势，两脚踩实重心在两腿之间。两手交叉上提至交叉抱于胸前，上体稍向前倾，同时深呼吸，身体向后还原时呼气。做完后还原立正姿势。(2)第二个八拍，左脚左胯一步，与肩同宽成开立姿势，两脚踩实重心在两腿之间。两臂上提至胸部两侧，手部成掌。深呼吸同时身体稍向前倾，两手在两侧轻微挤压胸部，还原时两手松开同时呼出气体，最后还原成立正姿势。(3)第三四个八拍与一两个八拍动作相同方向相反。身体前倾与还原与呼吸相配合，前倾幅度因人而异，不宜过大。

2. 练习功效：挤压与舒展胸部，加大加深呼吸，还可以锻炼呼吸肌，增加胸廓的活动性使得肺活量增大和肺泡更具弹性，从而扩大了肺活量，促进了肺部血液循环与气体代谢。

(六)提腿摸膝缓疲劳

1. 动作方法：(1)该动作四个八拍。第一个八拍，左脚左胯一步与肩同宽，成开立姿势。先抬左脚，左脚大腿抬起后与地面平行，脚尖紧绷与地面垂直；同时用右手摸左膝。做完后还原开立，抬右脚，右脚大腿抬起后与地面平行，脚尖紧绷与地面垂直；同时用左手摸左右膝。最后还原立正姿势。(2)第二个八拍，左脚左胯一步与肩同宽，成开立姿势。先抬左脚，整个左腿成一条直线，向上抬起，同时左手摸左膝；右脚与左脚一样，如此反复练习。最后还原成立正姿势。（3）第三四个八拍与一两个八拍动作相同，方向相反。第一三个八拍抬腿时屈膝，二四个八抬腿时膝关节是保持直立。

2. 练习功效：由于大脑左右半球对躯体功能实施对侧控制，即右半球控制躯体左侧，左半球控制躯体右侧。这个练习可以促进大脑两个半球协调工作的能力，缓解单侧用脑过度引发的身心疲劳症状。

第六章　八段锦课程思政的内容体系

第一节　八段锦课程思政内容构建目标

在当今时代，大思政课程观逐渐深入人心，成为教育领域的重要理念。八段锦课程思政正是在这一宏观背景下应运而生，始终坚定不移地将立德树人为根本任务。本课程围绕着大健康理念，将中华民族伟大复兴、强国建设、全民健康、幸福美好生活等宏伟目标作为建设的核心方向。其总体目标清晰明确，旨在培养具备全面素质的人才。不仅要有高尚的道德品质，能够明辨是非、坚守正义、关爱他人；还要拥有健康强壮的体魄，具备良好的体能和运动能力，能够适应各种环境和挑战；同时，要塑造积极向上的性格，乐观开朗、坚韧不拔、善于沟通与合作；更要培养优秀的品格，诚实守信、谦虚谨慎、有责任感和担当精神。通过实现全员、全过程、全方位育人，让教育的力量渗透到学生成长的每一个环节，为他们的未来发展奠定坚实的基础。

一、八段锦的基础要素与相关学科融合

（一）八段锦的功法、礼仪与技术

1. 八段锦的功法独特而精妙，其动作节奏分明，力度张弛有度。每个动作都有特定的要求和目的，如“两手托天理三焦”通过双手上举伸展，拉伸身体的经脉，调理三焦的气血运行；“左右开弓似射雕”则注重身体的左右平衡和协调性，锻炼肩背和手臂的力量。动作之间的衔接流畅自然，呼吸配合恰到好处，形成了一套完整而有序的锻炼体系。

2. 八段锦中的礼仪规范蕴含着深厚的文化底蕴。在练习开始前，须保持

身心的宁静和专注，向师长或前辈行礼，表示尊敬和谦逊。练习过程中，姿势端正、神态安详，体现出对自身和他人的尊重。结束时，再次行礼，表达对这一传统健身方式的敬畏和感恩。

3. 八段锦的基本技术要求严格而细致。动作要准确到位，避免过度或不足。例如，“摇头摆尾去心火”中，头部和腰部的转动要协调一致，幅度适中，既不能过于猛烈，也不能过于轻柔。呼吸要深沉而平稳，与动作紧密配合，以达到最佳的锻炼效果。

（二）多学科理论的融入

1. 体育学为八段锦提供了科学的锻炼方法和原理。通过对人体运动机能的研究，我们可以了解每个动作对肌肉、骨骼、关节的作用，从而合理安排练习强度和频率，避免受伤并提高锻炼效果。

2. 心理学在八段锦教学中起着重要作用。了解学生的心理需求和动机，可以激发他们的学习兴趣和积极性。例如，通过设置适当的目标和挑战，满足学生的成就感；运用心理暗示和放松技巧，帮助学生缓解紧张和焦虑，更好地进入练习状态。

3. 思想政治理论的融入使八段锦课程更具思想深度。培养学生的爱国主义情怀、集体主义精神和社会责任感，让他们在锻炼中不仅关注自身的成长，还能关心国家和社会的发展。

4. 中华优秀传统文化是八段锦的根基和灵魂。儒家的“修身齐家治国平天下”理念，鼓励学生通过自我修炼，达到身心的和谐统一，进而为社会作出贡献；道家的“顺应自然”思想，教导学生在练习中遵循身体的自然规律，不强求、不刻意；佛教的“慈悲为怀”，培养学生的善良和宽容之心。

二、核心理论知识与文化内涵的渗透

（一）中医理论的融合

1. 经络学说在八段锦中有着深刻的体现。经络是人体气血运行的通道，八段锦的动作通过拉伸、扭转等方式，刺激和疏通经络，促进气血的流通。例如，“五劳七伤往后瞧”这个动作，可以活动颈部和背部的经络，调理脏腑功能，预防和缓解由于长期劳累和不良姿势导致的疾病。

2. 气血理论是中医的重要组成部分，八段锦有助于气血的生成和运行。通过呼吸的调节和身体的运动，增强心肺功能，提高氧气供应，促进血液循环，使气血充盈、运行顺畅，从而滋养全身各个组织和器官。

（二）现代理论的应用

1. 马斯洛需求层次理论在八段锦课程中具有指导意义。满足学生生理需求的同时，更关注他们的安全需求、社交需求、尊重需求和自我实现需求。通过八段锦的练习，让学生获得身体的安全感，增强与他人的交流与合作，赢得他人的尊重和认可，最终实现自我价值的提升。

2. 皮亚杰认知发展阶段理论提醒我们要根据学生的不同认知水平进行教学。对于处于感知运动阶段的学生，注重动作的直观演示和体验；对于处于前运算阶段和具体运算阶段的学生，通过形象的比喻和实例帮助他们理解；对于处于形式运算阶段的学生，则引导他们进行深入地思考和创新。

3. 冰山理论让我们关注学生潜在的品质和能力。八段锦的练习不仅是外在动作的表现，更是内在素质的培养。通过观察学生在练习中的表现，挖掘他们隐藏在表面之下的意志力、自信心、创造力等，为他们的全面发展提供支持。

（三）文化内涵的传播

1. 社会主义核心价值观在八段锦课程中得到充分体现。“爱国”体现在传承和弘扬中华传统文化，增强民族自豪感；“敬业”表现为认真对待每一次练习，追求动作的完美；“诚信”要求学生遵守练习规则，不弄虚作假；“友善”则鼓励学生在团队练习中相互帮助、共同进步。

2. 儒释道文化为八段锦注入了丰富的精神内涵。儒家的仁爱思想，让学生在练习中关爱自己、关爱他人；道家的无为而治，教导学生在身心放松的状态下达到自然和谐；佛教的慈悲为怀，培养学生的宽容和善良之心。

三、教育内容的具体方面

（一）道德法治教育

1. 培养学生的道德自律，要求他们在练习八段锦时自觉遵守道德规范，如不嘲笑他人的错误。在日常生活中，遵守社会公德，如尊老爱幼、爱护环境。

2. 增强法治意识，让学生了解在体育活动中也存在着法律法规，如比赛规则、场地使用规定等。遵守这些法律法规，不仅是对自己的保护，也是对他人权利的尊重。

（二）心理品质教育

1. 提升学生的心理素质，通过八段锦的练习，帮助他们学会应对压力和挫折。例如，当遇到动作难度较大时，不轻易放弃，而是积极调整心态，寻找解决方法。

2. 培养坚韧不拔的意志品质，让学生在长期的练习中逐渐克服困难，不断超越自我。同时，增强自信心，相信自己能够通过努力取得进步。

（三）理想信念教育

1. 激发学生的爱国情怀，让他们明白自己的成长与国家的发展息息相关。通过练习八段锦，传承中华优秀传统文化，为国家的文化繁荣贡献力量。

2. 树立远大的理想和目标，鼓励学生在追求健康和卓越的道路上不断前进。将个人理想与国家需要相结合，为实现中华民族伟大复兴的中国梦而努力奋斗。

（四）努力奋斗教育

1. 教导学生在八段锦练习中保持勤奋努力的态度，每天坚持练习，不断提高自己的水平。认识到只有付出汗水，才能收获成果。

2. 培养创新精神和实践能力，鼓励学生在掌握基本动作的基础上，尝试创新和改编，将八段锦与现代元素相结合，创造出更具个性和时代特色的练习方式。

第二节　八段锦课程思政内容构建

一、八段锦课程思政课程内容结构

教育的使命不仅仅是传授知识和技能，更在于培养全面发展、具有高度社会责任感和家国情怀的人才。八段锦课程思政内容的重构是在大思政课程观下，坚持以立德树人为根本任务，围绕大健康理念以中华民族伟大复兴、强国建设、全民健康、幸福美好生活等为建设总目标，遵循教育本质和体育育人基本规律、基本原则，在教授运动技能同时渗透融入多学科理论知识，构建具有在“国格、体格、性格、品格”教育中汲取中国智慧、弘扬中国精神、传播中华优秀传统文化，实现三全育人目标的三维多元课程内容知识结构。具体如图 6-1 所示。

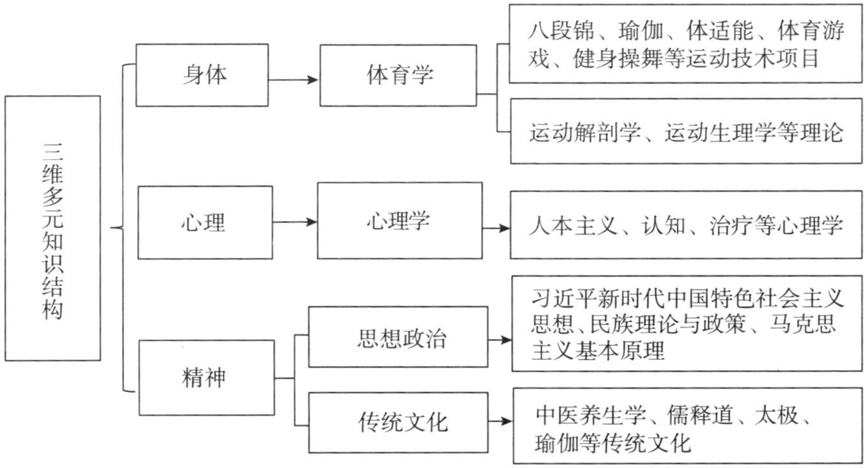

图 6-1　八段锦课程思政内容知识结构

（一）理论层面

充分运用系统论思想与中医思维方法，构建以儒释道为主的中华优秀传统文化同体育学、医学、心理学、艺术学等多学科深度融合的理论体系。儒释道文化蕴含着丰富的人生智慧和道德准则，为学生的品德修养和价值观塑造提供了深厚的文化根基。体育学的科学理论指导学生正确理解运动的原理和方法，医学知识让学生了解身体的构造和健康的维护，心理学帮助学生掌握心理调节和情绪管理的技巧，艺术学则赋予学生审美能力和创造力。

（二）技能方面

融合中医养生理念，将传统体育与现代体育有机结合，以八段锦为核心，以瑜伽功法、健身操舞、体育游戏、体适能等为补充，形成了多元理论与多种技能相互融通、协同共建的格局。八段锦作为我国传统的健身功法，动作舒展优美，刚柔相济，通过调节呼吸和身体的姿势，达到强身健体、调和气血的效果。瑜伽功法有与八段锦平衡、和谐、自然等身心合一健身养生理念，能帮助学生提升柔韧性和专注力，而健身操舞、体育游戏和体适能训练等现代体育元素的加入，则增加了课程的趣味性和多样性，满足了不同学生的兴趣和需求，形成多元理论与多种技能相互融通、协同共建的格局，推动学生“身心精神三位一体”的健康发展，构建“三维多元”的课程内容知识结构。

（三）目标达成

课程内容知识结构旨在传授运动技能的同时，自然地渗透融入多学科理论知识，不仅培养学生具备强健体魄，更要培养有积极向上的心态、良好的品德修养和深厚的文化底蕴，致力于培育在“国格、体格、性格、品格”教育中充分汲取中国智慧、大力弘扬中国精神、广泛传播中华优秀传统文化的新时代中国特色社会主义建设者和接班人。让学生在学习和实践中，深刻领悟中华传统文化的博大精深，增强民族自豪感和文化自信，以健康的身心和坚定的信念，为国家的繁荣富强贡献自己的力量。

二、八段锦课程思政教学内容体系构建

八段锦课程思政教学内容体系的构建是以八段锦课程思政的总体目标作为明确的指导方向，将传统体育与现代教育理念相结合，为学生的成长和发展提供丰富的滋养和有力的支持。这一体系紧密围绕着八段锦的功法、礼仪、基本技术要求、动作及其名称来展开。通过深入探究，结合体育学、心理学、思想政治学、中华优秀传统文化等相关学科的理论，努力挖掘其中的内在关联，将社会主义核心价值观、儒释道文化、经络学说、气血理论、体育养生、运动康复等多元理论知识，与马斯洛需求层次理论、皮亚杰认知发展阶段理论、冰山理论等科学原理相互融合，同时赋予其相应的文化内涵，并将之渗透融入道德法治、心理品质、理想信念、努力奋斗等四个方面的教育当中。

社会主义核心价值观作为当代中国社会的价值引领，在八段锦课程中得以体现。学生通过练习八段锦，培养爱国情怀、敬业精神、诚信意识和友善态度。儒释道文化所蕴含的人生哲理和道德规范，与八段锦的养生理念相互呼应，教导学生追求内心的宁静与和谐。经络学说和气血理论等中医基础知识为理解八段锦的健身功效提供了科学依据，让学生明白身体的调养与内在的平衡息息相关。体育养生和运动康复知识则帮助学生树立正确的健康观念，学会科学地锻炼和保养身体。马斯洛需求层次理论引导学生在追求身心健康的基础上，不断实现自我价值和成长。皮亚杰认知发展阶段理论有助于根据学生的认知水平，合理安排教学内容和方法。冰山理论让学生了解到自身的潜力不仅局限于表面，还有更多有待挖掘的内在品质。

在道德法治教育方面，培养学生遵守规则、尊重他人的意识，树立正确的法律观念。心理品质教育中，帮助学生增强自信心、抗压能力和情绪管理能力，塑造积极向上的心态。理想信念教育使学生明确人生目标，坚定为实现梦想而努力的决心。努力奋斗教育则激励学生在面对困难时勇往直前，坚持不懈地追求进步。最终，形成了以立德树人、健康第一为培养任务的八段

锦课程思政内容体系。不仅注重学生身体素质的提升，更关注学生的道德修养、心理素质和社会责任感的培养，为塑造全面发展的新时代人才奠定了坚实的基础。具体如图 6–2 所示。

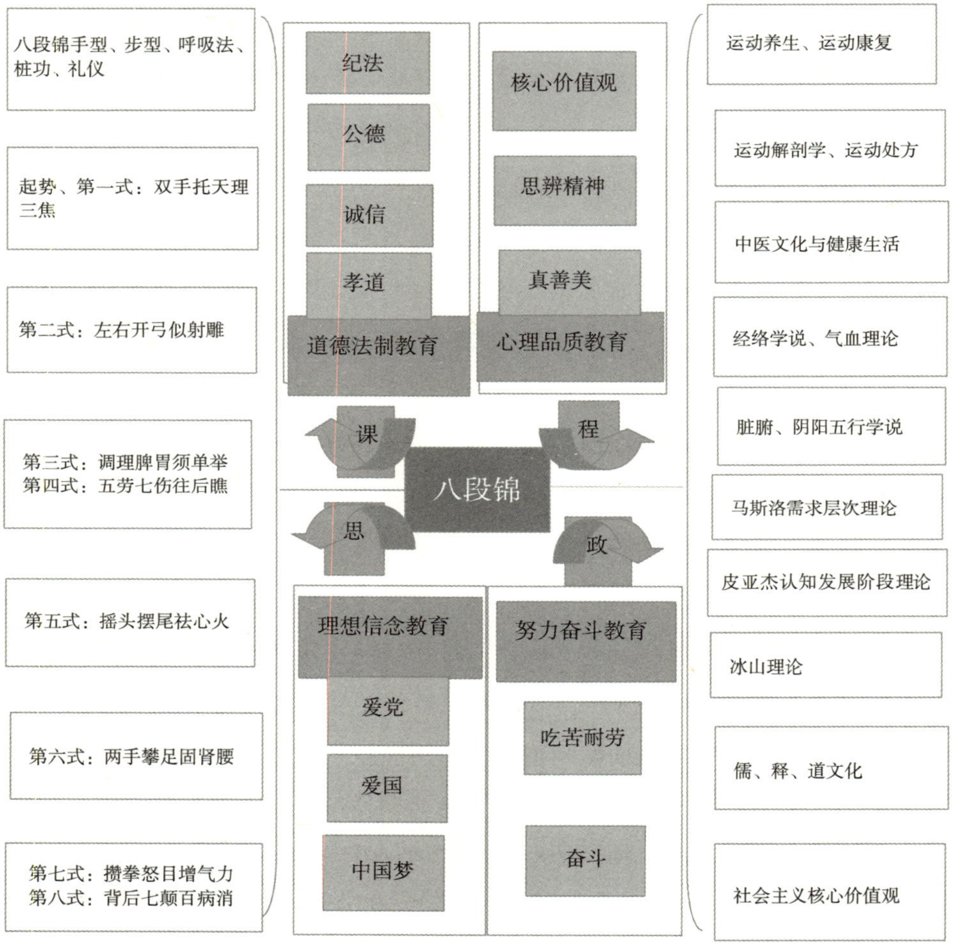

图 6–2　八段锦课程思政内容体系

第三节　八段锦课程思政内容组织

一、组织形式

八段锦课程思政内容的组织形式坚持以立德树人为根本任务，依据人的全面健康发展需要与人的认知发展规律，在遵循系统论、整体性原则下，运用中医整体思维模式、唯物辩证法原理，采用纵、横、直线、螺旋、心理需求规律等多种方式进行课程内容设计组织。教学组织过程中由浅入深，由粗到精，先学习基本技术动作要领，再进一步深入到精讲、细教、慢学环节，然后到熟练掌握整套动作技术要领，而在教学过程的每个阶段，根据技术学习掌握的深浅要求、熟练程度等适时融入讲解相应理论知识、思政文化内容。比如：教学一个招式时，先讲动作技术要领，学习者习练一定程度后再讲解动作对身体机能的作用，待到一定时机过渡到讲解、体会招式功法对心理情绪的影响，熟练动作后再引领深入挖掘动作蕴涵的思想文化内涵及其对人的身心灵全面健康影响，最后启迪学习者体悟八段锦功法中暗藏的天地人合一的大道智慧，促进精神与物质健康和谐共进，达到“润物细无声”“涓涓流水”的课程思政内容融入。组织形式应用例子如下。

（一）螺旋进阶式

八段锦课程思政内容的螺旋式组织形式整体呈现“身心精神一体”的多学科、多维健康、多元协同创新育人课程设计，充分运用皮亚杰认知发展阶段理论、马斯洛需求理论、冰山理论等原理进行组织课程内容与教学设计，以 34 个学时为例，分为四个部分（如图 6–3 示）。

第一部分，了解与记忆。共有 8 个学时，这部分主要是建立对新事物的了解与认识，开启新的思维模式和拓展多维健康理念。理论知识渗透融入为社会主义核心价值观、人体解剖学、中医养生文化等，侧重培养一种大局意识和整体思维模式。运动技能方面主要学习体适能、户外瑜伽、校园徒步等运动形式，主要使学生亲身体会体育运动的乐趣与了解体育养生活动的多元化，从而引导学生如何从体育运动、体质角度认识自己。这第一部分体现的思政主题重点为和谐、平衡和认识自己等。

第二部分，理解与运用。共有 12 个学时，这一部分为技能技术学习与掌握的重点之一。主要的理论渗透融入为思想政治、优秀传统文化、脏腑经络学说，运动技能方面主要学习八段锦前四式、体适能、体育游戏。体现的思政主题主要以人文修养、为人处世为主，比如：自强不息，厚德载物、张弛有度，松静自然、顶天立地、三省吾身、水火既济，安居乐业等。

第三部分，分析与评价。共有 10 个学时，这一部分也是技能技术学习与掌握的重点之一，在这个阶段基本呈现了螺旋进阶式的教学组织形式。新旧技术知识学习交替教学过程，新技术知识的初步掌握到旧技术知识的复习、巩固、加强，可重复的理论与技术渗透融入讲解示范由浅入深、深入浅出，充分挖掘八段锦的健身养生功能与思政文化内涵，展现八段锦课程的三全育人魅力，学生能从中领悟中华优秀传统文化的智慧与力量，同时培养自主探究学习能力和大健康发展思维模式。这部分理论内容为运动解剖学、儒释道文化、脏腑经络学说、冰山理论原理等。运动技能主要学习为八段锦后四式、瑜伽、体育游戏，复习的内容为八段锦前四式。思政主题主要体现为谦受益，满招损、清肝明目，浩然正气等。

第四部分，创造与运用。共有 4 个学时，这一部分主要为整体复习课，理论学习上有进一步的加深，在技术技能熟练掌握过程中培养学生融会贯通，在完整套路掌握基础上，结合个人身体实际情况选择适合个体当下身心需要的体式进行处方式运动健身，培养学生学会选择适合自己运动方式，促进健康运动养生。理论融入主要是马克思主义哲学原理、政策法规、阴阳五行学说。运动技能主要复习整套八段锦和学习开具运动处方。思政主题主要体现拨云见日、自强自立，互助合作、回归自己等。

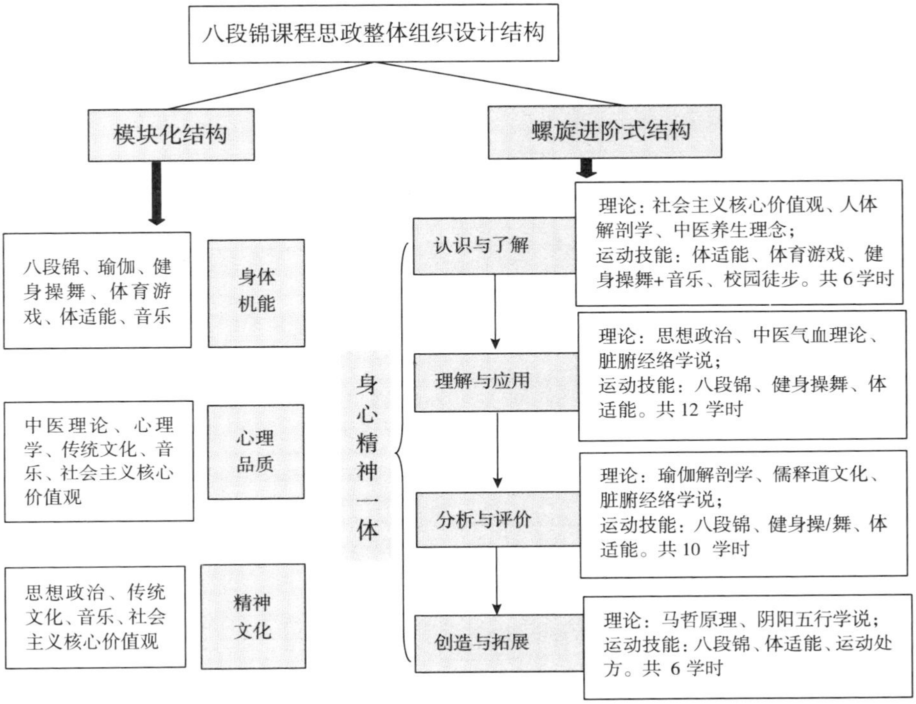

图 6-3　八段锦课程思政整体组织设计结构

（二）纵向直线式

八段锦课程思政在教学内容设计是根据国家体育总局推广的《健身气功——八段锦》完整套路，以逻辑顺序与心理顺序为基础，直线式纵向设计技术教学内容与横向式渗透融入相应动作的思政文化内容，具体形式应用如下表 6-1 示：

表 6-1　八段锦课程思政——纵向直线式设计

周次	授课内容	课堂思政主题	思政融入点
1	八段锦基本概况	平衡 · 和谐	植入“主题”→导出人体结构、唯物辩证法等原理→引入八段锦机理
2	八段锦基本动作	认识自己	体验肢体活动→融入气血理论、经络学说→导出身心精神关联→引导“认识自己”
3	起势、两手托天理三焦	顶天立地、中通外直	学练两手托天理三焦→融入中医养生观→导入三焦与自强、厚德的关联

续表

周次	授课内容	课堂思政主题	思政融入点
4	左右开弓似射雕	张弛有度、松静自然	学练左右开弓似射雕→导入增强心肺功能的方法和原理→引出主题内涵
5	调理脾胃须单举	自强不息、厚德载物	讲述脏腑经络知识→学练调理脾胃须单举→感受“顶天立地，中通外直”之正气内存
6	五劳七伤往后瞧	三省吾身、中正安舒	植入课堂主题→学练五劳七伤往后瞧→启发“五劳”“七伤”“三省”“后瞧”之做人之道
7	户外活动：环校健身徒步	体验校园文化	定点习练与录制1~4式八段锦动作→激励自觉自律、团结合作精神
8	摇头摆尾祛心火	水火既济、安居乐业	学练摇头摆尾祛心→融入阴阳五行原理→引入主题→修身养性、爱家爱国与多维健康关系
9	1两手攀足固肾腰 2功法礼仪	谦受益、满招损	探讨思政主题→导进经络五行学说→学练两手攀足固肾腰、功法礼仪
10	1攒拳怒目增气力 2人体结构理论	清肝明目、浩然正气	学练攒拳怒目增气力，了解人体构造→导出思政主题→体悟正身、正气、精神爽
11	1背后七颠百病消 2养生文化与健康	节节贯穿、落地归根	引出思政主题→导入学练背后七颠百病消→习练全套动作→融入时宜健身养生文化，体验“始终如一”感觉。
12	1各式核心技术 2运动处方创编	自立自主、团结互助	植入课堂主题→进入技术练习→开展运动处方指导→强调人无完人，学会自主、包容、互助等
13	1体能训练 2八段锦整套动作	规范中正、吃苦耐劳	体能训练→导向思政主题→讲解、习练八段锦核心技术→暗示学会规范准确中正
14	1介绍其他运动项目2运动处方	激发思维、拔云见日	导入思政主题→介绍与体验不同运动项目→开发多元健身思维模式
15	总复习：习练套路、分组练习	自立自主、勇于突破	习练套路、分组练习、独立完成→抽查→反馈，突出思政主题和精神作风
16	期末考试	认识自己、回归松静	不同面向分组考试→考毕反思→认识自己
17	总结、交流	学无止境、生生不息	引导学生学会用马克思主义基本原理和理解国家相关政策法规→认识自己，树立正确三观，提高社会适应、健康管理能力，养成健康生活方式，提高生命质量。

备注：图6-3、表6-1是八段锦课程思政的课程及教学实施的整体设计案例结构图表，图表文中提到的形式，并不代表只包含一种组织形式，只有在教学实践实施过程实施者的纵横交错的直线式、螺旋进阶式设计，如图6-3、表6-1所示。

二、八段锦课程思政内容的组织方法

八段锦课程运用“建构主义理论”教学理念，在教与学耦合过程中，围绕“体验→探究→感悟”多元协同创新育人模式，运用言语信息传递法、线上线下混合教学法、课内外一体化教学法、项目化教学法、多元协同考核评价法等组织方法进行理论与实践、文化与技能、能力与素养目标培养的课程内容组织教学，以实现思政教育、体育教育、中医运动养生的高度融合，促进体育健康养生，达体育育人独特性、科学性与全面性，如图 6–4 所示。

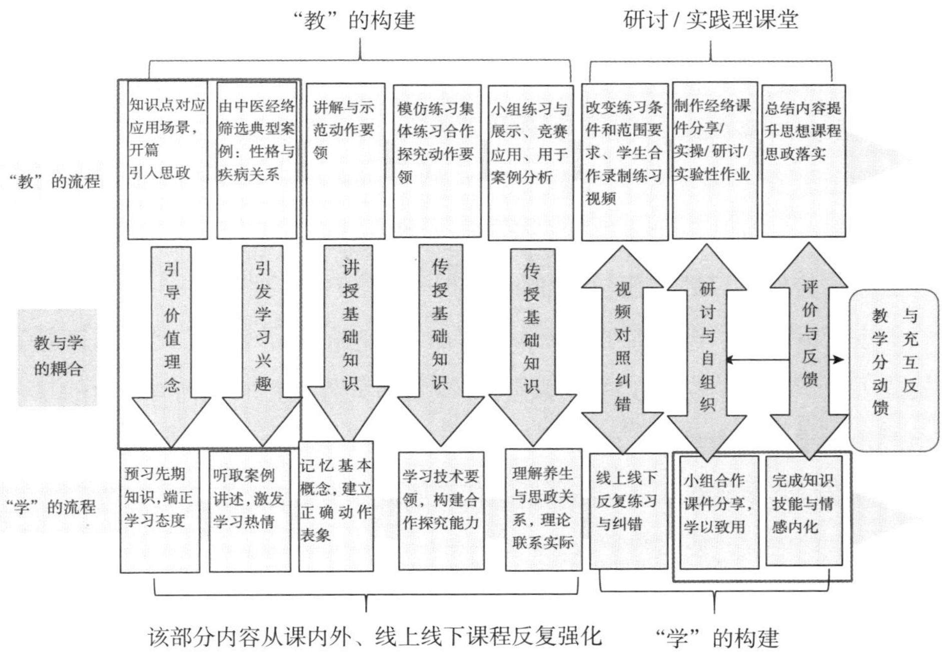

图 6–4 “体验→探究→感悟”教与学耦合过程模型

（1）言语信息传递法

教师的语言组织与声音的输出，是学生学习兴趣和学习效果的影响因素之一，巧妙运用言语信息传递法，会使课堂教学效果锦上添花，提高实效性。此外，这种方法有组织进行，使学习者所获得的并不只是单个事实，按照一定的教学目标，可以赋予更多富有意义的认识。在课程思政活化中，教师处于主导地位，它的表现、解释直接影响学生对于这门课的兴趣和学习情况。八段锦属导引术、传统体育养生功，动作缓慢轻柔、形神内敛，形随气动，讲究呼吸与动作协调配合，需要个人亲身体悟，如果没有教师良好的语言组织表达与引导，学习者特别是初学者或年轻人会不容易找到得当的学习方法，就会影响学习或习练效果，而八段锦各招式及其功法，蕴含着丰富的思想文化内涵和智慧，在教与学过程中，通过教师的言语信息传递，能让学习者更容易进行体验、探究、感受、体悟的学习状态，是促进师生互动、生生互动的有效课堂。言语信息传递法在八段锦课程思政内容的组织教学中起着无足轻重、不可或缺的重要方法，是思政元素达心入脑的最合适教学方式。

（2）线上线下混合教学法

线上线下混合教学法是借助网络平台，从传统面授教学向网络教学扩展，形成网上教学、课堂内容外实地教学练的教学模式之一，打破课堂组织教学的时空局限，这种模式使学生对课程学习具有较大的时空自主选择性，学生学习成效依然可以数据化、标准化评价，同样可以实现形成性评价考核，为教师进行组织教学设计提供了便利，再加入相应的教学目标、教学进度等等，构成了教学闭环结构。在这个过程中，学习者同样获得一系列有价值的知识，同时拓展学习思维模式。线上借助相关的平台和教学视频进行自主学习，线下面授进行教学实践互动，体现新时代高质量教书育人、育才的发展。

（3）课内外一体化教学法

基于认知发展规律和系统论理论，运用课内外一体教学法，突出对应学生“身心精神”需求的内容模块化设计和强化从低阶到高阶认知过程的螺旋进阶式教学设计；并注重因材施教、个体差异，采用“体验→探究→感悟”教与学耦合同时充分利用现有体育教育教学资源与手段，丰富教学组织与实施条件。教学实践中，课外，一是线上以理论知识拓展、课前技能预习、课后巩固复习、课件制作等自主学习为主，二是课外以个人自主或团队合作探究学习巩固以及健身志愿者服务活动等课外实践应用为主，以培养锻炼习惯养成、责任担当、沟通交流、创新思维训练等能力，同时培养信息技术应用和获取核心信息的能力，重点体现理论与实践相结合、能力与素养协同培养；而课内，以面授、互动形式，围绕技能传授、价值引领为主，重点体现技能与文化的课程思政的渗透融合，体现课程思政教学中教师的主导作用即引导学生体验、探究、感悟身心变化和获得感。课内外一体化教学组织形式，有效地解决了教学供给单一与学生需求多样化的失衡问题。

（4）项目化教学法

项目教学法是师生通过共同实施一个完整的项目工作而进行的实践教学活动，是“行为导向”教学法的一种，其操作有六个程序：情景导入，明确任务；收集资料，制定方案；自主协作，具体实施；点拨引导，过程检查；展示成果，修正完善；评估检测，拓展升华。比如，本课程（项目）分为三大阶段任务，第一阶段是整体教学设计，本阶段参考布卢姆教育目标分类，遵循体育技术技能教学规律，结合认知过程维度和知识维度，把项目即八段锦整体教学任务分“认识与了解、理解与应用、分析与评价、创造与拓展”四大项八小项目任务来完成；第二阶段是一学期教学计划即项目实施方案，结合三大阶段任务和依据项目化教学法原理与程序进行“体验、探究、感悟、创造、拓展、回归”六个阶段项目来做任务计划；第三阶段是落实与完成阶段，通过课堂实践教学落实项目实施方案，从“教师教学、学生学练、师生互动、生生互动”教与学耦合的理论与实践构建过程中完成各项任务，实践八段锦课程思政全面健康发展育人目标。

（5）多元协同考核评价法

结合课程思政三全育人目标，遵循全员育人与学生个体差异性原则，对于学生考核评价，注重学生对知识技能掌握、实践应用能力以及综合素养形成的三个维度，构建知识、能力与思政考核并重的“五结合”考核评价体系：“过程与结果、定量与定性、个人与团队、技能与思政、健康与素养”五结合，强调“学中做”“做中学”“思政浸润”，加强过程管理，提高学习有效度和良好的锻炼习惯；对于教师教学效果考核方面，以教学督导、同行和学生评价方式进行，充分将价值引领、知识传授和能力培养三融合进行考核评价，实现德术合一的育才与育人的统一。

第四节　八段锦课程思政主题与融入点

八段锦是一种中医养生功法，是中国传统文化中一颗璀璨的明珠，是中华文明在演变过程中汇聚起来的，不仅具有重要的养生保健价值，更是展示中华民族文化、哲学思想的重要载体，通过身体力行实践养生理念，表现出整体观、辩证观、中和观等深刻思想。挖掘八段锦的思政文化内涵并将其融入教学全过程，使学习者在习练同时得到心理的满足和精神的富足，彰显中国智慧和文化力量，这关系到中华优秀传统养生功法的传承与发展，关乎个人健康和文化认同，也关系到国家和民族的文化自信和强国梦想的实现。八段锦课程思政主题与元素融入点设计案例参考表 6–1 所示，具体表述如下。

一、八段锦基本概况与“平衡·和谐”

从哲学角度讲，平衡就是事物永恒运动过程中表现出来的一种暂时、相对稳定的状态，就是指事物发展到量变阶段表现出来的样子。人类生存于自然界之中，故人和自然之间亦要保持均衡；人类社会是在一种均衡的状态下发展的，在人的生命活动中，处处渗透着平衡。现代，“平衡”二字又用于自然科学领域，比如物体平衡、力平衡与化学平衡等等。儒家思想以“和”为内核，“和”就是和谐，即在各个方面都达到一种均衡。① 那么怎样才能努力做到“和”？最明确的方法，是“中庸”。“中庸”，是世间高深的学说，反映了平衡的规律。儒家思想在中国传统文化中占据着主干、核心与基础地位，它强调的是均衡。无论是在自然界，还是在人类社会中，组织也好，家庭也好，无论在政治、经济、思想、文化上，各领域之间必须达到某种均衡，惟

① 骆承烈.论平衡与和谐［J］.开封大学学报，2013，27（04）：12–14.

其如此，它们才得以维持和发展。① “和”的思想内涵带有我们民族崇和尚善的特性，其内在思维方式凸显了中国智慧的和谐文化价值，对新时代中国特色社会主义强国建设有着积极的影响。

人体是由脏腑、经络、皮肉、筋骨、气血与津液等共同组成的一个整体，它们之间保持着相对的平衡，互相联系、互相依存、互相制约，不论在生理活动和病理变化上都有着不可分割的关系。因此，只有关系协调，趋向均衡，人的身体才会健康。若身体外部有病，则本病可以经经络而波及脏腑；而且脏腑，气血的病变亦可经过经络表现在外。也就是外病会波及内脏，内病可以表现在外。唯有内外平衡，内外才不会表现出病态，人的身体才会健康。人和天地自然及其围环境也形成了统一体，这一统一体平衡协调，整个大环境才能健康和谐发展。八段锦基本概貌所反映出的恰恰是一种平衡、和谐的思政元素。②

通过学习八段锦的基本概况，介绍人体结构、五脏六腑关系、中医养生知识、体育养生概况，阐明多维健康平衡发展观，同时，从中医养生三大理念：天人合一的养生观、阴阳平衡的健康观、身心合一的整体观，厘出和谐发展观和养生之间的联系，引出人类命运共同体和谐共生思想。从而使学生懂得如何通过体育运动达到身、心均衡与协调。

二、八段锦基本动作与“认识自己”

自我认识即自我意识中的认知成分。自我认识体现在主体我理解客体我，也就是说，人可以把自己的处境，包括外表、生理情况和自身的知觉、思维、经验、意向、行为及其他心理活动、心理过程、向自己汇报心理内容和特征。

理解和掌握八段锦的基本动作，也是对自我的理解。教师指导学生习得八段锦的手型、拳掌指、步型（弓、马、仆步），使学生对八段锦有一个初步

---

① 骆承烈.论平衡与和谐［J］.开封大学学报，2013，27（04）：12-14.

② 骆承烈.论平衡与和谐［J］.开封大学学报，2013，27（04）：12-14.

的认识，提高八段锦运动协调能力和身体控制能力，学习呼吸方法，学会调整和专注、聚焦当下的技巧。将思政元素融入其中，引导学生对人生目的和生命意义进行深刻的思考。通过运用中医养生知识讲解人的身心健康状况和人的言行举止的关系，使学生学会用中医养生知识及其思维方法从肢体运动角度了解自己的身心发展及隐藏的品质，即冰山理论所说的能看见的冰山只是整个冰山的八分之一，而八分之七的冰山是隐藏在水下面，也是所谓的显性与隐性的品格。所以通过学习基本动作，以此引导学生学会对自己的动作表现进行自我剖析、自我诊断、自我反省以致认识自己。

三、两手托天理三焦与“顶天立地，中通外直”

“顶天立地”这个词出自宋·释普济《五灯会元》卷五十六：“汝等诸人，个个顶天立地。”[①] 这里讲的“顶天”就是头顶星空，“立地”即扎根地面。意为头顶云天，脚踏大地，形容形象高大、气概豪迈，比喻胸怀宽广、胸襟坦荡、心胸豁达。志向远大，雄心勃勃，具有大无畏的精神和气魄，亦形容敢作敢为，是一个人的性格和品质，光明磊落的人。中通外直，出处：宋·敦颐《爱莲说》，中通外直的原意是莲梗空心、笔直而不弯曲，其含义可理解为：中间贯通过、外在刚直，比喻人心胸开阔，行为端正，形容敢为天下先的精神，刚正不阿形象，也形容君子高洁品格和人格修养。

八段锦第一式两手托天理三焦融入的思政元素是顶天立地，中通外直。中医藏象学说的三焦与心、肝、脾、肺、肾等脏器关系密切。三焦分为上、中、下三焦，上焦代表天空，中焦代表人，下焦代表地。上焦代表天空，形容上焦之心肺气血旺盛，灌溉温养全身脏腑组织。中焦为膈以下、脐以上的部位，包括脾、胃，有运化之功，则化生气血，运化水谷，中焦有阳阴之分，阳属火，阴属气，阴阳互根而不相离，代表人；下焦为脐以下部位，包括肾、膀胱、大小肠、女子胞等，下焦灌渗水液、泌别清浊、排泄二便等，其功能

① 360国学https://guoxue.baike.so.com/.

如同沟渠排水，决渎流通，调节体温，代表地。三焦与心包络相表里，三焦的生理功能一为通行元气，二为水液运行之道。

两手托天理三焦一式，乃是通过两手掌交叉上举至头顶，同时双膝微微弯曲下蹲的动作组合来达成健身功效。在这一过程中，凭借四肢与躯干的伸展抻拉，并结合调息之法，达到益养元气以及促进血液在体内散布的目的，进而使三焦得以贯通上下，有利于气机的升降有序，最终实现调节人体阴阳平衡，促使五脏六腑功能恢复正常的养生保健作用。此动作中，两手掌相交叉举于头顶，配合双膝稍屈的蹲位，展现出一种顶天立地的姿态。其中，两手掌相交托举于头顶，似有刚健顶天之意，如同苍穹之浩渺；双膝稍屈的蹲位，则仿若大地之宽厚，呈现出宽仁包容之态。整个动作从形态上连接了上、中、下，即天、人、地，彰显出中通外直之相以及包容万物、厚德载物之心。从精神内涵而言，此式蕴含着顶天立地、中通外直的思政元素。其寓意着为人应上下一心，秉持刚烈骨气与恢宏气度，这正是为人处世之道的体现。为人处世当志存高远且具备上进精神，如能以天地为鉴，胸怀壮志，立志成为顶天立地之君子，方可在人间正道上行稳致远。所谓天助自助者，既定志向之后，唯有自强奋进、主动作为，方能成就非凡。同时，应效法大地之大度包容，积厚行远，修炼如大地般厚实的品德，如此方能成大器。①

四、左右开弓似射雕与“张弛有度，松静自然”

任何事物仍要张弛有度，过了就容易发生灾祸。在中国的传统说法里也经常讲到过犹不及、事事有分寸。开心时不会疯狂，郁闷时不会长久萎靡。人的一生要不断地调整心态，使之与外界环境相适应。做事要平衡，包括工作、生活等方面。这样才能保证在各种压力下都能保持良好状态，从而获得最大限度的幸福。唯有有节制地活着，才会有一个健康的体魄。②

① 知乎.https://zhuanlan.zhihu.com/p/140831939.

② 腾讯网.https://new.qq.com/rain/a/20220228A0B1QD00.

“松静”可拆分来诠释的，松，就是全身及精神上的放松，静则是一种精神状态，是精神与身体之间达到平衡的表现。人类生存于自然与社会，觉醒时受到各种外界环境因素的作用，心理上、生理上经常处于紧张状态，使得身体机能容易僵硬，很难正常地进行，甚至引发多种疾病。所以说，要想保持身心健康就必须首先调节自己的心理状态。只有心理上没有紧张感，才会达到生理上真正的轻松。因此松静就成为健身气功习练的重要内容之一。所谓的身体放松，要做到松而不懈，松中有紧，紧而不僵。静，就是练功的时候，排除杂念，处于专注当下的宁静，轻松自在地“入静”，松和静既要求又促进，放松有助于入静，入静可使身体进一步松弛。入静与松都离不开“自然”二字，二者不可偏废。①

“自然”，从人的角度讲就是人的一种身心状态上符合天地运行的自然规律。自然原则应贯穿于练功的每个方面及整个过程，情绪要自然，行住坐卧起立，姿势自然自如；自然的姿势动作，自然的气息，不强求，不做作。从习练八段锦功法上，自然就是练功者在修炼中，一是应尽量做到心松意定，不可用意太浓，不宜在主观上对境界与功夫的追求，应以自然为最高标准，不求形似，但求神似的神意；二是要注意精神高度集中，注意全身放松，意念活动顺其自然，排除杂念和干扰，偶尔有杂念涨落，都属正常现象，不要过于紧张；三是练习时注意呼吸的顺畅与松柔，以自然为前提，宁神入静，静能生慧，慧能生智，得解决问题之道。由此可见，“自然”这一原理是何等重要。

八段锦第二式左右开弓似射雕融入的是“张弛有度，松静自然”的思政元素。这一式对我们的肺部、肩背部、手、脚筋的拉伸、下肢肌肉的锻炼等，起到增强的效果。左右开弓，有利于胸腔的扩张，增加肺气量、回心血量，开启上焦；借由八字掌坐腕翘指、龙爪放在肩前面的云门上，能有效激发手太阴肺经和手阳明大肠经的功能，对改善微循环、增加肺活量，改善心肺功

① 百度百科.https://baike.baidu.com.

能以及对指关节的灵活性有促进作用。左右开步蹲马步，能增强股四头肌的力量、小腿后侧肌群及其他肌肉，能够有效地训练下肢力量，促使血液回流。进行“左右开弓”的运动时，要求张弛有度，不要太松或太紧，达到动作流畅轻柔的效果。同时要注意呼吸与面部表情配合一致，保持精神集中。在进行完整的运动时，需要抛弃杂念，排除外界的干扰，身体做到松中有恒，松中有紧，紧中有刚、轻松自在地“入静”。因此第二式左右似射雕所反映出的思政元素恰是张弛有度、松紧自然。

五、调理脾胃须单举与“自强不息，厚德载物”

在天地人之间，人本天地造化之作，生而养之，养而育之。与天地相对而言，人的形体是多么的渺小，然人能取天地之灵气，“以天地合其德”德配天地。2020 年 9 月 8 日习近平总书记在全国抗击新冠疫情表彰大会上提到“天行健，君子以自强不息。”一个民族之伟大，根本的是在任何困难和危险面前不放弃、不退缩、不止步，百折不挠，为自己的前途命运而奋斗。激励全国人民，在任何困难和危险面前，我们都要迎难而上、顽强拼搏、勇于担当、自强不息。

《黄帝内经》中讲，脾胃五行属土，而胃为仓廪之官，摄入食物且受纳分类；五志脾主思，谏议之官，输布四方，藏意与智。脾胃为表里，收纳食物，转输营养，给全身提供能量。从中医角度理解，一个人的脾胃健康状况与一个人的心量肚量大小有关。正因此，在调理脾胃招式中提出“自强不息、厚德载物”，旨告知人们，做人应要有脾胃的承载与转化能力，要有自强不息、豁然贯通精神，还要有无量包容、海纳百川的厚德载物优良品质。从动作姿势，一手上撑，一手下按，身体中正脚踏实地的正直形态，也可告诉人们什么叫“自强不息”。

脾胃之调养，不仅关乎身体之康健，更映射出为人处世的哲理。我们当以自强不息之态，积极进取，不畏艰难险阻；以厚德载物之胸怀，包容万物，广纳四方，方能在天地之间，立身中正，成就一番事业。正如中华民族在面对疫情等诸多挑战时，凭借着顽强的意志和广阔的胸怀，迎难而上，砥砺前行，展现出伟大民族的精神风貌。而个体亦应在日常生活中，注重调养脾胃，修养身心，以达到身心和谐、内外通达之境。

六、五劳七伤往后瞧与“三省吾身，中正安舒”

吾日三省我身，就是儒家提出来的调节自己言行的办法，一天三省，既为当天言行之小结，还提醒了第二天的言行，通过这样的归纳与提醒，让自己天天谨记言行准则，为达“修身”之目的。太极拳中强调“正心诚意，行功必致虚”，“虚静守神，不以物喜，不以己悲”等要求，就是要做到这一点。中正安舒是太极拳运动的至高状态，安舒以平和为要，身架中正为要；心静则得安，身法中正，得到舒爽。中者形之端，气之为本，神乃形之精。正者，不偏离规范，也就是不违反客观标准，遵循客观规律和规律变化发展。故中者，远离偏差也，合乎规则之意。正则不阿，不偏不倚，既不偏于一方又不偏于另一方。正则指满足要求时、规则之下达到预期效果。正则是指规范和统一，使之达到一种和谐状态。正即不偏不倚，必须折叠。正就是平衡，要安和，不能失衡。中正安舒为太极拳习练之第一要义。[①] 五劳七伤往后瞧体现的“中正安舒”思政元素。是因为八段锦的功法要求在很多方面与太极拳中强调的要求是一致的。“中正安舒”就是其中一法，强调习练者要注意的事项和要求，又有其思想文化内涵，能启迪人领悟中华文化智慧。

“五劳七伤”是指各种疾病及其致病因素的总称。人们经常用“五劳七伤”来形容人身体虚弱多病。事实上，“五劳七伤”蕴涵的内涵丰富，包含要素很多。从中医角度来看，它与五脏相关。五劳指心、肝、脾、肺、肾五脏劳损，意为长久保持一种姿态会伤及脏腑，久视伤血，久卧伤气，久坐伤肉，久立伤骨，久行伤筋，是谓五劳所伤。如，肝藏血开窍于目，因肝脏之经脉与目

---

① 百度百科.https://baike.baidu.com/item/%E4%B8%AD%E6%AD%A3%E5%AE%89%E8%88%92?fromModule=l.

相，人体视力也是靠肝气疏泄、肝血濡养而成，所以，眼睛过累会伤及肝脏影响到对血液的调控，七伤是指喜、怒、悲、忧、恐、惊、思七情伤害，即过饱、过喜伤脾，大怒使气逆行攻心伤肝，用强力举重及久坐湿地伤肾，乐极易生悲伤肺、形体受寒喝冷饮使正气不足易悲伤肺，身体劳累意念负面伤神，风吹雨打受寒酷暑伤形，恐惧不节伤志，谓之七情所伤。

为什么五劳七伤要强调往后瞧呢？从身体机能方面，第一，由五劳七伤向后看功法动作和要领要求可以知道，向后看的扭头动作，可以让脊柱两侧肌肉产生舒张和收缩的锻炼，能有效地刺激大椎穴和膀胱经，对背部脊柱起到很好的按摩效果，使身体各部位得到放松状态，从而达到健康之目的。第二，向后看扭头动作，与双臂向外完全转动相配合，使脊柱成反弓活动，以及让胸腹往上延伸、拉动胸腔、腹腔内之脏腑。这两个过程中还可以带动腰部的脊柱转动，以达到舒筋活血、调和阴阳的功效。第三，从经络学角度，这种运动可以有效地激发身体任脉、冲脉、督脉、带脉。还可以在此姿势下做上下往返转动之举髋转体或伸膝屈肘翻转身体时带动背部相应部位也进行左右前后摆动，以增强脊柱弹性功能。这说明通过这一招式的动作导引，使得奇经八脉在松紧交替中得到持续的激发，继而发挥调整十二经脉和全身阴阳的功能，由此协调脏腑器官气血运行，发挥预防和治疗“五劳七伤”作用。[①] 从心理情绪、情感方面，扩胸，可以使人敞开心胸，不良情绪即可得到舒缓、释放，让人产生喜乐开心轻松之感，后看扭头，从动作的形意，比喻做人做事应懂得回头检查、看看有没有问题或需要修正的地方，提醒人们在生活工作中应常反观自省，及时发现问题，及时纠正，并做到有则改之，无则加勉，人才会心安理得，中正安舒。综上所述，“五劳七伤往后瞧”提醒我们“一日三省”总结、反思、观察自己身心状况，力求心安理得，以达到“修身”之目的。

---

① 百度文库.https://wenku.baidu.com/view/313c49235c0e7cd184254b35eefdc8d376ee1430?_wkts_=167884.

七、摇头摆尾祛心火与水火既济、安居乐业

水火既济，即水火相济，这是广义上阴阳相合之大道理，涉及的方面非常多。在中医理论中，水火既济与心肾阴虚、心火亢盛有密切联系，指以下几种情况：一、阴阳相合，水火是阴阳的象征，水火既济，意味着阴阳交合平衡。古人对这一现象有许多论述。这种既济关系，既有自然界的因素，还包括人体。《慎斋遗书》云：“天为阳，地为阴，火为阳，水为阴。天地阴阳之定位也，水火阴阳之化生也，生化乱则体位伤——水火者其用，天地者其体，用伤则体害，一定之理也”。可见，水火是维持机体生命活动所必需的条件。《友鱼斋医话》亦云：“阴平阳秘，水火既济，自然无病”。以水火指阴阳之说，阐述了阴阳冲和，可以维持自然界与人体内部和谐相处。二、气机升降进出平衡气，是组成人体最基本的物质，它的运动形式是升降进出。那么为什么要强调气机的升降呢？升降有度，亦水火既济。一个方面，正如《医林纯莫·卷五》所说“离中之阳降，坎中之阴升，降升合宜，水火既济者也”。肺、心、肝、肾等脏均有升发与下降之分。实际上，气机升降进出，主要表现为脏腑功能活动及各物质代谢活动。一般心肺上宜下行，肝肾处于下宜上升，脾在中央，是上、中、下升降的枢纽，阳气不在下，阴不升，或者升降无度，水火不济，产生病理状态。三、脏腑气血的功能调和，两脏之间或者脏腑之间的气血功能之协调均可视为相交，也可以视为水火既济。《白喉证论》说“一升一降使脾肾交，而水火既济，自然腐化矣”；《杂病广要·内因类虚劳》曰：“人之一身，以脾胃为主，脾胃气实，则肺得其所养，肺气既盛，水自生焉，水升则火降，水火既济，而合天地交泰之令矣”；这些论述说明了水火互济是人体生理活动正常进行和疾病预防发生发展过程中不可缺少的一个重要方面。《眼科秘诀·孙真人眼科总理七十二症秘诀》曰：“人之一身，气血升降，水火既济，则万病不生矣”。五脏相藏，心与肾脏相表里，肾主骨生髓，肝主疏泄，脾主运化，胃主受纳等等都是相互联系的。[①] 由此可见，中医

① 杜金行，李春岩，贺琳.试论心肾相交、水火既济［J］.中华中医药杂志，2007（02）：77-80.

的水火既济一般是指脏腑气血功能的调和包括心肾相交、脾肾相交、气血交合等等。

“安居乐业”，出自《老子》第八十章：“民各甘其食，美其服，安其俗，乐其业，至老死不相往来。”《汉书·货殖列传》：“故其父兄之教不肃而成，子弟之学不劳而能，各安其居而乐其业，甘其食而美其服，虽见奇丽纷华，非其所习，辟犹戎翟之与于越，不相入矣。”据此典故，“安居乐业”被后世引申出成语，指生活安定，对所从事的工作感到满意，形容社会治理得好，生活生产思想状况安于正常。《老子》表达了人们对“安居乐业”生活的向往。“安居乐业”理念，鼓舞了几代人为生活的幸福与和谐而努力奋斗、和平理想社会努力。①

八段锦中第五式摇头摆尾祛心火体现的正是水火既济、安居乐业的思政元素。

研究表明，摇头摆尾祛心火有治疗心火上炎、心烦气躁、失眠等症状的功效。在五行中肝胆属木、心属火，肝胆是心之母，肝胆气滞气郁则肝胆火盛，由此波及心以致使人心火上炎、心烦气躁，在临床上经常应用八段锦进行治疗，其功效明显优于其他疗法。此式动作，透过高位下蹲，旋动尾闾、摇摆头项，激发背部大椎穴和尾闾，实现疏经泄热、祛除心火之功效。心与肝是相互制约、相辅相成的关系。降心火一定要肾水，心与肾交合，方能水火既济。心肾交时即是肝气调畅之日。此式上半身前俯后仰，尾部之间摇曳不定，能让肾水得上升，心火得下降，可治疗失眠，效果显著。摇头的方式，可刺激大椎穴②，以泄热理气、镇静安神、清泻心火为目的；在摆动尾闾时，可以刺激脊柱及命门穴，助于水往高处流，达水火相济。心在五行中是属火的，用水克火，唯有壮腰强肾，方能调养心火。心与肾脏相表里，心主血脉，而血液运行于全身经络之中，都需要肾气的温煦推动。因此刺激脊柱与命门穴之间，加强肾阴在人体内各个脏腑器官的营养与濡润，然后实现去心火。

① 刘益宏主编. 语文新课标课外阅读丛书 成语故事［M］. 南昌：江西美术出版社，2016.08：2.

② 大椎穴为六阳经的汇总点，有疏风散寒、解表上阳、理气降逆、镇静安神与健脑作用。

靠身体晃动，对由胸走手的手少阴心经和由足走胸的足少阴肾经进行了疏通和调整，使居下焦的肾真水升发，可清心火；心与肝相表里而相互为用，肝主疏泄以调血道，心藏神、主血则可以助心行血以行血脉。心火可以限制肾水泛滥，帮助真阳；水火既平则心神安定，气血调和而五脏安和。肾水还可制心火，使之不过亢，益心阴，从而实现“水火相济”的目的。同时还可令阳气升发而达上窍而达于目，使人目明耳聪目灵，精神内守，气血顺畅。在这一摇一摆、一升一降之中，能达平衡阴阳之目的、调理脏腑之功效。① 总而言之，不管从哪方面讲，当一个人身心处于水火既济、阴阳交合了，身体就平衡、和谐、健康，从社会、国家层面也一样。

八、两手攀足固肾腰与“满招损，谦受益”

古文《尚书·大禹谟》中的“满招损，谦受益”，常解“自满招损，谦逊获益”。我们以为，传统把“满招损，谦受益”解为“自满招损，谦逊获益”看似已然理顺了，其实却想表达“中道”的哲理观。古书中对“自满”与“自谦”的认识流于形式，实际上都是“自＋满了”与“自＋谦恭”结合在一起体现出来的一种完整语义。从字义的角度说，“满”训“多”，“谦”训“少”，“损”训“减”，“益”训“增”，如此也准确反映“满招损，谦受益”所具备的对仗特性。按照儒家“中道”的背景，“满招损，谦受益”应被理解为“满盈引来了削减和缺陷的补充”。揭示“满招损，谦受益”语义内涵的关键是正确认识“满”与“谦”。先秦典籍中，“满”字单训“傲娇的，得意的”并不多见。韦昭注《国语·鲁语下》两次提到“骄是充实，恭是谦恭”。所以为人不能骄傲自满，这样会有所折损，只有对人恭敬有礼才能在自谦中受益。②

八段锦第六式双手攀足固肾腰，反映了谦受益、满招损思政元素。此式要求练习者要以“虚静”为原则来进行锻炼。此式中有个俯身两掌沿两腿后

① 腾讯网.https://new.qq.com/rain/a/20210120A0GGQR00.

② 陈健.“满招损，谦受益”的中性色彩解诂［J］.社会科学论坛，2016，No.290（02）：51-58.

面往下摩运，直到脚踝处，又贴紧身体外侧移向小趾的运动，此举颇类似鞠躬礼。这种手法可以说是对古代传统礼仪“鞠躬礼”的传承和发展。鞠躬礼的目的在于使人们在面对他人时能够以微笑的形式进行沟通过。鞠躬礼在人际关系中被当作一种润滑剂来使用，以表示亲切、感激、表示歉意等心态表现。它也可以用来表示礼貌、友好以及尊重对方等意思，具有很强的社会功能。鞠躬彰显礼仪之道，为人谦和有礼，表礼仪文化，就是为人处世之道。[①] 此外，动作起身－俯身－弯腰，可理解为“能屈能伸”，意为大丈夫能屈能伸，指人根据环境变化的需要既能忍受委屈，又能挺直腰板，又能施展抱负。通过第六式，告诉我们做人要懂得谦卑，不骄傲不自满，能随遇而安、灵活多变、收缩自如。

九、攒拳怒目增气力与“清肝明目，浩然之气”

《黄帝内经》说：“五脏六腑之精气，皆上注于目而为之精。”意思是眼睛可以反映出人体各个脏腑的精气的盛衰。《黄帝内经》还把肝比喻为“将军之官”，把肝脏比喻为人体中的大将军、出谋划策的智囊团。《孙子兵法》孙子曰：“将者，智、信、仁、勇、严也。”指将帅的足智多谋、诚实忠信、仁爱部下、勇猛果断、治军严明。可以理解为一是对周遭事物应有准确把握、掌控大局、才能理清思路。二是要有自信、珍惜信誉、以诚待人，提高自己的感召力和领导力，才能提升一个团队的凝聚力。三是要有仁爱之心、互助友爱、将心比心，才能使人心悦诚服，让人有心灵依托和集体归属感。四是“勇”，包含多层次的意义，勇决、忠勇、勇猛、勇敢等，有当机立断、敏锐洞察力的品质，是一种勇敢和所向披靡的精神。五是“严”，严格态度、严格要求，“严”与“仁”似是相对立，但二者相辅相成，仁以服众，严以治军。这五品德，沿用到现代社会，仍可以作为对每个人是否全面健康发展的考量标准。肝开窍于目，眼干、眼涩、眼疲劳等问题与肝脏有着密切的关系，肝

① 刘聪涵，朱峰.从鞠躬礼看日本人的处世观［J］.安康学院学报，2016，28（03）：75-78.

是将军之官，在人体中的地位非常重要。健康的肝脏对于人的身体健康、品德修养、精神意志等综合素养培养与形成起到关键作用。清肝明目就是清肝泻火、解毒明目，不仅保护眼睛而且让人心明眼亮，看问题敏锐，能辨别是非。

“浩然之气”出自孟子的《孟子·公孙丑上》，孟子所说的“浩然之气”是一种气，盛大、刚强，充塞宇宙天地之间，是一种浩气长存的精神力量，是经过不断积累，靠正直去培养，如果一个人行为有愧于心，气就萎缩，有着富贵不能淫，贫贱不能移，威武不能屈的高尚情操。这是孟子提出的一个富有创新思维的哲学概念，是中国传统文化中一个重要的思想，是文化自信的体现。

八段锦中第七式练攒拳怒目增气力体现的正是清肝明目、浩然之气的思政元素。通过结合肝胆在人体中的地位以及其职责素养，结合招式由术入道，以体育人。此式是以怒目圆睁，摩运两胁，用力握固，脚趾抓地、马步下蹲之类的运动，使身体的肌肉，筋脉得到静力牵拉，刺激手的三阴、三阳经原穴与足三阴、三阳经井穴，激活肝胆之气，疏通肝火，提升正气（阳气），增强疏泄、强筋壮骨、强化气力等功能。冲拳的方法是使髋关节与头不动，使脊柱左右拧转增强，有利于增强脊柱旋转幅度及灵活性，对于调整脊柱小关节的部位，纠正失调、保持脊柱的健康有促进的作用，脊柱和气血关系紧密，坚固脊柱，即坚固身内浩然之气，正大刚直，显示“内练精气神、外练筋骨皮”。[①]

十、背后七颠百病消与“节节贯穿，落地归根”

节节贯穿，“节”的意思为骨节、节骨眼、关键之意，也指物体段与段之间连接的地方或指由一整体分成的部分、段、区、片段或章节，比喻紧要的、能起决定作用的环节或时机。[②] 在教学方面，节节贯穿是一种学习方法，它强

---

① 知乎.https://zhuanlan.zhihu.com/p/475275591.

② 汉语百度https://hanyu.baidu.com/.

调在学习过程中不断建立与已有知识的联系，以加深理解并帮助学生更好地掌握知识，指是在学习过程中，将新学习的知识与已有的知识形成联系，通过逐步扩展与加深的方式，使学习的内容更加全面和深入。[①]在太极拳方面，节节贯穿，是长内劲的原理，就是身体在放松的前提下将骨节对正后形成的一种自然状态，指练太极拳的时候各关节依次而动，将骨节对正，全身动作节节贯串后，使气路贯通，形成一条“通道”，劲力通过这条“通道”在体内畅通无阻地传递，培养内气，内气自然饱满后，就形成一股整劲。“节节贯穿”与气通劲整是因果关系。

落地归根，意为落下枯叶，掉落到树的根部；比喻事情有某种归宿；形容人或事结束时，必须回归原处。叶落归根又叫“归去”，即归返故乡或返家。这一词出自宋·释道原《景德传灯录》卷五：“叶落归根，来时无口。”[②]

人的脚就好比大树的树根，只有根养好了，才能向树干、树枝、树叶输送营养，树根一旦被毁，大树便失去一切活力。养好脚的这个树根，身体的大树才有活力。脚趾尖与手指尖一样，都是经脉的“井穴”，是气血生发之地，而脚踝是脚趾气血上行的枢纽。[③]背后七颠动作由提踵和松踝组成（缓冲）、震地（踮足）等三部分构成，通过两脚十趾抓住地面缓缓提踵脚趾，能激发脚趾部位阴阳经脉，调整对应脏腑气血活动，然后松踝缓冲，震地颠足，使精神为之振作，激发督脉、肾经系统，调节机体阴阳平衡，达到消除百病之效果。背后七颠百病消完整动作以腰脊为主线，使颈脊腰胯膝踝肩肘腕部等9大运动关节在提踵气力运行过程中节节贯穿向上左右前后，然后向下颠足过程松沉节节回落，轻震着地，犹如落叶轻盈地降落。习练中循环往复，如此从一到节节到整体，再整体到节节归一归空落地，归根。正因如此，把“节节贯穿，落地归根”作为最后一式的思政元素。

---

① 节节贯穿的功效与作用 齐齐文库 2021-7-19.

② 百度百科.https://baike.baidu.com/item/%E8%90%BD%E5%8F%B6%E5%BD%92%E6%A0%B9/63691?fromM.

③ 曲黎敏.著.从头到脚说健康［M］.四川科学技术出版社 2017.3.

第七章　八段锦课程思政教学方法

第一节　八段锦课程思政教学方法体系

任何一种教学策略在不同的环境中会产生不同的作用，不同的教学阶段、教学目标、教学内容、教学对象、思政元素融入点等采用的教学方法也有所侧重。八段锦课程思政是以“身心精神”全面健康发展的育人目标，既遵循学生的全面性，又兼顾个体差异性，形成法无定法、依景而定、依人而用、灵活多样的教学方法运用的特点。根据教学团队多年的八段锦课程以及体育课程思政的教学经验总结，依据系统方法论原理和中医整体思维方法，构建了传统八段锦课程教学方法体系（表 7–1），并从课程思政角度构建八段锦课思政教学方法体系（表 7–2）。

表 7–1　传统八段锦课程教学方法体系①

<table>
<tr><td>理论教学方法</td><td colspan="2">讲授法、讨论法、问答法、音像法、信息技术法</td></tr>
<tr><td rowspan="2">技术技能教学方法</td><td>体适能教学方法</td><td>示范讲解法、目标分类法、情境教学法、直观法、模仿法、暗示法、游戏法、重复法、间歇练习法、合作教学法、任务驱动法、奖惩法</td></tr>
<tr><td>基本技术教学方法</td><td>动作元素教学法、纠错法、发现法、比喻法、影视音像法、任务驱动法、范例法</td></tr>
</table>

① 黄丽芳 高校公共体育选项课体育舞蹈教学方法体系的研究［J］. 教育与职业，2009.

续表

<table>
<tr><td>理论教学方法</td><td colspan="3">讲授法、讨论法、问答法、音像法、信息技术法</td></tr>
<tr><td rowspan="4">技术技能教学方法</td><td rowspan="4">专项技术教学方法</td><td>专项基础技术教学法</td><td>示范讲解法、礼仪教学法、呼吸教学法、主题教学法、榜样法、情境教学法、启发式教学法、鼓励法、渗透法、价值寻求法、</td></tr>
<tr><td>单个动作教学法</td><td>示范讲解法、纠错法、变换条件法、间歇教学法、强化教学法、启发式教学法、持续教学法</td></tr>
<tr><td>完整套路教学法</td><td>分解与完整法、分析法、练习法、榜样法、强化法、分组轮换法、评价法、表演法</td></tr>
<tr><td>运动处方教学法</td><td>创新法、个体差异法、变化法、启发式教学法、诊断式法</td></tr>
<tr><td rowspan="3">多学科融合教学方法</td><td>文体融合教学方法</td><td colspan="2">项目化教学法、差异化教学法、深度学习法、互动教学法、主题法、渗透法、体验法、探究法、感悟法、体悟法、问答法、讨论法</td></tr>
<tr><td>体医融合教学方法</td><td colspan="2">项目化教学法、差异化教学法、互动教学法、实践教学法、影视音像法、直观法、体验探究法、诊断式法、示范分析法</td></tr>
<tr><td>体艺融合教学方法</td><td colspan="2">音乐刺激法、舞动治疗法、竞赛法、游戏法、表演法、创新法、体验探究法、创编法、评价法</td></tr>
<tr><td>备注</td><td colspan="3"></td></tr>
</table>

一、传统课程与课程思政教学法的异同

（一）相同点

1. 教育目标：都致力于促进学生的知识掌握和能力发展，培养学生成为具备一定素养和能力的个体。

2. 教学组织：都需要遵循一定的教学规律，进行教学设计、课堂管理、教学评价等环节。

3. 教师主导：在教学过程中，教师都发挥着主导作用，引导学生学习和思考。

（二）不同点

1. 教学重点：传统课程教学法通常侧重于知识的传授和技能的训练；课程思政教学法更注重在知识传授和能力培养过程中，融入思想政治教育元素，

引导学生树立正确的世界观、人生观和价值观。

2. 教育内容：传统课程教学主要围绕学科专业知识展开；课程思政教学则将多学科融合渗透思政元素，如社会主义核心价值观、优秀传统文化、职业道德、人文素养等，有机融入专业教学内容中。

3. 育人方式：传统教学法可能更注重知识的单向传递；课程思政教学法更强调隐性教育，通过潜移默化的方式影响学生的思想和行为。

4. 评价标准：传统课程教学评价多以学生对知识的掌握程度和技能水平为主要标准；课程思政教学法的评价除了知识和技能，还会关注学生在思想政治方面的表现和成长。

5. 教学方法：传统课程教学法的方法多样，但可能较少特意设计与思政教育相关的活动；课程思政教学法会更多地采用案例分析、小组讨论等方法，引导学生思考思政相关的问题。

总之，传统课程教学法和课程思政教学法各有特点，但在现代教育中，两者可以相互融合、相互促进，以实现更全面的育人目标。

二、八段锦课程思政教学方法体系

（一）八段锦课程思政教学方法体系构建原则

1. 科学性原则：基于教育教学的科学规律和学生的身心发展特点，确保教学方法的选择和组合具有科学依据，能够有效地促进学生的学习和发展。

2. 目标导向原则：以明确的教学目标为指引，选择和构建能够最有助于实现这些目标的教学方法。不同的教学目标可能需要不同的教学方法来支持。

3. 适应性原则：适应教学内容的性质、特点和难易程度，以及学生的学习能力、学习风格和知识基础。要因材施教，使教学方法与学生的实际情况相匹配。

4. 综合性原则：综合运用多种教学方法，充分发挥各种方法的优势，相互补充，形成一个有机的整体，以提高教学效果。

5. 创新性原则：关注教育教学的新理念、新技术和新方法，不断创新和改进教学方法体系，以适应时代发展和教育改革的需求。

6. 灵活性原则：根据教学过程中的实际情况，灵活调整和变换教学方法，以应对各种突发状况和学生的及时反应。

7. 反馈性原则：建立有效的教学反馈机制，及时了解教学方法的实施效果，根据反馈信息对教学方法进行调整和优化。

8. 启发性原则：教学方法应能够激发学生的学习兴趣，启发学生的思维，培养学生的自主学习能力和创新精神。

（二）八段锦课程思政教学方法体系构建理念

八段锦课程思政教学方法体系构建以螺旋进阶式教学法为理念，依据课程整体设计和课堂教学内容，并结合八段锦课程思政培育流程“体验→探究→感悟”三阶教与学的耦合，运用适宜的教学方法达成教学任务。注重因材施教，追求全面性又兼顾个性化发展，教学过程遵循人对事物的认知规律，开展具体的思政元素渗透融入课程教学。

螺旋上升作为哲学中否定之否定法则的体现，反映了客观事物发展的规律，即并非直线式前进，而是呈螺旋式上升。这一规律表明，客观物质世界的联系是通过反复实践来实现的。正如列宁所说：“发展并非持续直线上升，而是一种动态的重复，且重复方式存在差异，是基于发展的重复。”由此可见，螺旋式教学法具有重大的现实意义。螺旋式教学法是教师依据学生的认知发展状况和年龄特点，按照难易程度有规律地向学生反复呈现教学内容，以实现巩固并深化教学效果的目的。这种教学方式不仅能提升学生的学习兴趣，还能增强课堂教学成效。其最大优势在于教师能将学科逻辑与学生发展水平巧妙融合，顺应学生认知规律，有助于学生掌握学习内容和培养解决问题的能力，主要由设疑激趣、科学探究、螺旋式上升、回归生活等 4 个环节完成。具体内容阐述如下：

一是设疑激趣环节（创设实际情境，激发学习兴趣）：在八段锦课程思政教学中，恰当设置疑问并解答，能够激发学生的学习兴趣。借助真实的课堂场景，使学生产生强烈的求知欲，从而积极主动参与教学活动。通过设疑，加强学生记忆，促使学生独立观察和解决问题，敢于质疑，印证八段锦课程思政的意义，同时培养自主探究的学习态度和能力。二是科学探究环节（开展探究教学，实现学以致用）：科学探究有助于促进学生将“学”与“用”相结合。师生在探索中教学，既能丰富课堂内容，又是发现和解决问题的过程，能激发学生在八段锦课程思政学习中的思考能力，营造良好氛围，使学生实现文化与技能的融会贯通、学以致用，提升思想政治品德和体育文化素养。三是螺旋式上升环节（拓展知识领域，深入探究本质）：在八段锦课程思政教学中，学生初步掌握运动技能后，持续融入人体解剖学、心理学、中医学、优秀传统文化等多学科知识，实现学习过程从浅入深、由表及里、从单一到多维，再到融会贯通、知行合一的螺旋式进阶。通过适时调整教学内容，提高学生身心对知识与文化的吸收和消化效率，增强学生的探索与进取意愿。四是回归生活环节（整合知识体系，推动融合创新）：八段锦包含八式动作，每式皆具意义和思政文化内涵。在课程学习的最后阶段，能否达到体育育人的高度至关重要。因此，鼓励学生通过运动促进健康，同时学会将动作招式蕴含的道理应用于实践，真正做到学以致用、学以致创，回馈于生活、学习和工作，展现中华优秀传统文化的智慧以及文化自信、文化自强。

（三）八段锦课程思政教学方法体系的构建思路

八段锦课程思政教学方法是在传统八段锦课程教学方法基础上，进行八段锦课程思政的技术技能教学、理论知识传授、思政文化渗透融合的师生双方行为动作、情感情绪交流、感受的总和。是教师根据师生实际情况，有计划、有目的地制定课程思政教学目标、教学内容、教学任务，实施思想政治、传统文化、健康养生、体育健身等多学科、跨学科渗透融合的教学手段和途径，使得师生在“国格、体格、性格、品格”教育中汲取中国智慧、弘扬中国精神、传播中国文化，实现三全育人的课程目标的方法。任何一种教学方法在不同的环境中会产生不同的作用，而传统课程教学法与课程思政教学法会有所异同。传统课程教学法通常侧重于知识的传授和技能的训练；课程思政教学法更注重在知识传授和能力培养过程中，融入思想政治教育元素，引导学生树立正确的世界观、人生观和价值观。八段锦课程思政是以“身心精神”全面健康发展为中心，根据教学团队多年的八段锦课程思政的教学经验与总结，结合理论融入、技能教学、思政渗透三维教学目标，遵循“体验→探究→感悟”三阶思政培育流程，构建“三阶三维”八段锦课程思政教学方法体系，如以下表 7–2 所示：

表 7–2　八段锦课程思政教学方法体系

“三阶三维”八段锦课程思政教学方法体系	体验	理论融入法	讲授法、音像法、信息技术法、目标导入法、直观演示法、情境创设法
		技能教学法	示范讲解法、直观法、模仿练习法
		思政渗透法	主题式法、项目化法、目标导向法
	探究	理论融入法	提问式法、比较分析法、问题导向法、讨论法、问答法等
		技能教学法	分解练习法、反馈法、小群体学习法、小组合作法、纠错法、变换条件法
		思政渗透法	探究法、案例分析法、情境法、实践法、激励法、比较法
	感悟	理论融入法	总结归纳法、自我反思法、案例分析法、主题演讲法、领会法、体悟法、激励法
		技能教学法	自主练习法、完整练习法、展示评价法、比较法
		思政渗透法	体验分享法、项目式法、互动法、渗透法、创编法

第二节　八段锦课程思政教学方法及基本要求

八段锦课程思政教学整体设计中，围绕“体验→探究→感悟”三阶思政培育流程，使在不同阶段采用多种教学方法助力学生实现学以致知、学以致用、学以致创的教学效果。阶段式“经历着，探索着，感受着”与课程“人类认知规律螺旋式进阶教学手段”异曲同工。运用阶段式教学方法，通过对八段锦课程思政教学方法、原则、要求，让学生形成讲文明、讲礼貌等良好习惯，养成诚信、公正、谦卑等良好品德，养成勤劳质朴、自强不息、顶天立地等性格。八段锦课程思政，实质是从身体感悟向思想感悟转化的教育，是通过学习知识提升道德素养，培育高尚人格，树立正确人生方向。不同阶段教学方法和要求对学生思想意识、行为举止产生潜移默化的作用。以下通过“体验→探究→感悟”三阶思政培育流程，列举三阶段分别常用的教学方法及基本要求。

一、体验阶段

透过语言、直接的知觉、身体练习和其他教学方法，让学生从视、听、触、感觉中直接或者间接地参与到八段锦实践中，从而了解、理解、认识八段锦蕴含的文化内涵和智慧。

（一）语言教学的方法及要求

语言教学法是用语言传达信息的一种教学方法，在体育技能教学过程指教师通过口头语言传授理论知识及技术动作要领并指导学生活动的方式，而在八段锦教学中，如何在讲授八段锦技术动作及要领时渗透融入思政文化内涵，通过教师的言语表达及语言的力量，从听觉上给予大脑中枢神经传递积极信息，刺激多巴胺产生，以致调节学生情绪、情感、注意力和良好心境等等，促进学习兴趣达良好学习效果。笔者多年实践证明，在八段锦课程思政教学中，语言教学法的应用直接影响课程思政教学的质量与育人效果。本课程大致采用讲解法、问答法、讨论法、激励法等语言教学方法。

1. 讲解法

讲解法，就是教师把体育知识、文化用言简意赅、生动活泼、抑扬顿挫等口语系统传授给学生，对学生进行运动技能教育的一种途径，将其应用于体育技能课不仅有利于提升教学效率，还有助于培养学生学习兴趣与习惯，为实现“立德树人”教育目标奠定坚实的基础。课堂讲解法以教师为主，讲解法的运用好坏直接影响教与学的效果，从客观上看，传统“填鸭式”讲解法极易导致学生学习中出现被动学习局面，不利于培养学生探索精神和发散性思维。因此，需要通过一定的方式来提高课堂效率，从而促进学生综合素质能力提升，这就要求教师在教学时选择恰当的方法对其进行讲授。因此在讲解中就要注意以下几个要点。

（1）八段锦课程思政解说内容应具有科学性、思想性、时代性。八段锦课程是一门以学生为主体进行教学设计与组织的体育教学活动，教学内容应该符合教育规律与时代意义。不管是在解释运动技能时、场景的刻画，真相的讲述，或是思政思考触发，都应结合时代对人才需求选择贴切的课程思政内容。

（2）八段锦课程思政讲解过程要有渐进性，简明性。授课时教师可以结合教材内容，适当穿插一些相关知识来帮助学生理解。应按照教学进度贴近八段锦课程思政，由浅入深，由简到繁，层层推进。抓住教学重点、难点、疑点等来点破其中所蕴含的思政情理，深刻地解说点出，使学生在上课中把单纯的运动技能与课程思政内涵联系起来，体会“德术合一”成才之理。

（3）八段锦课程思政讲解语言应简洁明了、有理有据。课堂上吐字要明确，用词要恰当，要力求准确，要在人和事上下功夫、在对事物进行案例描述时，有鲜明的图像，讲解时抑扬顿挫、铿锵有力、有声有色、跌宕有致等，增强趣味性穿透力和启发性。

（4）八段锦课程思政讲解方法应多样、灵活。教师可根据教学内容采用不同的教学方法，做到讲授法和谈话、读书指导相结合，演示及其他方法多种互动，并以复述和问题导向的形式出现、讨论与其他方法交替使用，以达到综合效果，防拘泥一格。同时应注重教师自身素质、人格魅力及其知识结构体系对教学效果的影响。

（5）八段锦课程思政新旧思政文化元素连接讲解时应讲究层层递进、环环相扣。课前或教学过程期间，教师应设计好新旧知识连接点的讲解用词以及关联性、连续性、拓展性，方便学生在原有思政要素认知基础上加深理解并有新的增长点，促进学生求知意愿和探索精神提升。

2. 问答法

“问答法”又称“谈话法”，是教师与学生之间通过一问一答的方式开展体育教学活动的一种方法。八段锦是具有文化内涵和健身养生功能的中华优秀传统文化遗产，是通过身体语言的表达，展现中华文化博大精深、源远流长，向人们传递中华文化的智慧和精髓。问题导向的问答法，不仅启发学生思考、拓展思维创新、加强分析问题与解决问题能力培养，而且通过师生、生生互动提高学生的专注力，激发好奇心和学习兴趣，提高课堂学习参与度，培养学生综合素养和能力。运用问答法时应注意以下几个要点。

（1）语言文字的应用应注意结合学生当下关心的热门话题，在答疑中使用短小精悍、言简意赅且有思政文化内涵的文字或成语引起同学们的关注与共鸣，吸引学生学习注意力和培养学生学习兴趣。

（2）八段锦课程思政问答可适当延长讨论时间，以促进师生互动、生生互动，加强学生交流沟通、思维创新和思考能力的发展，同时让学生在心理上、思想上有满足感与获得感。

（3）八段锦课程思政问答法设计应注重以学生发展为中心，紧紧围绕全面健康发展的问题，通过问答互动，增强民族文化认同、文化自信、文化自强，树立中医整体思维和大局意识。

3. 讨论法

讨论法由教师引导，学生在班级或小组内进行学习，以教材为核心，各自阐述了观点，讨论法可以促进所有学生主动参与学习活动，弘扬合作精神，参与集体思考，也能激发学生学习兴趣，改善学习心态，促使在八段锦课程思政学习中提升合作精神。在使用讨论法时，应遵守以下几个原则。

（1）教学内容应具有科学性和逻辑性。学生所学内容来源于教材知识结构，教师通过语言方法让学生获得知识，既要培养其运动能力，又要考虑课程思政对学生的启示，主要应在教学内容上做必要处理。还要赋予授课内容以逻辑意义，将静止状态下知识信息转化为输出状态。通过课堂提问、讨论、实践活动、课后反思、作业布置、考试反馈等方式来完成教学任务，达到提高教学质量的目的。所以为了提升课堂质量应在课前了解教材，充分研究，合理安排教学内容，做到系统性强，概念清晰，条理分明，突出重点、难易适度的要求等等。课后应注重引导学生反思，让学生在学习过程中不断提高自身素质。在课堂的语言输出时，发音要清楚，用词要恰当，跌宕要有分寸，要有声有色。

（2）教师在课堂上语言应准确，精练，有感染力。这需要教师有很好的语言素养，较强的语言表达能力。语言表达是一种智慧体现，教师课堂上的语言表达也是智慧的一种体现，需要通过长期积累才能获得。提高语言表达能力，有着与生俱来的要素，还有后天培养的原因。课堂是培养学生语言艺术的主要场所，而八段锦课作为一种新兴的体育运动项目，其教学内容本身就包含了很多丰富的文化内涵。八段锦课的思政教学需要教师“精讲多练”，所以更加需要教师把课堂教学的内容以明确、简明、准确的方式，生动形象地表达出来。通过对课堂上各种话语进行分析，可以看出，课堂上教师主要是采用有声表达，同时还以体态动作来辅助教学。教学的语言富有启发性，感染力强，课堂教学尤其如此，教师在运用语言表达中，也要讲究神态和风度，擅长运用无声语言，加强教师与学生除了语言以外的肢体语言交流。

（3）课堂上更要设疑与解疑相结合，增强学生学习兴趣。八段锦的课堂上，无论讲解，引导，要求老师课前须精心设计提问，形成“问题链”，为了妥善引导学生并组织好对学生问题的解答，从而促使学生在上课期间思维时刻处于活跃状态。一，设计好问题的情境，激发学生的兴趣首先，教师必须对教材进行分析，了解其内容结构及教学目标，然后再设计出相应的问题，使之在课堂中发挥应有的趣味性，教师在课堂的教学应根据教学内容需要，结合教材内容特点，精心设计有启发性、有思考价值、却又值得重视的题目：提问应切合学生的知识和能力的状况，难度适度；问题应该简单明了；要善于促使学生大胆地表达自己；要注重培养学生提出有创意、具有创新意义的新问题。善于听取学生意见，并以此为依据，捕捉学生理解上的模糊点或者误区，及时进行整改。

（4）合理使用教材和教具。八段锦课的思政课堂上，应适当与黑板相结合、挂图及其他教具的教学与组织讨论与黑板相结合、挂图和其他教具将增强八段锦课的思政教学效果，改进讲解与讨论。

（二）直接感知的方法及要求

直接感知法，就是教师用实物或者直观教具进行展示，在八段锦课程思政教学中，让学生运用多种感官（视觉、触觉、听觉等）对客观事物或客观现象进行直接感受而获得知识的一种教学方法，如示范法、演示法、纠错法、帮助法、视听引导法。

1. 动作示范法

动作示范法就是老师（或教师指定的学生）以自己做的动作为例，可以直观地展现内容教学的过程以及重点和难点等，是引导学生学会学习的一种技能教学类常用的方法。动作示范对示范面、示范内容、示范方法的选择影响学生学习、理解、掌握动作技术技能的深浅程度。

（1）动作示范之“示范面”

所谓示范面，就是同学们观察演示的角度，还包括论证的快慢、远近等要素，演示有正、反、侧面及镜面示范。八段锦动作形式多样，动作示范面的选择影响着教学的效果与质量，更应该给予重视。比如：①正面示范，即教师与学生相对站立进行动作示范，这有利于动作要领的正面展示。②背面演示，即老师背着学生做动作演示，这有利于教师领做学生模仿，特别是前后左右移动的动作和行动方向、路线变化等比较复杂的行动。③侧面示范，教师侧向对学生做的演示，属于侧面演示。侧面示范利于演示动作侧面，并按照前后左右进行。④镜面示范。教师站在学生面前所做的和学生方向一致的演示，就是镜面演示，镜面示范具有学生与教师动作两对应，适合简单动作教学使用，方便老师领做和学生仿做。

（2）动作示范法中的一些内容

①速度。教师要注意因势利导，运用不同速度进行演示。对于较复杂和抽象的技术项目，要使学生尽快地理解并掌握这些运动技能，就必须采取慢速分解、详细讲解的方法进行教学。通常情况下，可按常规速度进行，但当对动作结构中的一些环节要重点突出表现的，应采取慢速示范的方法。②距离。要根据活动范围、学生人数和安全需要原则，采用便于学生观察动作示

范的距离。③视线。当多数同学用横队观察示范动作时，离横队两头越近，同学就越多，它的角度越不近垂直。如果教师在教学过程中把目光拉到前面学生的身边进行观察，会使后面的学生无法看清老师的动作，所以同学们在观察示范动作时队形不应拉开过大。学生人数多的话，应请同学们排列成几行横队，观摩演示，并避免前排影响后排同学的视野。④视线干扰。要注意避免学生面对阳光或迎风站立，避开视线受到干扰，以利观察。尽力采用听、说、视、思、想相结合的方式进行示范讲解，力争动作示范效果达到最佳。

（3）八段锦课程思政教学中动作示范方法的根本要求

动作示范应根据教学实际需要进行演示，并对下列3类动作演示加以区分。①认知示范：对学生课堂中所学内容有一个内容上的演示，可以帮助学生建立一整个动作的整体轮廓，有一个粗略的观念。在教学中可根据教材特点和要求，选择一些典型范例，进行讲解或演示，引导学生关注整体，不拘一格，详略得当。②学法示范：就是讲给学生如何学习的演示，这类演示的着眼点在于让学生理解动作完成的先后次序、要领、重点和难点。例如，教“站桩”内容时，教师先让学生看教材中有关“上下左右几面姿势及身体姿势和地面关系”的要求，然后再进行具体的讲解说明。进行这一阐述的时候，在关键动作环节中，应指导学生关注关键部分。③错误演示：就是演示学生的错误动作，这类演示着重使学生认识其动作错误外在特点。教师通过正确示范，引导学生理解和掌握错误动作。进行这一解说的时候，在强调错误特征的同时不夸大错误。正确地进行这两种动作示范需要教师具有较高的专业水平和一定的心理学知识，并能够根据教学目标合理选择教学方法。对于这类动作示范，其要求基本上和第二类动作相同，讲解时，应注意重点强调需要改正的错误动作，通过课程思政的内容使学生在错误的动作中体会八段锦课程思政的内容如：知错就改、反躬自省、没有规矩不成方圆等等。示范应标准、恰当、优美，让学生树立正确动作表象、激发学习兴趣和内驱动力，促进求知探索精神，消除畏难情绪，助力学生学习的自信心。

2. 演示法

演示法，就是教师借助各种实物、直观教具进行教学演示，使学生在观察中感知动作运动表象的一种教学方法。演示法在八段锦课程思政教学中是一个很好的教学方式，在运动表象记忆形成过程中却能起到至关重要的作用，是八段锦动作教学必不可少的教学方法，它和讲授法，谈话法等方法一起运用，可以在课堂中收获非常好的教学成果。实践表明，演示法既可以理论与实际相结合，能在课堂中给学生带来对运动技能的学习热情，不仅可以激发学生对八段锦各招式动作的直观学习兴趣，还可以直观了解人体结构及身体的经络图等，增加学习的趣味性，培养学生观察力、鉴赏力，也能引发学生对八段锦进行思政联想。

3. 保护和帮助法

保护与帮助法，亦称纠正错误动作、给予帮助的方法，就是教师为纠正学生动作错误而采取的一种教学方法。在错误动作不断产生和被不断修正的教学过程中，适时渗透融入思政元素，如认识自己，乐于助人、互助共进等，能使学生的综合素养得到培养，抗挫能力、分析问题、解决问题能力得到增强，此外可预防错误动作带来的运动损伤。

（三）身体练习的方法及要求

身体练习的方法是以身体练习为主要教学手段的体育教学方法，身体练习是体育手段的基本组成单位，通常称为“动作”，包括单个动作、成套动作。八段锦课程思政身体练习的方法，是指学生在学练时结合八段锦的健身养生机理及其各招式蕴含的思政文化内涵进行体知、体感、体悟的知行合一的教学方法。练习方法是主要运用分解法、完整法、循环法、领会教学法等。

1. 分解练习法

所谓分解练习法，就是把一个完整动作划分为若干个部分，体育教学时逐节实施的途径。在体育技能课堂教学中应用分解练习法，可以把复杂、难做的内容分解成几个简单容易完成的动作，使整个课堂变得轻松有趣、易于接受和记忆。分解教学要注意以下几个方面的问题：①分割动作，要注意它们之间的衔接，分割出来的段要便于衔接完成，又不能损伤动作结构。②让学生清楚地认识到所分的段或段在一个完整的动作中所处的位置以及它们之间的关系。③分解法应和完整法相结合使用。有时候，由于教师在教学过程中只讲技术要领，而忽略了分解动作对整个动作形成和完成的影响，使一些简单的分解动作变成复杂的整体，导致错误地产生，因此分解动作练习不能太久，只需基本掌握就可以和其他的段落或者部分联系起来进行完整的练习。

2. 完整练习法

完整练习法，是指从动作的起点至终点，不分节、段、全、持续不断的练习方式。这种教学法一般用在学生已掌握一定的基本内容后，再把它们连贯起来加以强化，使之成为一个有机整体。完整练习法可以使动作结构完整，容易在动作技术中形成整体概念。八段锦课程思政的完整练习法是将八段锦整套技术动作及其健身养生核心机理、文化内涵融合打通，从多角度多维度进行完整套路的练习方法，使学练者能较快沉浸式地进入体验、感悟、体悟八段锦的奥妙之处，达到三全育人功效。

3. 领会教学法

领会教学法区别于传统的动作技能传授方式，重点是以强调认知能力培养和引导学习者知行合一为主的教学方法，是回归体育教育本质的教学方法之一。八段锦课程思政的领会教学法注重学习者的思维、认知、体育素养等方面训练与培养，注重学以致知、学以致用、学习致创的综合能力培养，一般分为四个阶段进行教学。一是先从项目介绍与概述开始，让学习者对新事物有所了解与认识，如项目的基本概况、特点、功能、价值等以及涉及到的各学科知识文化，培养大局意识和整体思维。二是进行技术技能的实践教学，让学生亲身体验、领会动作运行轨迹、方向、要领、要求等，培养身体活动能力和体育素养形成。三是文化与技能、理论与实践的渗透融合应用，使学习者身心同步领会动作、招式与情绪、情感的同行同向，以致达知行合一功效。四是以自己个体为案例，学习开具运动处方，让学生学会诊断自己身心不完善之处。同时，运用学过知识给自己选择、重构、创建动作招式新组合并实践体会，引导学习者认识自己与培养守正创新精神。

4. 循环练习法

所谓循环练习法，就是根据教学与运动的需要，选择几种练习手段进行练习，建立多个对应练习点，同学们按照规定的次序、路线与练习要求，按站立顺序进行练习，循环往复进行，它以实践为主，并非教学方法，却又是教学组织的手段。在八段锦课程思政课堂教学中运用循环练习法可以收到良好的效果。循环练习方法很多，以流水式为主，分组轮换式为辅。循环练习法具有多种练习手段等特征，练习的过程形式多样、运动量大，不断循环，练习节奏以及身体锻炼部位容易调节，可以单个招式循环练习，也可以运动方式或完整套路循环练习，根据课上习练需求，多样化地设计与布置，让学生体能、体知、体感得到全面培养，增强学生运动能力及知行合一能力，较好地增强学生学练时的兴奋性。八段锦循环练习法的应用要注意练习手段、练习量和循环练习方式，应遵循教学任务、教学条件、学生运动能力和场地器材方面的现实状况，通常以心率在120–140次/分为宜，练习强度大时运动量要适当减少，反之亦然，还要注意适当安排间歇。

二、探究阶段

探究教学法是指在教师引导下，学生主动参与到发现问题、寻找答案的过程，即发现问题、收集资料、分析资料、解决问题的过程，以培养学生掌握科学的思维方法和解决问题能力的教学活动。八段锦课程思政通过激发学生自主探究欲、发掘自主探究潜能、诱导探究的方向、训练主动学习的能力进行了四步探究阶段教学：创设情境、开放课堂、适时点拨、课内外合作探究，来完成探索阶段教学过程。八段锦课程思政的探究教学法应用侧重引导学习者对中华优秀传统文化、中国智慧产生兴趣与理解，引导学会用中医思维、中医文化、习近平新时代中国特色社会主义思想、马克思主义基本原理等多学科知识探索八段锦与天地人、身心精神健康的关联，培养主动探究的学习态度与学习能力，增强对人事物发展规律的认识及其关联的发现，激发学习兴趣，培养创造性思维和解决问题的能力。一般采用情景与比赛活动、探究性活动为主的教学组织，具体的教学方法有：游戏法、竞赛法、情景法、发现法、问题法、小群体学习法等。

（一）情境与比赛的方法及要求

以情景与竞赛活动为主要内容的体育教学方法，就是教师在授课时创设某种情景，开展竞赛活动，让学生在更加鲜活的运动实践中感受陶冶性情的乐趣，增强运动能力，增强锻炼参与兴趣等类型的教学方法。以情景与比赛活动为主要教学手段的体育教学方法主要包括游戏法，比赛法，情景法等。

1. 游戏法

游戏法，就是教师为了完成教学任务，组织学生进行游戏的教学方法。八段锦课程思政课的游戏法是通过在课堂上开展各种不同类型的有思政文化主题的体育活动而形成的具有特定风格特色的教学法。游戏法一般都带有一定剧情、主题，内容和形式多样，可强健体魄、愉悦身心、提高心理素质、激发快速思考与判断力、培养团队协作意识与精神、拓展发散性思维等等，既能使学生掌握知识，又能全面发展德智体美劳。在使用体育游戏法时，要注意以下几个方面。①活动内容和形式选择，应目标明确，有技术有文化有思想，遵循相关规则与要求，注意发展体适能和身心获得感的效果。②注意激励在规则内发挥自主性、主动性、创造性，重视全面性和个性化协同发展。③游戏比赛中做好角色定位，强调角色责任与担当。④强调安全第一。⑤做好评估、反馈、总结利弊。

2. 比赛法

运动竞赛法就是通过组织学生参与以体育活动形式为主的比赛，以学习和应用技能的一种实践教学方法。在体育运动中经常会遇到一些特殊情况下使用比赛法进行训练。比赛也是一种游戏，但比赛与上述游戏法相比，有两个主要方面不同，一是游戏的类型很多，如竞争、协作、表演、娱乐等等，但比赛重在竞争。二是游戏不限于某个项目，而比赛多与某个运动项目有关。八段锦课程思政的比赛通常以实践应用为主，均能考察参赛者和旁观者对八段锦功法的掌握程度，对参赛者的动作顺畅、呼吸自然、聚焦当下、动静合一、张弛有度、身外无物状态等技法有较高要求，对旁观者的观察力、感知力、判断力、沉浸度等均有促进作用，八段锦课程思政教学过程中不可忽视的教学方法。

在比赛法的应用中，可以个人或小组为单位，要明确比赛评分标准与项目考试标准一致，使学生通过竞赛与观摩，发现自己的优点与不足，便于掌握动作要领与功法要求，提高自己平时的练习水平，达到健身养生功效。

3. 情景法

情景法就是教师在授课时创设某种情景，多以游戏、竞赛活动形式组织的教学方法。情景教学法可以让学生在更加鲜活的运动实践中感受运动乐趣，增加体育活动趣味性，开发学生发散性思维，同时增强身体运动感知能力，增强锻炼参与度，达强健体魄，锤炼意志、健全人格功效。八段锦课程思政情景教学法，主要通过创设生动具体如：图文并茂、音频视听、实物触觉、剧情等情境，让学生通过自己的感官去理解和感受事物，引起一定的情绪体验，使他们产生身临其境之感，促进心满意足和获得感。良好的环境与有创意有文化主题的运动为主情景更有利于培养学生认识运动、参与运动、喜欢运动，提高体育素养和教学效果。

使用情景法时，应注意：①活动前要调动情景诱导，激发运动兴趣。教师在开展活动时，要激发学生学习体育知识与技能的兴趣，在实施情景教学之前，教师引导学生“入景”，在景中激发学生学习的热情，使学生对“当前课题”有激励、有兴趣。②在活动中要不断地唤起学生的学习动力、使课堂充满生机与活力且当下高度聚集，充分调动学生参与的积极性。③应重视活动的个体差异，因材施教、全员育人是八段锦课程思政的一大特点与要求，不同的学生，其知识、能力、素养不同，在活动中尽量让每一个学生都能最大程度地感受到运动乐趣是至关重要。④活动后要及时地进行反馈与总结，便于学生总结自己活动体验后的感知、感悟，学生在活动中最终悟到什么是八段锦课程思政情景法教学的目的之一。

（二）探究性活动的方法及要求

探究教学活动，就是要把教师启发诱导作为教学过程的依据，把学生的自主学习和合作讨论作为前提，把现行教材作为基本的探究内容，把学生身边的世界、生活中的现实作为参照物，使其充分、自由地表达观点、质疑、探索，并有机会去探讨问题，使其变成个体、以团体为方式、以团体为单元等各种解难释疑的尝试活动，把学到的知识运用到解决现实问题中去，是一种具有创造性创新性的教学形式。探究性活动的主要教学方法有发现法，问题探究法和小群体练习法等。

1. 发现法

发现法也叫探索法或研究法，指当学生面对概念与原则的学习时，教师给出几个例子与问题，让学生亲自观察、核查的活动，学生通过反思、讨论与听讲的方式来自主探索学习，自行寻找和掌握有关原理与结论等方法，其指导思想就是以学生为主，通过主动、自主地开展活动，让学生领会问题、了解问题、解决问题，培养其自觉主动探究的学习态度与学习能力，增强对事物发展规律的发现。这种教学方法能充分发挥学生学习的主体性、积极性与主动性，从而促进教学质量的提升，对学生学习兴趣激发、解决问题能力培养、创造性思维发展，求知探究精神引领效果明显。八段锦课程思政的发现法常用于让学生通过招式名称、动作形态、动作运行方向等主动去认识身体脏腑位置与经络运行轨迹，去挖掘各招式与中华优秀传统文化的关联和对身心精神全面健康的积极作用，从而学会诊断健康的方法，提高解决健康复杂问题能力。发现法有以下几个基本流程：①创设问题情境把需要解决或者研究的问题呈现在学生面前；②同学们运用有关资料对所提问题作了多种可能的设想与回答；③对假设进行理论或实践的验证，在学生中存在分歧时可进行辩论；④对结论进行了补充，修正与归纳。

2. 问题探究法

问题探究法是通过创设问题情境，提出问题并进行研究，打造新型教学方式，转变学习内容呈现方式，精选接受，探究和模仿、经验等丰富多彩，符合当代中学生实际情况的灵活教学方式。比如，八段锦课程思政的第一堂课，就可以设“什么是八段锦？为什么叫八段锦？八段锦与我们的幸福生活有什么关联，八段锦是否可以开启人的潜能”等等之类问题，激发学生的学习动机和兴趣，引导他们积极思考。设问应由浅到深、逐层递进、环环相扣且渗透在整个教学过程中，让学生思考因问题而动，因问题而深入，并以对问题的终极解决、对规律性知识的把握，实现知识迁移、灵活运用、法无定法的目标。

3. 小群体学习法

又称“小集团教学模式”，就是通过体育教学的集体因素，发挥学生之间沟通的社会性作用，促进学生之间互帮互学，从而增强学生学习的主动性，提升学习质量，以发展学生社会意识为目的的教学方法。① 八段锦课程思政小群体教学方法考虑体育教学集体形成和人际交流规律性以及同频共振发挥集体力量而设计。八段锦有“内练精气神、外练筋骨皮”健身养生功用，习练者一般达到一定水平后，适合个体完成，但在某个学习阶段，多人一起学习、探究，可以更好地发现问题、解决问题，利于同频共振、同行同向的学习状态，从而提高学习的有效性和高质量，同时又能收获人与人之间交流沟通的多样化。小群体教学法应依托学生小组开展自主性活动，这类活动通常具有较强的探究性，教师可通过指导学生进行合作探究式学习来实现教学目标。

三、感悟阶段

感悟阶段教学方法包括激励教育法、比较教育法，自我教育法等。感悟教育是一种新方法、新途径、新思维，是最适合高校体育教学的一种教学方式。感悟教学方法，主要是让学生在八段锦技能学习过程中亲身去体验、挖掘和感悟其蕴含的文化内涵和中华智慧，感受八段锦课程可健身悦心铸魂的育人效果。在“体验—探究—感悟”整个思政培育教学流程中使学生从“知”

① 卢竞荣，主编. 体育教学论［M］. 人民体育出版社，2016.

到“行”再到“悟”，从而达到知行合一，达到学以致知、学以致用、学以致创的效果。

（一）激励法及要求

激励法就是激发人的主观能动性、促使人向着正确的目标前进。激励法应用于八段锦课程思政有多种路径与方法，可以从学生“兴趣”“情感”“态度”三方面入手，以目标激励（任务驱动、成果导向）、奖励激励、竞争激励等方法开展思政元素融入，达到润物细无声的效果。例如，在学习新动作、新招式时，设定一个思政文化主题，以目标导向进行课堂教学。教师围绕思政文化主题，激励学生从身心灵全面发展角度进行学练。通过明确的目标设定，如在规定时间内熟练掌握特定动作并理解其中蕴含的文化精神，激发学生的学习动力。奖励激励可以是口头表扬、小奖品或者在成绩评定中给予加分等，让学生感受到自己的努力得到认可。竞争激励则可以组织小组竞赛或个人比赛，培养学生的竞争意识和团队协作精神。要求：1. 激励目标要明确且具有挑战性，既能够激发学生的积极性，又要在学生的能力范围之内。2. 奖励要公平合理，与学生的付出和表现相匹配，避免随意性。3. 竞争环境要公平公正，规则清晰，注重培养学生的体育道德和正确的竞争观念。

（二）比较法及要求

比较分析法，是将各种不同事物的特点、属性进行对比识别，由此得出合理判断，提高对学习认识的有效方法。在人类社会发展中，比较教育起着十分重要的作用。通过对比，才能明辨是非、分清利弊，考查理解上的对错。比较教育不管是横向对比，还是纵向对比，都可以从不同角度、不同层面来分析、说明事物之间的异同点，找出它们在本质方面的异同之处，提高人的思想觉悟，增强人的认识能力。比如在八段锦课程思政教学中，可从健身养生理论角度对八段锦与现代体育项目的运动原理和要求进行比较、分析，并让学生参与实践体验运动时的身心状态要求及异同。让学生了解到八段锦强调身心合一、内外协调，注重呼吸与动作的配合，而现代体育项目可能更侧重于力量、速度或技巧的训练。通过这种比较，使学生明白科学健康运动和动静结合锻炼方式对体育健身养生的重要意义，从而培养学生全面、科学的健身观念。要求：1. 比较的内容要有针对性和相关性，能够突出教学重点和思政教育目标。2. 教师要引导学生进行客观、深入的比较分析，避免片面和表面的比较。3. 比较后要进行总结归纳，让学生清晰地理解比较的结果和意义。

（三）自我教育法及要求

自我教育，也可叫反思总结法，是个人（群体）按照社会规范，按照自身发展需要进行教育，以自我意识为前提，以自己为发展的目标，经由自我认识、自我体验、自我控制、自我反思，对身心发展产生影响的一种学习方法。八段锦作为传统体育养生功法和导引养生术，有着丰富的思想内涵，注重个人内在的体验、感受、领悟、体悟，讲究“内练精气神”的运动方式。自我教育法在很大程度上比较适合八段锦的学习。学生在练习八段锦的过程中，通过自我观察和感受身体的变化、心理状态的调整，反思自己的动作是否规范、呼吸是否顺畅、精神是否集中等。同时，也可以思考八段锦所蕴含的文化内涵如何在日常生活中体现，如平和心态、坚韧意志等。教师可以引导学生定期撰写学习心得、进行小组内的分享交流，促进共同成长。要求：1. 教师要为学生提供自我教育的指导和方向，帮助学生明确反思的重点和方法。2. 营造宽松的氛围，鼓励学生真实地表达自己的想法和感受，不批评指责。3. 引导学生将自我教育的成果转化为实际行动，不断改进和提升自己。

四、螺旋进阶式的教学方法

螺旋上升是哲学中关于否定之否定法则的形象化表述，用以表明事物向前发展时，是螺旋式上升，不是直线型。它既反映了客观现实运动中客观物质世界之间具有规律性联系这一事实，又揭示了这种联系是通过反复进行实践活动才能实现的。列宁指出：“发展并不是不断向前或上升，而是一种动态的重复，当然其重复的方式是有差别的，是在其发展的基础上重复的。”可见，“螺旋式”教学方法具有重要的现实意义。所谓螺旋式教学法，就是教师依据学生认知发展状态及年龄特征，按难易程度向学生反复地、规律性地展示教学内容，从而达到巩固、深化教学效果。这种教学方式既可以提高学生学习兴趣也能增强课堂教学效果。螺旋式教学的最大优势是教师在教学中把学科逻辑与学生发展水平等等有机地融合在一起，顺应了学生认知发展规律，有助于掌握学习内容和培养解决问题的能力。

八段锦课程思政运用螺旋进阶式理念进行教学，以主要依据课程内容的一个整体设计和课堂教学内容运用恰当的教学方法完成教学任务。具体应用的教学方法讲究因材施教、注重全面性又要兼顾个性化的发展，教学过程遵循人对事物的认知发展规律，主要以设疑激趣、科学探究、螺旋式上升、回归生活等4个环节开展教学。一是设疑激趣（实际情景，激发兴趣），八段锦课程思政，恰当地设疑与解疑，在实际教学当中能够激发学生的学习兴趣，用课堂真实场景激发兴趣，使学生产生求知欲望，从而主动地参与到教学活动中来。通过设疑，加深学生印象，使学生独立地进行观察和解疑，在质疑中敢于提出问题，印证八段锦课在思政方面的意义，同时一边把握问题，一边解决问题，培养其自主探究学习态度和能力等。采用方法主要有问题法、互动法、直观法、参与法、探究法、信息技术法、启发式教学法等。二是科学探索（探究教学，学以致用），科学性探究能促进学生“学”“用”，师生在探索中进行教学，既是丰富课堂内容，又是发现问题和解决问题的探索过程，它能让学生在八段锦课程思政学习中，激发其思考能力，营造良好氛围，让学生在文化与技能学习上融会贯通、学以致用，提升其思想政治品德和体育文化素养。具体教学方法主要应用任务驱动法、发现法、分组教学法、合作探究法、分解法、渗透法、游戏法、启发式教学法等。三是螺旋式上升（拓展知识，深入本质），八段锦课思政教学中，学生初步掌握八段锦运动技能后，再不断拓展、层次叠加地融入人体解剖学、心理学、中医学、优秀传统文化等学科知识，使其在学习过程中逐步形成由浅入深、由表及里、由单一到多维、再表里如一、融会贯通到知行合一，呈螺旋式进阶式进展的教与学模式。通过适时增减教学内容，提高学生身心精神吸收和消化知识与文化的效率，增强学生不断探索与拓展进取的意愿。主要采用的教学方法有主题法、渗透法、自主探究法、项目化教学法、差异化教学法、互动法、影视音像法、诊断式法、示范分析法等。四是回归生活（知识整合，融合创新），八段锦有八式动作，每式动作都有其意义与思政文化内涵，在最后阶段的课程学习是影响能否达到体育育人一个高度的时机，因此，激励学生运动促进健康同时，学会将动作招式蕴含道理融通应用到实践，真正做到学以致用、学以致创，反哺于生活、学习、工作中，彰显中华优秀传统文化的智慧和文化自信、文化自强。主要应用教学方法有创新创造法、项目化教学法、实践教学法、个体差异法、重复法等。

第三节　八段锦课程思政教学方法选择及运用

“学无定法，贵得其道”，体育教学方法灵活多样，不同的教师会根据自己所从事专业或项目特点来确定相应的教学法，并以此作为提高教学效果的基本手段。教师是否得当、有目的地选择恰当的教学方法，使教学方法充分发挥其功效的先决条件，成了关系到教学质量和体育育人成效的一个关键性问题。八段锦课程思政教学不仅包含传统体育技能的教学方法，还包含融入思政教育和多学科、跨学科知识的教学方法，教师不仅要学习多种且先进的教学法，还要学会选择合理科学的教学法，学会从单一法到混合教学法的转化与应用。因此，在实际教学中，教师要依据教学元素，选择合适的教学方法，且能够进行合理搭配和自然切换，助力实现八段锦课程思政教学效果的最优化，提高体育育人高质量发展。

一、八段锦课程思政教学方法选择的依据

（一）课程目的和任务

八段锦课程思政的课程目的是促进身心健康，帮助学生通过练习八段锦，

增强身体素质，改善身体机能，如提高柔韧性、平衡能力和心肺功能；培养学生的心理调适能力，缓解压力、焦虑和紧张情绪，提升心理健康水平；传承中华优秀传统文化，使学生深入了解八段锦传统健身功法的历史渊源、文化内涵和哲学思想；激发学生对中华传统文化的兴趣和热爱，增强文化自信和民族自豪感；培养良好的品德和价值观，培养学生的自律意识，通过坚持练习八段锦，养成良好的锻炼习惯和自我管理能力；培养学生的耐心和毅力，在面对复杂的动作和长期的练习过程中，培养坚韧不拔的精神；促进社会交往与团队合作，鼓励学生在课程中相互交流、学习和帮助，培养良好的人际交往能力；通过集体练习和小组活动，培养团队合作精神，增强集体荣誉感。

八段锦课程思政的课程任务是知识传授，向学生系统讲解八段锦的动作要领、呼吸方法和功法特点，传授与八段锦相关的中医养生理论、传统文化知识和哲学思想；技能培养，指导学生熟练掌握八段锦的整套动作，做到动作规范、流畅、准确，培养学生根据自身身体状况进行适当调整和创新的能力等；思政教育融入，在教学过程中，将爱国主义、集体主义、社会主义核心价值观等思政元素融入八段锦的教学内容和活动中，引导学生树立正确的世界观、人生观和价值观，培养良好的道德品质和社会责任感；实践应用，鼓励学生将八段锦运用到日常生活中，作为一种健康的生活方式和自我保健方法，组织学生参与社区服务、文化交流等活动，传播八段锦和中华传统文化，服务社会。

根据课程目的与任务进行选择合适的教学方法，更容易达成课程教学目的与任务。比如，在讲解八段锦的动作要领时，可以强调每个动作所蕴含的对身体和心灵的滋养，让学生明白自律和坚持对于实现个人成长的重要性；在集体练习中，通过小组协作完成特定的任务，培养学生的团队合作精神和集体荣誉感，这体现了社会主义核心价值观中的“友善”和“和谐”。又如，讲述八段锦的历史传承和文化背景时，可以激发学生对中华民族悠久历史和灿烂文化的自豪感，增强爱国主义情感，使他们更加积极地传承和弘扬中华优秀传统文化。在新授教材中，将较多使用语言进行示范讲解，展示与论证；

练习课时多用自主合作探究、启发引导、纠正错误等。在课堂上采用多种教学方法是提高课堂教学效率的一个重要途径。单元前几节课发现法、游戏法可多采用；复习课、作业设计可多用任务驱动、主题法等。而单元后期，小群体教学法及比赛法等可多采用。

（二）教材内容特点

八段锦教材内容具有的显著特点为选择合适的课程思政教学方法提供了重要依据：

1. 动作编排的科学性。八段锦的动作经过精心编排，遵循了人体生理结构和运动规律。在教学中，可以通过详细讲解每个动作对身体各部位的锻炼作用，培养学生的科学思维和对健康的重视。例如，在“两手托天理三焦”这一式中，通过双手上托、拉伸身体，能够有效地伸展腰背肌肉，促进气血流通。借此引导学生理解科学锻炼对保持身体健康的重要性，培养他们遵循科学规律、追求健康生活的意识。可以采用分解示范和逐步讲解，让学生清晰地理解动作的原理和功效，体会科学的魅力。

2. 动作的规范性与准确性。八段锦的每个动作都有严格的规范和标准，要求身体的姿势、动作的幅度和节奏都达到特定的要求。这一特点为培养学生的严谨态度和精益求精的精神提供了契机。在教学中，可以通过反复强调动作的规范性，让学生明白只有遵循正确的方法和标准，才能达到最佳的锻炼效果。例如，在“两手托天理三焦”这个动作中，手臂上举的高度、手掌的位置以及呼吸的配合都有明确的规定。通过严格要求学生按照标准完成动作，培养他们在学习和生活中注重细节、追求卓越的品质。可采用示范教学法，教师亲自示范标准动作，让学生直观地感受规范的动作形态；同时结合分解教学法，将复杂的动作分解为简单的步骤，逐步引导学生掌握。

3. 动作的连贯性与流畅性．整套八段锦动作连贯流畅，一气呵成，要求在练习过程中保持动作的自然衔接和呼吸的平稳顺畅。这种连贯性和流畅性有助于培养学生的协调能力和整体观念。让学生明白，每个动作都是整体的一部分，只有相互配合、协调一致，才能展现出八段锦的美感和功效。例如，从“左右开弓似射雕”到“调理脾胃须单举”，动作之间的转换需要身体各部位的协同配合。可运用引导式教学法，教师通过语言引导和动作提示，帮助学生体会动作之间的衔接和过渡；组织学生进行连贯的练习，及时纠正不流畅的部分。

4. 动作与呼吸的配合。八段锦强调动作与呼吸的紧密配合，通过特定的呼吸方法来调节气息，增强锻炼效果。这一特点有助于培养学生的自我调节能力和对身心的感知能力。教导学生在不同的动作中掌握合适的呼吸节奏，让他们学会在紧张和压力环境下，通过调整呼吸来平静内心、保持冷静。比如，在“摇头摆尾去心火”动作中，配合深长的呼吸可以更好地放松身心。比如，使用讲解与体验相结合的方法，详细讲解呼吸的原理和方法，让学生在练习中亲身体验呼吸与动作的配合；进行呼吸训练，提高学生对呼吸的控制能力。

5. 文化内涵的丰富性。八段锦蕴含着丰富的中华传统文化内涵，如中医养生理念、阴阳平衡思想、天人合一观念等。教材中的这些文化元素为开展思政教育提供了丰富的素材。通过深入挖掘和解读这些文化内涵，可以培养学生对传统文化的尊重和传承意识，增强民族自豪感和文化自信。例如，讲解“五劳七伤往后瞧”动作时，可以引入中医关于调理身体劳损的理论，让学生了解传统文化中对健康的独特理解。可采用讲解法，教师深入讲解文化内涵，同时让学生分享自己对八段锦文化的理解和感悟。

6. 功法的健身与养生价值。八段锦具有显著的健身和养生效果，能够改善身体的柔韧性、力量和耐力，同时对调节心理状态、缓解压力也有积极作用。教材中对这些功效的阐述，可以引导学生关注自身健康，培养健康生活的理念和习惯。让学生明白健康是个人发展和社会责任的基础，从而树立积极向上的生活态度。比如，可运用案例分析法，分享实际的健身案例，让学生看到八段锦对健康的积极影响；实践体验法，让学生亲身体验八段锦带来的身心变化，增强他们对健康生活的追求。

综上所述，八段锦教材内容的特点决定了在课程思政教学中，可以综合运用多种教学方法，将思政教育有机融入八段锦的教学过程中，使学生在锻炼身体的同时，也能在思想道德和文化素养方面得到提升。

（三）学生学情

教学中如何有效地利用各种教学资源，在不同教学阶段采用不同的教法进行教学，以达到良好教学效果，这取决于所选用的教学方法是否适合学生认知层次、成长规律、多元需求等特点，能否调动学生积极性、主动性和参与度。大学生处于一个身心发展逐渐成熟、知识储备不断丰富、思维能力日益提升的阶段。在八段锦课程思政的教学中，充分考虑大学生的学情对于选择和实施有效的教学方法至关重要。

1. 大学生具有较强的学习能力和接受新事物的意愿。他们在经过多年的学习积累后，具备了一定的知识基础和分析问题的能力。这使得他们能够在学习八段锦的过程中，不仅仅满足于动作的模仿，更能够深入思考动作背后的原理和文化内涵。因此，在教学中可以采用启发式教学方法，通过提出问题、引导讨论等方式，激发学生的自主思考，培养他们的创新思维和批判性思维能力。

2. 大学生具有丰富的情感和较高的自我意识。他们对于个人的成长、社会的关注以及未来的发展有着强烈的渴望和追求。八段锦课程思政可以通过讲述功法传承者的故事、展示其对健康和社会的贡献等方式，触动学生的情感，引发他们的共鸣，从而培养学生的社会责任感、文化自信和爱国情怀。

3. 大学生在学习中往往更注重实践和应用。他们希望所学的知识能够与实际生活相结合，解决现实中的问题。针对这一特点，在八段锦教学中，可以安排实践活动，如组织学生参与社区健康推广活动，让他们将所学的八段锦技巧传授给他人，在实践中体会到服务社会的快乐和价值，培养他们的奉献精神和团队合作能力。

4. 大学生在学习过程中容易受到网络和多媒体的影响。他们习惯于通过图像、视频等多媒体资源获取信息。在八段锦课程思政教学中，可以充分利用这一点，运用丰富多样的多媒体教学手段，如制作精美的教学视频、使用动画演示动作细节等，增强教学的趣味性和吸引力，提高学生的学习积极性和参与度。

5. 大学生群体具有较强的个性和多样化的需求。不同学生在身体素质、兴趣爱好和学习风格上存在差异。因此，在教学中应采用个性化的教学方法，如提供不同难度层次的练习任务，让学生根据自身情况进行选择，满足他们的个性化发展需求，培养他们的自主学习能力和自我管理能力。例如，对于身体素质较好、学习能力较强的学生，可以鼓励他们在掌握基本动作的基础上进行创新和拓展；而对于身体素质较弱或学习进度较慢的学生，则给予更多的关注和指导，帮助他们逐步提高；对于低年级或初学者，问题法、互动法、引导法、启发法、激励法等更适合。

总之，充分了解大学生的学情特点，能够为八段锦课程思政教学方法的选择和运用提供有力的依据，使教学更加贴合学生的实际需求，提高教学效果，实现课程思政的教育目标。

（四）教师本身条件

教师在八段锦课程思政教学中起着关键的引导作用，其自身条件对教学方法的选择和实施具有重要影响。

1. 教师的专业技能水平是教学的基础。如果教师自身具备扎实的八段锦专业技能，动作规范、流畅、精准，能够熟练掌握各种难度层次的动作和变化，这将为教学提供直观而有力的示范。教师可以通过亲身展示，让学生清晰地看到标准动作的形态和节奏，从而激发学生的学习兴趣和模仿欲望。

2. 教师的教学经验决定了教学方法的多样性和灵活性。经验丰富的教师能够根据不同学生的特点和需求，迅速调整教学策略。他们深知哪些教学方法在何种情况下更能激发学生的积极性，哪些方法更有助于学生理解和掌握知识。例如，对于初学者较多的班级，可能会更多地采用分解教学法和重复练习法；而对于有一定基础的学生，则可以运用启发式教学和小组讨论法，引导学生深入思考和创新。

3. 教师的教育背景和知识结构也会影响教学方法。如果教师既精通八段锦的技术，对中医理论、传统文化、心理学等相关领域又有深入的了解，在教学中就能够将这些知识有机融合，运用多种学科的视角来解读八段锦，使教学内容更加丰富和深刻。例如，在讲解动作要领时，可以引入中医经络学的知识，让学生明白每个动作对身体的调理作用，从而增强学生对八段锦的认同感。

4. 教师的个人性格和教学风格也会在一定程度上决定教学方法的运用。性格开朗、富有激情的教师可能更倾向于采用互动性强、气氛活跃的教学方法，如竞赛法、游戏法等，以营造轻松愉快的学习氛围；而性格沉稳、严谨的教师可能会更多地运用讲解示范法、案例分析法等，注重知识的系统性和逻辑性传授。

5. 教师的沟通能力和表达能力也是至关重要。良好的沟通能力能够使教师与学生建立起有效的互动和反馈机制，及时了解学生的学习情况和思想动态，从而调整教学方法。清晰、准确的表达能力有助于教师将复杂的概念和动作要领讲解得通俗易懂，让学生易于理解和接受。例如，有的教师善于用生动形象的比喻来解释抽象的动作原理，使学生更容易记住；有的教师则能够通过亲切和蔼的态度和鼓励性的语言，激发学生克服困难的勇气和信心。

总之，教师的专业技能、教学经验、知识结构、性格特点、沟通表达能力等自身条件，共同决定了八段锦课程思政教学方法的选择和有效实施，只有充分发挥教师的优势，才能提高教学质量，实现课程思政的教育目标。

（五）教学方法的筛选考量

没有哪一种教学方法是无所不能的，均具有其独特作用、适用范围及使用条件等方面的局限。在筛选八段锦课程思政的教学方法时，需要综合考虑其作用、适用范围、使用条件、教学时间和效率要求等因素。例如：

1. 讲解示范法的作用在于能够直接、清晰地向学生传授八段锦的动作要领和思政要点，使学生建立初步的正确认知。这种方法适用于初次接触八段锦的学生，其教学时间相对较短，效率较高，能让学生迅速建立初步认知。但它要求教师具备规范的动作展示和清晰的讲解能力。

2. 小组合作法的作用在于促进学生之间的交流与协作，培养团队精神和合作能力，教学时间适中，效率取决于小组的配合程度。适用于需要学生共同探讨、互相纠正动作的阶段，如动作的细化练习。其适用条件是要合理分组，确保小组内成员能够优势互补，并且有明确的合作任务和规则。

3. 情境创设法通过营造特定的情境，增强学生的情感体验和对思政内容的理解。适用于需要深化学生对八段锦文化内涵感悟的时候。但教学时间相对较长，效率取决于学生的融入程度，使用时需要精心设计情境，使其与教学内容紧密结合，并且能够吸引学生的注意力。

4. 多媒体教学法通过丰富的视听资源增强理解。适用于展示动作细节、历史背景等，适用条件是具备多媒体设备和优质素材。教学时间灵活，效率取决于资源质量和运用方式。

5. 竞赛法能够激发学生的竞争意识和进取精神，适用于学生已经掌握一定基础，需要提高练习积极性的时候。但要保证竞赛规则公平公正，并且做好竞赛后的总结和引导。

6. 案例分析法通过实际案例启发学生思考，适用于深度剖析思政元素，培养分析和解决问题的能力。教学时间适中，效率在于能否引导学生深入分析和总结。例如可以通过分析一些名人或身边的人，通过练习八段锦所体现的坚韧品质，引导学生树立正确的价值观。

总之，在实际筛选教学方法时，要根据课程的具体目标、学生的基础和特点、教学资源等因素，综合考虑教学方法的适用范围、适用条件、教学时间和效率要求，以达到最佳的教学效果和思政教育目的。例如，对于基础较弱的学生群体，初期可能更多采用讲解示范法和多媒体教学法，快速建立动作概念；而在课程中后期，可运用小组合作法和案例分析法，深化思政教育。同时，要合理安排教学时间，确保在有限的课时内达到较高的教学效率。

二、八段锦课程思政常用教学方法的运用

（一）理论融入教学方法

目标导入法：通过展示八段锦对身心健康的积极影响案例，引发学生对课程的兴趣和期待。

问题导向法：教师提出与八段锦的历史渊源、文化内涵、健身原理等相关的问题，引导学生自主探究和思考。

讲解法：简要介绍八段锦的历史渊源、文化背景和基本理论，让学生对其有初步的认识。

提问式法：提出关于八段锦与传统文化关系、养生原理等问题，引导学生思考和讨论。

比较分析法：对比八段锦与其他健身方法在理论基础上的异同，加深学生对其独特性的理解。

总结归纳法：引导学生对所学的八段锦理论知识进行总结，形成自己的理解和感悟。

演讲法：让学生发表关于八段锦文化内涵的演讲，分享自己的体会。

音像法：通过播放相关的音像资料，如八段锦的介绍视频、文化解读等，增强学生对八段锦的感性认识。

讨论法：组织学生讨论八段锦与现代健康理念的关系，以及如何将其运用到日常生活中。

问答法：通过提问引导学生深入思考八段锦功法背后的原理和文化内涵。

体悟法：鼓励学生分享自己在练习八段锦过程中的身心感悟和对传统文化的新理解。

音像法：播放相关的视频资料，增强直观感受。

信息技术法：利用线上平台提供理论学习资源。

影视音像法：播放与八段锦相关的纪录片、教学视频等，丰富教学资源，增强教学效果。

（二）技能教学方法

示范讲解法：教师进行标准的八段锦动作示范,，并详细讲解动作要领。让学生直观感受动作的规范和流畅。

直观法：利用图片、挂图等直观教具，帮助学生更清晰地了解动作细节。

直观演示法：教师亲自示范八段锦的动作，让学生直观感受动作的规范和流畅性。

模仿练习法：学生跟随教师的示范进行模仿练习，初步体验动作要领。

分解练习法：将复杂的动作分解成若干个简单的部分，让学生逐步掌握。

反馈法：学生相互反馈动作的准确性，教师给予针对性的指导和纠正。

自主练习法：学生在没有教师指导的情况下自主练习，加深对动作的熟练程度和理解。

评价法：进行多元化评价，包括自我评价、同学互评和教师评价。

展示评价法：学生进行八段锦的展示，师生共同评价，促进学生对自身技能水平的认识和提升。

纠错法：学生相互观察动作，发现并纠正错误，教师进行重点指导。

情境创设法：通过营造具有传统文化氛围的教学环境，如播放古典音乐、展示相关的传统文化图片或视频，使学生身临其境，增强体验感。

变换条件法：改变练习环境或方式，深入探究技能。

小组合作法：将学生分成小组，针对特定的问题进行讨论和研究，培养学生的团队合作和交流能力。

体验法：让学生亲身体验八段锦的练习过程，感受其对身体和心理的影响。

竞赛法：组织学生进行八段锦竞赛，激发学生的学习积极性和团队合作精神。

实践教学法：安排学生参与社区或学校的八段锦推广活动，将所学知识应用于实践。

（三）思政元素渗透教学方法

主题式法：设定“传统文化中的健身智慧”主题，将八段锦与中医养生理论、哲学思想等相结合，引导学生探讨八段锦所蕴含的哲学思想、中医理论等。

探究法：组织学生探究八段锦动作与人体经络、气血运行的关系，培养跨学科思维。

案例分析法：通过分析实际案例，如运动员运用八段锦进行康复训练，探讨其在不同领域的应用价值。

体验分享法：组织学生分享在八段锦学习过程中，身体、心理的变化，以及对传统文化、健康养生等方面的新认识。

项目式学习法：布置与八段锦相关的综合项目，布置小组任务，让学生查阅资料并制作关于八段锦历史文化的报告或设计一套适合特定人群的八段锦锻炼方案，培养创新能力和综合应用能力。

实践法：安排学生参与医疗康复实践，观察八段锦的应用效果。例如安排学生到医院或康复机构观察八段锦在康复治疗中的实际应用。

互动法：组织学生之间的互动交流，共同探讨如何将八段锦所传达的精神，如和谐、平衡等，应用到生活的其他方面。

渗透法：在教学中潜移默化地渗透传统文化、健康养生观念和体育精神等思政元素。

创编法：鼓励学生根据自己的理解和创意，对八段锦的动作或表现形式进行一定的改编或创新，以展现个人的风格和感悟。

主题演讲法：组织学生围绕八段锦的思政主题进行演讲，分享自己的感悟和体会，加深对思政内容的理解。

自我反思法：学生自我反思在学习中的收获和不足，总结经验教训。

三、八段锦课程思政教学方法运用的个案分析

表 7–3　为“体验→探究→感悟”阶段式教学法运用分析

方法 阶段情况	体验阶段教学方法	探究阶段教学方法	感悟阶段教学方法
宗旨	使学生在体验性学习中认识一些疑难问题，在典型探究过程中引导他们探究问题	整理共有的学习课题、构建与其相适应的交流学习形态等方式，促使同学们互相帮助、共同进步	树立“自我学习目的”，设置“自练的时间”段落，使学生能够独立、自主学习
优点	助于学生对学习过程的理解，增强发现、分析、解决问题的能力	助于互通互鉴互进共享的交流和学习方式，发展学生社会性、集体性和深度学习能力	助于个性化、全面性的学习和多维思维的培养与独立思考能力的发展
不足	学习内容较单一，思政元素不宜深度融入，对于教材的处理要求教师循序渐进和普遍性	学习效率不好监测，需要学生有良好集体主义和协作精神，要求教师更高教学能力	教学不易组织好，需要学生具有较强的自觉性与自主学习能力
教学对象	具备一定知识基础，对问题有一定的发现归纳能力	已形成某种集体意识，具备交流、共享意识和整体格局	具备一定理论与技术，学习目标明确，学习自觉性强，有需求
适用教材	具有典型性和学习深度的（一般会遇到一系列接二连三的麻烦）教材	集体性项目或者要求在集体环境中学习的个人性项目等材料	注重理论与实践、文化与技能的融合，与相关跨学科的教材
适用频率	（1）课程整体教学设计的四阶段（上图6–3）中，使用频率各有侧重，体验阶段多用第一阶段，探究多用于第二阶段，感悟多适用于第三阶段和第四阶段；（2）课堂教学设计中，“体验—探究—感悟”阶段教学法始终贯穿整个课堂课内外的教学实践		

第四节　八段锦课程思政教学原则

课程思政建设总目标立足于为谁培养人，培养怎样的人，如何培养的根本问题。因此，八段锦课程思政教学应遵循以下几个原则。

一、价值引领和学科素养结合

（一）价值引领

价值引领是旨在培育学生的正确价值观。价值观是一种精神力量，是社会文明进步的标志之一。教师在教学中应为学生提供价值引领，须做到如下三点。一是立足中国国情，全面理解中国特色社会主义核心价值观，并以之为引领。二是担负中国特色社会主义核心价值观传播者的任务与作用。教师在课程教学内容设计中须建构其本身与社会主义核心价值观相一致的价值认识与规范，有明确的价值追求、价值立场的指引以及精准的价值判断能力，还要具备丰富而深厚的知识储备，能够将自己的思想与生活联系起来，形成合理有效的思维方式，从而更好地指导实践活动。三是言传身教，知行合一。教师的言行举止有“显性”与“隐性”的特点。教师本身就是活化课程思政的重要途径之一，教师的以身作则潜移默化地作用学生。因此教师应根据不同类型的课程特点，有针对性地运用各种方法和结合学科素养将价值观念转化为行为方式，使学生能够自觉地践行正确的价值观念。

（二）学科素养

体育学科素养具体划分为五个要素，即体育情感、体育品格、运动能力、运动习惯、健康知识，而体育精神、运动实践、健康促进 3 个维度组成体育学科核心素养。教师应为学生创造体验、探究、感悟、实践、抽象、预测、推理、反思等思考与行动过程，让学生在学中练、练中学形成良好体育品格、运动能力、运动习惯，并从中体悟到运动促进健康的情感体验与收获，达成学科素养形成。

（三）八段锦课程思政与二者的关系

八段锦是中华传统导引养生术，一种身体锻炼方式，是中国古代的“体育”，内涵丰富，具有传统文化特色，富含中医养生的智慧。因此，八段锦课程思政教学有着中华优秀传统文化的价值引领，有着中国特色社会主义核心价值观体现的引领，而习练八段锦素有“内练精气神、外练筋骨皮”功效，对于体育学科核心素养“体育精神、运动实践、健康促进”3个维度的形成有着显著的效果。教师在八段锦课程思政教学中可以根据具体学情展开，充分挖掘八段锦的思政文化内涵，落实与社会主义核心价值观相联系的重点，同时能够创设和谐课堂情境，引发学生高尚的道德之心；也可以通过合作活动的方式，发展学生交往，强化社会责任感，确立正确人生观、世界观与价值观；能创造民主氛围，提供平等的沟通机会，让学生亲身体验知识探究的过程，能够在获取科学知识的过程中，对学科问题进行客观的分析，发展学生对知识实质的理解，从而为学生的终身学习奠定基础，进而形塑学科素养，突出价值引领，践行社会主义核心价值观。

二、显性与隐性课程教学相结合

（一）显性课程

显性课程，也称为“正式课程”或“正规课程”，与隐性课程的主要区别在于教学方法的不同。显性课程强调通过教师的直接讲授来传递教学内容，而隐性课程则更加注重通过实践和活动来开展教学。显性课程是相对于隐性课程而言的，它指的是学校课程体系中为了达到特定的教育目标，以直接和明显的方式呈现的课程内容。这种课程具有明显的特点和优势，在我国学校课堂教学改革中占据了重要的地位，并且具有强大的生命力。在教育目标中，显性课程扮演着主导角色，直接影响着学生的成长和发展。显性教学是根据预先制定的课程表，有目标、有计划、有组织地进行教学活动。它是通过一系列针对教师和学生的活动来传授知识和技能。为了实现明确的教育目标，显性教学往往需要对教学内容进行深入开发，使其具备潜在的功能，以满足不同层次和不同兴趣学生的需求。通常，显性教学会包括学生的学习和考试环节，以确保教学目标的达成。

（二）隐性课程

隐性课程亦称非正规课程、潜在课程、隐蔽课程等。它是相对于显性课程而言，指学校教育中不直接表现出来，但却在很大程度上影响人的思想观念、行为习惯乃至道德品质形成的那些非正式的东西或氛围。隐性教学以感染、暗示、同化等方式为主，以激励、心理调适等各种途径和作用使学生的心境、情绪、行为规范与生活方式发生变化，对于学生来说具有潜移默化的影响。课程中所潜藏的意识形态、校风、学风及关于领导和教师教育理念、价值观、知识观、教学风格、教学指导思想；学校建筑，教室安排，校园环境；学校管理体制与组织机构，班级管理方式与运行方式等；学校人际关系状况、教师和学生独特的心理行为模式等都属于隐性课程范畴。

（三）八段锦课程思政与二者的关系

显性课程和隐性课程属于同一个课程范畴中的两大部分。前者属于学校教育体系内的一种正式文化形态，后者则是指学生日常生活领域里所形成的各种非正式文化形态。显性课程主要表现形式是用课程计划、课程标准、教材的形式清晰地表述，其存在的形式是凸显、显现的，重点对学生进行智力开发与训练，自觉的具体的心理反应在发挥作用；而隐性课程则以物质环境和精神氛围的形式存在于教育中，没有被清晰地表述，其存在的形式是内隐、隐藏的，主要发展学生思想品德，树立价值观，不自觉、不具体的心理反应发挥作用。八段锦课程思政教学讲究“内外兼修、形神兼备”的育人目标，和显性课程与隐性课程的教育目标是一致的。而八段锦动作具有疏通气血、激发阳气的功效，具有改善肌肉关节活动、改善体质、提高抗病能力的作用；其功法蕴含的内涵及智慧在调节人的心理状态、提升认知维度、开拓创新思维、增强文化自信、促进文化自豪等方面起到积极的影响作用。坚持习练八段锦，不仅从外形体质上凸显了显性课程作用，而且在内心神识上能彰显中华智慧的隐性课程作用，在形神兼修的健身养生上达到内外关联、相互作用、相互渗透。虽然是显性与隐性教学是两种不同教育形式和方法，但同向同行，均属方法论系统，均有自己的独立特征，也体现八段锦课程思政显性教育与隐性教育应用的特定场景与途径、效果和作用上的不同，但都能致力落实立德树人根本任务和全面健康发展理念。

三、生活性与趣味性相结合

（一）生活性

八段锦运动不受场地限制，只要有一个能站或坐的地方即可以习练，其运动形式轻柔舒缓，有利于舒展筋脉，活血通络，养气壮力，有利于身体的全面放松和精神的调节。其功法简单易学，适合不同层次人群练习，可以个人自练也可集体一起。八段锦最基本的一种姿态就是站桩，在日常生活中经常练习站桩，可以增强腿部力量及平衡能力，加快下肢血液向躯干及头颈的回流速度，使心脏，大脑、肾和其他重要器官血液循环加强，促进全身气血流通，调节脏腑功能，降低心血管风险，达到防治心脑血管疾病。八段锦是简便易行、安全有效、易于推广的健身活动形式，对于学生来讲，在业余时间随时随地都可进行，丰富了校园学习、生活内容，不仅增强体质，调节身体内外部结构，还有助于产生积极的情绪体验，缓解焦躁不安，释放心理压力，提高自信心，促进身心健康发展。

（二）趣味性

八段锦七字句的动作名称与动作行为体现恰当，生动形象，八段锦每一式动作内涵与中华传统文化息息相关，教师可以充分挖掘大家耳熟能详的成语或经典故事或同学们感兴趣的热点话题作为课堂主题，使八段锦课程思政课堂更有趣味性和意义。在教学过程，灵活地运用教学技巧和生动有趣的语言、动作来展示教学内容，开展游戏化的八段锦动作造型创编比赛，引起学生学习兴趣并乐于参与课堂活动，此外，将八段锦动作进行现代体育活动形式的创新性转化，使传统体育与现代体育融合应用于体能训练，营造课堂热烈气氛，增加八段锦课程思政课堂教学的趣味性、时代性、创新性，使学生感受八段锦的运动快乐。

（三）八段锦课程思政与二者的关系

八段锦作为一种传统导引养生功法，虽具有简便易行、易学易用的特点，但对于青少年儿童来说，过于松静站立、没有移动空间的运动方式并不适合他们的活泼好动、热情外向的生长发育规律，因此，富有趣味性的教学内容设计、灵活多样的教学方法和组织形式、符合新时代话语体系的思政元素是激发学生学习兴趣与参与感的重要手段之一。

第八章　八段锦课程思政教学实施策略

八段锦是中国传统文化的瑰宝，蕴含着中华文明的智慧，具有独特的魅力和广泛的适应性，其通过肢体动作来表现，通过气息来主导，其功法特点主要体现在“势”的中正和“招”的圆融，“势正”指手法中正，“招圆”则要求圆活自然，全套动作似乎横平竖直，轻柔舒缓，方圆相应，松紧适度。学练时要求练习者全身协调配合，以意念引导身体各部位肌肉群用力收缩，同时也要注意呼吸的松弛和节奏变化，使之成为一个有机整体。八段锦因其自身动作简便、蕴含优秀传统文化、养生效果显著的特点，成为传统文化精神薪火相传的文化符号。而课程思政既培养全员具有个人小德，也要培养具有国家、社会大德，因此，八段锦课程思政教学实施策略直接或间接影响思政育人的有效性，由此，本课程按师生同行同向的身心精神全面健康发展的协同效应方向进行理论与实践教学，结合八段锦运动“内练精气神、外练筋骨皮”达“正气存内、邪不可干”的独特性，综合运用马克思主义基本原理、习近平新时代中国特色社会主义思想、相关体育理论、中医养生学、中华优秀传统文化等跨学科融合，通过线上线下、课内外、校内外结合的多种教学实施策略开展实践教学，以能充分运用校园景区、运动场、网络媒体平台、数字化资源、体育教学、校内外志愿服务等各种教学资源，实现三全育人目标。

第一节　线上线下相结合教学策略

通过以上线上线下相结合的教学策略，将课程思政有机融入八段锦教学的各个环节，使学生在学习八段锦技能的同时，深刻领会其中蕴含的思政价值，让传统的体育教学与现代信息技术有效融合，实现知识传授、技能培养与价值引领的有机统一。

一、线上教学突破时空束缚

在当下的教育环境中，课程思政强调“三全育人”，即全员、全过程、全方位育人。八段锦教学也积极顺应这一趋势，充分利用线上教学的优势，比如线上课程资源建设、在线互动与交流、线上考核与评价等，打破了教学的时间和空间限制，为师生互动开辟了新渠道。例如：线上教学平台，如慕课、学堂在线、学习通等为八段锦课程思政提供了丰富资源。以中国大学慕课平台上北京体育大学刘晓蕾老师的《八段锦》课程和学习通上的《八段锦》校本课程为例，这些课程不仅高效利用了学生的课堂或业余时间，还为他们提供了差异化和个性化的学习选择。学生能根据自身节奏和需求，在课余反复观看教学视频，深刻领会每个动作蕴含的哲学思想，轻松获取学习资料，包括动作演示视频、详细的动作分解讲解、相关文化背景介绍以及思政元素的解读。这有助于培养其自主学习、独立练习、相互指导以及深度思考的能力，也让学生逐渐适应信息化、数字化的学习环境，真正成为学习的主人，而教师则从知识的传授者转变为学习的引导者和促进者。此外，师生交流学习平台，如Q群课堂、课堂微助教等的建立，为教学资源的分享和交流提供了便利。通过音频、录像、课件等电子资源，学生能更深入理解八段锦的理论知识及其内涵。对于复杂的动作结构，学生可通过分解方式学练，从而实现理论知识与实践动作的融会贯通。线上教学的灵活性使教师和学生能随时安排和完成课程教学内容的任务点，随时随地进行互动交流，促进知行合一。不仅如此，QQ或微信班级教学群的建立为课外线上讨论和交流提供了平台。教师能从身体健康、情绪情感、文化熏陶、社会关系等全方位对学生进行指导。学生提交的课后练习视频、图片等作业能得到及时点评和反馈，这不仅有助于学生牢固掌握知识技术、培养运动习惯，还让学生在交流中学会正确表达和沟通，引导其形成正确的世界观、人生观和价值观。另外，设立线上作业和测验，考查学生对八段锦动作技巧和思政知识的掌握程度，要求学生提交学习心得、感悟等文字材料，了解他们对课程思政的理解和体会。

二、线下思政融入更具渗透力

尽管线上教学优势众多，但教育始终是以人为本的活动，线下教学的作用和优点是线上教学无法完全替代的。八段锦课程思政以立德树人为根本任务，旨在促进学生身心精神的全面健康发展，线下教学必不可少。从动作技术学习的角度看，学生只有在教师面对面地教学、指导和纠正下，才能更精准地掌握动作要领和正确的肢体表达。教师能及时发现学生的问题并给予针对性指导，帮助学生调整动作细节，提高动作的规范性和准确性。在情感交流方面，言传身教是教师最有力的课程思政活化形式。教师的行为举止、品德修养会在潜移默化中影响学生的价值取向。师生间近距离、面对面、手把手的交流过程中，一个微小的动作、一句关切的话语、一个鼓励的眼神都可能触发深层的情感共鸣和思想交流，这种即时性和亲密性是线上教学难以达成的。而且，思政元素和多学科知识的融入在线下教学中更具说服力和渗透力。体育教师自身健康向上、富有活力的气质以及良好的精神状态，加上生动有力、饱含情感的动作讲解与示范，能够让八段锦课程思政的理论与技能融合教学更具感染力。这种具有视听触感的教学方式能激发学生的学习兴趣和参与度，使他们更深刻地体会到八段锦所蕴含的文化内涵和思政价值。线下教学涵盖了教学模式、教学环境、教学手段、教学内容等多个方面，通过对“教”与“学”要素的优化，能够更好地实现教学目标和课程思政的教学效果。比如：（1）面对面指导与实践。在课堂上，教师对学生进行八段锦动作的面对面指导，纠正错误动作，强调动作的规范与流畅，培养学生的严谨态度。（2）组织学生进行集体练习，营造团结协作的氛围，让学生在实践中感受团队精神。（3）线下思政活动。举办八段锦主题的讲座、工作坊等活动，邀请专家学者或资深教练分享八段锦背后的思政内涵和人生哲理。（4）开展小组竞赛。通过比赛培养学生的竞争意识和公平竞争的价值观。（5）实地体验与观察。组织学生参观与传统文化、体育精神相关的展览、场馆等，让学生在实地观察中加深对八段锦所承载的思政意义的理解。

三、线上线下混合彰显传统性与现代化结合

线上线下混合式教学策略改变了传统单一的教学传授形式。在实施过程中，充分发挥线上线下各自的优势至关重要。线上教学资源丰富多样，包含文字、图像、视频等，能够生动直观地展示八段锦的技术动作特征、要素和结构，系统全面地呈现其全过程以及不同技术动作的衔接。然而，在体育课程思政“健康第一”理念的引领下，八段锦课程思政教学不只是知识和动作的传授与练习，更是以体育人、以文化人的价值塑造过程。因此，将线上教学的生动性和便捷性与线下教学的直观性和情感性进行叠加组合、深度融合，使传统课堂教学与网络课堂形式形成一个有机的统一体。

例如，学生可以先通过线上课程了解八段锦的基本动作和理论知识，然后在课堂上接受教师的面对面指导和纠正，进一步深化对动作的理解和掌握。同时，线下教学中教师可以引导学生深入探讨八段锦所蕴含的思政元素，如团结协作、坚持不懈等，并通过实际的练习和互动让学生亲身体验和领悟。此外，线上教学可用于预习、复习和拓展学习，线下教学则着重于实践操作、问题解决和情感交流。通过这种有机结合，既能满足学生多样化的学习需求，又能充分发挥课程思政的育人功能，让学生在学习八段锦的过程中，不仅锻炼身体，还能培养良好的品德和价值观，实现身心的全面发展。比如具体的实施过程：（1）课前预习与课后巩固。学生在线上提前观看教学视频，了解课程内容，为线下课堂学习做好准备；课后，学生通过线上资源复习巩固所学动作和思政知识。（2）线上讨论与线下实践相结合。线上讨论提出的问题和观点，在线下课堂上通过实践进行验证和深化，线下实践中发现的问题，在线上继续讨论交流，寻求解决方案。（3）综合评价与反馈。综合线上考核成绩和线下表现，对学生进行全面评价，教师根据评价结果，及时调整教学策略，优化线上线下教学内容。

四、线上线下相结合教学策略实践应用分析

线上教学阶段：教师通过学校的网络教学平台，上传一系列关于八段锦的教学资料，包括详细的动作演示视频、不同动作所对应的中医养生原理讲解，以及相关的传统文化故事。例如，在介绍“双手托天理三焦”这一动作时，分享中医关于三焦的理论和其对身体健康的重要性，让学生了解到传统文化中对人体生理的认知。同时，布置线上讨论话题，如“从八段锦看中国传统文化中的养生观念对现代生活的启示”，鼓励学生在讨论区积极发言，分享自己的观点和体会。

线下教学阶段：教师首先进行动作的集体演示和分步讲解，特别强调每个动作的细节和呼吸配合的要点。对于一些难度较大的动作，如“五劳七伤往后瞧”，教师邀请学生进行示范，并让其他同学观察和指出不足之处，然后再给予正确的指导，培养学生的观察力和批判性思维。为了培养学生的团队协作精神，教师将学生分成小组，进行小组间的八段锦演练比赛。各小组在练习过程中互相帮助、互相纠正动作，共同提高。比赛时，不仅注重动作的准确性和流畅性，还强调团队的整体表现和精神风貌。此外，教师组织特别的实践活动。带领学生前往当地的养老院，为老人们表演八段锦，并现场教授他们一些简单的动作。在这个过程中，引导学生关注老年人的健康和需求，培养学生的社会责任感和关爱他人的意识。在课程的最后，教师要求学生撰写一篇课程总结，包括对八段锦动作技巧的掌握、对其中思政元素的理解，以及自己在学习过程中的收获和成长。

教师根据学生的线上讨论参与度、线下演练表现和课程总结等方面进行综合评价。

第二节　课内外相结合教学策略

八段锦课程思政的成功实施，关键在于充分整合课内教学、课外实践以

及课内外一体化的优势，全方位、多层次地促进学生的全面发展。

一、课内教学是完成教学任务的根本途径

课内教学指的是在规定时间内开展的多种形式的教学活动，其特点包括规范性、秩序性、目的性和统一性。在八段锦课程思政教学中，课内教学的组织形式是教师活化课程思政的最有力手段。教师作为课程思政教学的引领者和指导者，能够在课内开展规范、有序、有计划且具有针对性的教育教学活动，实现八段锦理论与实践、文化与技能的融通。一方面，教师自身具备活化课程思政的能力。例如，在大单元规定的一定量的课内教学时数中，学生长时间与老师面对面地学习、交流和沟通，易于建立相互信任的师生关系，营造和谐的课堂教学氛围。老师的人格魅力将在潜移默化中影响学生的价值认知和价值取向。另一方面，对于技术类课程而言，课内教学是教师言传身教以及学生掌握正确技术的最佳方式。教师面对面的示范与讲解、现场的巡视与指导，能够让学生直接从视听触觉等多方面进入沉浸式学练状态，增强学生的学习动力，提升学习效果，从而更出色地完成课程教学目标与任务。例如，在教授八段锦的某个特定动作时，教师通过详细的讲解和标准的示范，让学生直观地理解动作要领。同时，在学生练习过程中及时给予纠正和鼓励，使学生在课内就能较好地掌握动作技巧。

二、课外实践是课内教学的有力延伸

课外实践是课内教学的延伸，包括校内和校外。其旨在推动学生自主与合作探究学习，巩固强化课内所学，实现知识的实际运用。对于八段锦课程思政，课外实践具有突出的实践性，是培育学生综合能力的重要手段。首先，课外实践以学生为核心。学生自主组建团队，自行安排实践的场地、时间、内容进度、练习次数及强度。教师在课内明确课外的任务要求，并通过教学交流 QQ 或微信群，对学生以图片或视频形式提交的课后实践作业给予及时点评。其次，对于新内容的预习，学生需在课外自主或合作探究；对于已学

内容，学生要加强练习并相互纠正。在这一过程中，无论是个人还是团队，相互协作、共同探讨、携手进步都是鲜明特点。此外，课外健身指导社会实践服务活动是八段锦课程思政过程性考核的重要指标。学生通过为校内同学进行八段锦的教授、习练指导或文化传播，积极投身课外实践教学活动，充分发挥自主学习能力，提升处理各种关系的水平。例如，学生可以在课外组成兴趣小组，相互交流八段锦的练习心得，共同提高技艺。还可以在校内组织小型的八段锦展示活动，吸引更多同学参与。

三、课内外一体化是实现八段锦课程思政目标的重要保障。

“课内外一体化”能够显著提升学生课内与课外八段锦动作的学习与掌握效果。首先，“课内外一体化”教学注重理论与实践的紧密结合。课内所学的知识通过课后实践来检验，使课内学习与课后实践相互促进。这既照顾到了课内学习接受较慢的学生，也促进了学生在课外查缺补漏和提前预习的习惯养成，增强了学生的自主学习和主体性意识，最终保障了学习效果的提升。其次，在八段锦教学中，“课内外一体化”模式突破了传统课堂教学时间的限制，实现了课内教学的有效延伸。学生不会因此感到困扰，因为课外的学习交流及时间安排由学生自主决定，教师不过多干预。八段锦技能的学习主要依靠课外的巩固，这种巩固建立在学生自由交流与合作的基础上，有利于实现全面发展与个性化发展的有机结合。此外，教师可以在课外借助网络交流平台，针对学生学习中出现的问题进行技术讲解与纠正，促进学生之间的交流，减少直接干预。这不仅能更好地提升学生对技能的掌握与理解，还能培养学生的自主探究学习能力以及分析和解决问题的能力。“育人为本”的教育理念强调重视学生自身的内在需求，推崇发挥学生的主体性，注重全面发展的同时兼顾个性化发展的培养。教师在课程教学中尊重学生的主体地位，使学生由过去被动接受的客体转变为主动学习的主体，从而实现教学效果的最优化。例如，教师可以根据学生在课内的表现和课后的反馈，为每个学生制订个性化的学习计划和指导建议，帮助学生更好地发展。同时，通过组织课外的八段锦比赛或展示活动，激发学生的学习热情，促进学生在身体、心理、道德等方面的全面发展，培养既有健康体魄又有高尚品德的新时代人才。

总之，通过课内教学打基础、课外实践促应用、课内外一体化统筹发展，全面深入地将思政教育融入八段锦课程，使八段锦课程思政能够得以有效实施，既培养学生的综合素质和价值观，又为学生的成长成才提供有力支持。

四、课内外一体化教学策略实践应用分析

课内外相结合教学策略实践应用分析。比如，在课内教学时，教师首先详细讲解八段锦的历史渊源和文化内涵，让学生深刻理解这一传统健身功法所蕴含的哲学思想和价值观。接着，教师进行标准的动作示范，并将每个动作分解为几个步骤，逐一讲解动作要领。在学生练习过程中，教师不断巡视，及时发现并纠正学生的错误动作。对于“两手托天理三焦”这个动作，有学生手臂伸展不够直，教师亲自示范并手把手指导，帮助学生掌握正确的姿势，而且讲解八段锦每一式的呼吸方法，强调通过伸展肢体达到调理三焦的养生理念。或者在课内教学中，教师引入传统文化元素，讲解八段锦与中医养生的关系，如在教授“左右开弓似射雕”一式时，渗透介绍其对心肺功能的锻炼作用以及与中医经络学说的关联。此外，也可以在课内教学中，在教师的主导下，将学生分成小组，进行小组竞赛，让小组之间互相观察、评价，共同提高，激发学生的学习热情，同时培养团队协作精神和批判思维能力。在课外实践方面，教师布置作业，学生以小组为单位，在校园内选择合适的场地进行练习，并拍摄练习视频上传到交流群。教师对学生的视频进行点评，指出存在的问题和改进的方向。在课内外一体化方面，教师根据学生在课内的表现和课外的反馈，为每个小组制订不同的学习计划。对于基础较好的小组，增加一些难度较高的动作变化；对于基础较弱的小组，着重巩固基本动作。同时，教师组织校内的八段锦比赛或展示，鼓励各个小组积极参与。通过比赛，提高学生们八段锦的技能水平，增强团队合作精神和竞争意识。

第三节　校内外相结合教学策略

在八段锦课程思政的推进过程中，校内外相结合的教学策略意义重大。学校教育依据社会要求和受教育者身心发展规律，有目的、有计划、有组织地施加影响，以培养德智体美劳全面发展的社会主义建设者和接班人，涵盖思想政治教育、道德品质教育、智育、体育等多方面。

一、校内是塑造学生正确价值观和提升思想文化修养的主阵地

校内教学是达成课程教学任务和教育教学目标的核心所在，是学生形成良好价值观的关键。八段锦校内课程思政以马克思主义基本原理、习近平新时代中国特色社会主义思想以及中华优秀传统文化为指导，构建全面的课程思政内容体系，将“立德树人根本任务”融入教育教学全过程。在课堂教学设计中，重视育人目标规划，深挖八段锦思政文化内涵，激励学生肩负健康与文化使命，坚定文化自信。例如，讲解八段锦动作起源和发展时，融入中国传统文化中对身心和谐的追求，让学生理解其中哲学思想。课堂教学内容选择注重多元融合，引导学生提升思想境界和文化素养，树立正确三观。教学过程注重优化方法，如采用小组讨论、案例分析等，引导学生自主与合作探究学习，鼓励创新突破。八段锦课程思政的校内教学包括主课堂和第二课堂。主课堂即学校教务系统中的课堂教学，侧重线下师生面对面互动，完成知识传授、价值引领和文化素养提升等任务。比如，教师亲自示范讲解，让学生掌握动作要领和精髓。第二课堂包括课外的八段锦健身指导实践、自主的线上线下学练活动以及参与学校各类体育文化宣传活动等，重点促进生生互动，培养学生多种能力，实现育人目标。例如，主课堂上教师讲解动作蕴含的哲学思想，如“左右开弓似射雕”体现的阴阳平衡观。第二课堂中，组织学生参与校园八段锦文化节展示成果，增强文化自信。

二、“校际联盟”教学互动拓展师生学习新思维、新理念

习近平文化思想扎根中华优秀传统文化和新时代文化建设实践，回答了重大时代课题。传承和弘扬中华优秀传统文化是共同责任。八段锦作为传统养生功法，凝聚着智慧结晶，动作蕴含思想文化内涵和中医养生理念。在新时代，八段锦课程思政教学应与时俱进，教师领会习近平文化思想，与学生共担文化使命。“互联网+”5G时代，跨场域、多学科融合的“校际联盟”课程共建共享成新趋势。多元多维融通共享的教育模式，对健全“国格、体格、人格、品格”培育意义重大，促进教育思想、理念和资源共享融合，推动互动发展模式。以八段锦课程思政教学的校际联盟为例，一方面，与领域内知名专家合作，聘请其为课程设计指导专家与教学组成员，运用其课程资源，促进教师观念更新，拓展师生学习思路。比如，组织校际线上主题研讨活动。另一方面，教师到其他兄弟院校授课，结合各校校本课程建设，构建融通课程标准和教学平台，整合教学资源，丰富教学内容和方法，实现优势互补。实践中，通过线上或线下开展校际学生八段锦健身比赛或交流活动，培养学生健康生活方式和学习能力，满足成长需求。例如，举办校际八段锦文化节展示成果。

三、“家校社一体化”教学模式促进学生全面健康成长

八段锦课程是集思想政治、优秀传统文化、健康养生、体育健身等多学科理论融通，是以身体机能、心理状态、精神文化及社会适应能力等全方位进行全面健康发展教育教学的新时代课程。八段锦课程思政教学构建“学校主导+家庭辅助+社区实践”的“校－家－社”联动模式，目的是实施、落实、实现课程思政全员、全过程、全方位的“三全育人”目标。一个人的健康成长与家庭、学校及社会环境都有关系，良好的交流沟通可以促使和谐关系的形成，利于人的身心理健康发展。

八段锦运动形式有坐式、立式动作，老少皆宜，可以根据不同层面需求进行调身、调息、调心，达到身心和谐平衡健康状态，是推进全民健身运动

的最佳运动项目之一。在学校，八段锦课程思政教学除了“三调和”以外，还渗透融入思政元素，以文培元、以文立心、以文铸魂，借体育人，引导学生自强自立自信，立天下之正位，行天下之大道。在“以评促教、以评促学、教学相长”的任务驱动下，一是实施家校互动方式的考核评价标准，督促学生与家人交流与分享学习八段锦的收获，学生可以通过周末、假期与家人见面的机会带领家人一起做八段锦运动与分享心得体会，也可通过微信、QQ平台等进行图片、视频、文字等可视化形式进行交流与分享；二是实施健身指导服务活动的考核评价标准，学生利用课余时间，到社会上进行健身指导社会实践服务活动，考核学以致用和社会实践服务能力。家校社一体化教学模式能让学生进一步认识自己、学会与家人相处、处理不和谐关系，培养学生适应社会各种环境，促进校内外相结合的八段锦课程思政教学有效运行机制。

四、校内外相结合教学策略实践应用分析

首先，校内八段锦课程中，教师以“身心和谐”为主题教学。主课堂上，教师示范讲解“两手攀足固肾腰”动作要领，学生分组练习并互相纠正。教师引导学生思考动作与身体关系，如何达身心平衡。第二课堂上，社团组织八段锦活动，学生展示成果，技艺进步，性格更自信开朗，能力提升。其次，校际联盟教学中，学校组成联盟，开展主题研讨，教师分享教学方法和经验，如组织八段锦百日打卡挑战。举办联合比赛，促进学生交流，发现不足改进，拓宽视野学习。校家社一体化教学方面，学校实施该模式，学生回家教父母，家庭氛围融洽。学校组织学生社区教学，提高学生表达等能力，让学生体会助人快乐。

第四节　显性隐性相结合的教学策略

一、八段锦的显性与隐性特征

八段锦是我国古代导引术的一部分，它既具有强身健体之显性功效、审

美娱乐之显隐结合功能，又包含着中华博大精深的传统文化特征与哲学思想的隐性特征。坚持习练八段锦的人，不仅能在身体机能改善上收获明显成效，还能在调节情绪、心理状态方面获得良好体验。深入探究八段锦功法及相应招式的思想文化内涵，能够提升习练者的认知层次，拓展创新思维，使人从中领悟为人处世的道理，获取精神文化的价值引领。八段锦课程思政作为学校体育课程之一，不仅能强身健体，更能以文铸魂；既能调身息，又可滋养心性，对学生显性与隐性人格的全面健康发展发挥着积极作用。例如，学生通过长期习练八段锦，身体变得更加强健，这是显性的成果；而在习练过程中，逐渐养成平和的心态和坚韧的意志品质，则是隐性的收获。

二、显性隐性与冰山理论

在学校教育中，显性课程是为达成特定教育目标而正式纳入学校教学计划的各学科以及有目的、有组织的课外活动。显性课程也被称为显在课程、正规课程、官方课程。隐性课程则指学生在学校情境中无意识获取的经验、价值观、理想等意识形态内容及文化影响，具有非预期性、潜在性、多样性和不易觉察性。体育课程由显性课程和隐性课程共同构成。隐性课程涵盖体育教材以外所有能使学生获取直接知识与技能的要素总和。相对而言，显性课程主要作为体育课程的实施载体，其教学方式多为传统的技术传授式；而隐性课程所开展的教学法能有效推动学生主动参与教学全程，增强情感与思想体验，实现综合素养、能力培养和价值引领。

冰山理论最早由奥地利心理学家弗洛伊德于1895年在与布罗伊尔合作发表的《歇斯底里研究》中提出。他认为人的心理如同海面上的冰山，露出的仅是一小部分，即有意识的层面，而绝大部分处于无意识状态，且在一定程度上决定着人的发展和行为。1932年，海明威在其纪实作品《午后之死》中，将“冰山理论”应用于文学创作，主张作者只描绘“冰山”露出水面的部分，水下部分由读者通过文本提示自行想象补充。如今，冰山理论在萨提亚家庭治疗中成为重要理论，是一个隐喻。它表明一个人的“自我”犹如一座冰山，我们所见的行为只是表面的八分之一，属于显性部分；而更大的内在世界隐藏在深处，包括行为、应对方式、感受、观点、期待、渴望、自我等七个层次，属于隐性部分。

从教育层面来看，前者包括基本知识、基本技能，是外在的、易于了解和测量的部分，也相对容易通过培训改变和发展；后者包含社会角色、自我形象、特质和动机等，是人内在的、难以测量的部分，不易受外界影响改变，但对行为和表现起着关键作用。在育人方面，“冰山理论”与显性隐性原理的应用相似，其启示我们，除了培养学生可见的知识技能，更要注重发掘学生的内在潜力，引导学生学会辩证分析和解决问题，促进德智体美劳全面发展。比如，在学生的学习过程中，成绩只是显性的表现，而其学习兴趣、学习习惯、学习动力等隐性因素，往往对其长期的学业发展有着更深远的影响。

三、显性隐性与冰山理论在八段锦课程思政中的体现

在学校教育中，显性课程与隐性课程互为补充。八段锦课程思政作为学校体育课程的关键构成，同样涵盖了显性与隐性元素，且与冰山理论紧密相连。显性方面，八段锦课程思政清晰的教学目标、规范的动作要领以及对身体机能的直接改善，皆易于观察和测量。比如，学生通过学习八段锦标准动作，显著增强了身体柔韧性与力量。隐性层面，八段锦蕴含的中华传统文化价值观、哲学思想及对学生心理和精神的深远影响，恰似冰山隐匿于水下的部分。例如，学生在习练过程中逐渐形成的平和心态、坚忍毅力以及对中华传统文化的认同感和自豪感，虽难以直接衡量，却对其成长意义重大。

从冰山理论视角分析，八段锦课程思政中学生规范的动作、身体机能的提升等仅是冰山浮出水面的小部分，即显性部分。而学生在习练中培养出的自律、耐心、对传统文化的尊重等内在品质，则是深藏水下的大部分，即隐性部分。以“左右开弓似射雕”为例，显性角度看，学生掌握了准确的姿势与动作技巧，增进了肢体协调性；隐性角度而言，它教导学生为人处世要张弛有度，帮助学生平衡生活与学习。又如“五劳七伤往后瞧”，显性上学生熟

练了动作的规范和节奏，隐性上则让学生明白做人做事需时常反观自省，持续反思并调整自身行为。为更好地关注和引导隐性部分的发展，教师在教学中可创设多样的情境，如小组讨论、个人分享等，鼓励学生表达在习练过程中的内心感受和思考。同时，通过定期的反思性作业和小组评价，引导学生自我评估和互相促进，从而更深入地挖掘隐性部分的价值。

四、显性与隐性相结合教学充分体现了八段锦课程思政的育人内涵

物质文明与精神文明相协调、人与自然和谐共生是八段锦课程思政建设的教育理念和教学终极目标，这也正是其核心内涵所在。八段锦作为传统体育养生功法，追求人与自然的和谐统一，善于借助自然条件主动锻炼，同时维持心态与生态的平衡。它不仅具有强健身体的显性功能，挖掘其中蕴含的思政文化元素，对学生内在隐藏部分的显化与转化具有积极的价值引领作用。例如，“五劳七伤往后瞧”告诫人们“忧愁悲哀伤人，寒暖失常伤人，喜乐过度伤人，愤怒不解伤人，远思强记伤人，汲汲所愿伤人，阴阳不顺伤人”，教导学生做人做事要懂得反观自省。“左右开弓似射雕”启示学生为人处世应中正平和，张弛有度。其独特的呼吸法，通过深、长、匀、细的呼吸方式，引导大家保持心平气和，实现身心协调、和谐共生。八段锦课程思政的每次课堂教学设计均设有“思政文化主题”，教师在整个课堂教学过程中围绕主题，引领学生进行知识技能学习，启发学生从身心精神全方位开展体验、探究、感受和体悟的自主学习，让学生在身心精神方面都能获得满足，真正实现课程思政的润物细无声。比如，在某堂八段锦课程思政课上，教师以“和谐共生”为主题，通过详细讲解动作要领、深入分享文化内涵，并组织学生进行实地观察和小组讨论，引导学生思考如何在生活中实现人与自然、人与社会的和谐共处，使学生不仅学会了动作，更深刻领悟到其中的思政意义。

五、显性与隐性相结合教学策略实践应用分析

在八段锦课程思政教学中，比如，教师以“坚韧不拔”为主题。首先，

明确了本次课程的显性教学目标，即让学生熟练掌握“双手托天理三焦”这一式的动作规范和呼吸技巧。在教学过程中，教师仔细示范和讲解动作要领，学生通过反复练习，很快达到了动作的标准和流畅，身体的协调性和柔韧性得到明显提升，这是显性成果的体现。而在隐性方面，教师在教学中穿插讲述了名人修炼者通过长期修炼八段锦，培养坚韧意志、克服重重困难的故事，并引导学生思考在自己的生活中如何面对挫折。在课后的小组讨论中，学生们分享自己的感受。通过这堂课，学生不仅在动作技能上有所进步，更在意志品质上得到了磨炼，这便是隐性部分的收获。

第五节　传统体育与现代体育运动结合的教学策略

一、传统体育与现代体育运动相结合打通健康供给“任督二脉”

5G 时代的到来，给我们带来了很多便捷同时，也让我们的生活方式不再沉静，互联网已像空气和水渗透在青少年生活的方方面面，青少年“数字原住民”的特征愈发明显，久坐久视久卧引起视力疲劳病症、肥胖、脊柱侧弯，长时间面对电子产品，活在自己世界里，拒绝和他人交流，受网络信息影响，造成心性扭曲、心烦气躁、焦虑郁抑等等，诸多行为表现与其年龄该有的活泼好动、外向开朗、健康活力的表现背道而驰。青少年是祖国的未来，少年强则国强。八段锦课程思政结合传统体育与现代体育相结合方式实施教学，一是通过学习八段锦技能和健身养生机理，让学生理解中医养生文化，激活学习内驱力，领悟其中思政文化内涵，身心得以专注当下、松静自然、张弛有度，掌握颐养生命、增强体质、预防疾病、固守本元的方法，并学会运用中医思维分析问题、解决问题，形成正确的价值观，养成良好的学习习惯和生活方式，达到“内练精气神、外练筋骨皮”效果；二是通过融入运用现代体育运动元素及其运动特点、功能价值，比如通过体育游戏、健身操舞、体适能、抗阻训练或其他体育活动，让学生真正热起来、活起来、动起来、跑起来，使学生在一定的运动强度和运动量下训练心肺耐力，提高心肺抗压能力，身体运动能力，增粗肌肉纤维，使肌肉发达有力，并以现代体育精神激发健康积极的情绪体验，引导进取奋发、坚忍不拔的意志品质。比如：在单元、学期和课堂教学设计中，遵循青少年身心发展规律与解决痛点问题，在整个课程设计中可以适当安排一些现代体育活动方式如户外运动、体能训练、体育舞蹈类等，在课堂教学设计中可以先安排一部分时间进行有移动、有变奏的运动方式，让学生先运动起来、热起来，达到一定身体舒展度后，再安排一部分时间进行八段锦学练，使整个课堂达到动静结合、形神兼修的教学效果。如以动静结合为思想文化主题的左右开弓似射雕课堂教学为例，准备活动部分的设计，以现代体育运动方式及特点为主，结合以八段锦动作元素自编的热身操，有节奏有音乐地做准备活动，激发学生跳出活泼开朗、活力奔放、乐于运动的兴奋开心状态，引导学生感受自己的身心、情绪的变化，然后调整身心，以站桩形式进入习练八段锦要求的中正安舒、松静站立、意守丹田、呼吸均匀、精神内收的状态，让学生体验一动一静的现代体育运动与传统体育运动的身心变化，促使学生了解阴阳平衡健康观的中医养生理念，使学生更乐于了解运动、参与运动、喜欢运动，助力运动是良医、体育促进健康的知行合一养成。

二、传统体育与现代体育运动结合增强民族文化自信

中国有着五千年历史，它的文化底蕴之深，传统体育文化的发展历程与中国整体文明相伴相生，它在经历了漫长的演变之后，逐渐形成了独特的风格和特点。中华传统体育文化是我国灿烂文明中的一个主要支脉，它向我们全面地展示所蕴含的社会道德价值、人文内涵与民族精神，体现出“天人合一”“和而不同”的思想理念，与中国传统文化密切相关，注重和谐统一，重视人与人之间、人与自然之间的和谐共存共生。传统体育养生教育关注人的生命运动和生命质量的发展，遵循精神和肉体统一的运动规律，强调松静自然、动静相宜、精神内敛，突出“内练精气神、外练筋骨皮”运动理念，贵

在养护保养性命，重在身体端正（调身）、呼吸深长匀细（调息）和心神宁静（调心）。现代体育运动发展、向前，永无止境地追求目标，特别是竞技体育，激励着运动员（参与者）去登攀体育运动高峰，不断地挑战极限，超越自己，超越他人，展示了现代体育运动所倡导的永远进取、不断创新的精神实质。现代体育精神如今已从“更高、更快、更强”升级为“更高、更快、更强、更团结”的新时代体育精神，体现了世界的发展变化和人类文明的进步，更突出了体育的功能价值。普通群众的现代体育运动是一种积极向上、阳光活力、蓬勃发展的健身活动，也是一种娱乐身心、亲近自然、结交朋友、商务谈判等等的休闲体育活动。

八段锦是国家体育总局重点推广的健身气功功法之一，是结合生理和心理互相配合所产生的民族传统文化，流传于民间，并源远流长。随着社会经济发展和人们生活水平提高，其价值日益凸显，深受广大群众喜爱，并被纳入国家全民健身运动中。八段锦课程思政突破传统体育教学模式，融合现代体育学、中医学、心理学、思政教育学、优秀传统文化等多学科知识，铸造课堂之魂“思想文化主题”，引进中医文化进课堂，挖掘“天人合一养生观、阴阳平衡健康观、身心合一整体观的中医养生理念”“儒释道核心思想理念”“习近平文化思想”等为思政元素，彰显了中华优秀传统文化的智慧结晶。首先，课堂的思政文化主题丰富了课程内容和内涵，发挥体育独特育人的多元化功能，使学生体验和感受到肢体活动协调与否，跟人的五脏六腑平衡发展、经络气血通畅程度、人的情绪等都有直接或间接关系。通过课堂之魂的建设，提升师生之正气，促进自我认识与剖析，增强民族文化自信和民族精神。其次，引进中医文化进体育课堂，不仅丰富体育课课程内容，更促进体育育人的多元化发展，给学生提供跨学科学习和领悟优秀传统文化的机会，同时给学生提供重新认识体育、认识体育课以及认识体育带来的独特功效的机会，拓展了学生多维健康观、思维方法，为体育课程渗透融合思政元素提供有力保障，增强了学生对民族的文化自信和自豪。

三、传统体育与现代体育运动相结合，突显文化融合创新发展

现代体育具有国际化、时尚性、竞技性及普及度、参与度高等特点，在现代的社会环境中，显示了旺盛的生命力并与其形成鲜明对照，民族传统体育生存空间比较狭窄，社会影响力极其有限。同时，由于受经济利益和文化观念的影响，二者存在着一定程度上的不相容性，导致二者之间产生了一系列矛盾。通过互利共生、互动共促，找到二者整合的连接点并切实解决、缓和二者融合冲突，促进二者一体融合、共赢互惠发展目标，是当前我国体育事业改革发展进程中亟须解决的课题之一。随着我国经济水平的提高和人民生活质量的提高，人们越来越重视精神文化方面的追求，这使得传统体育项目受到了前所未有的关注和青睐。民族传统体育正在传承与发展的同时也面临着原生环境消亡、传承主体缺位等问题。要想解决这些困境，必须将二者结合起来共同构建和谐共生的新型社会体系，才能更好地促进我国民族传统体育事业的可持续健康发展。现代体育运行理念和发展思维，为民族传统体育运动规范，器材设备、竞赛流程等提供了参考依据，通过利用协同机制，将现代体育因素融入其中，让民族传统体育合理进行“链条化”重构，逐步走向现代化、走向规范化，实现传统体育与现代体育共促共生。民族传统体育作为一种文化现象，不仅具有独特的审美价值、教育功能、治疗疾病功能，还具备健身娱乐、休闲社交、促进民族团结等作用，其蕴涵着丰富而生动的生活场景和思想文化内涵，将之纳入到现代体育场域下，不仅可以丰富现代体育项目，还能进一步提升人们的参与热情与体验感，形成新时代全民健身热潮。全民健身活动是国家发展战略之一，是推动经济社会全面发展，构建和谐社会的必然之举。近年来，在国家大力支持和国家体育总局大力推广下，全国各地各企事业单位掀起八段锦全民健身热潮。2016 年以来，在广西，由自治区体育局主办的广西万名全民健身志愿者服务百县千乡活动，连续几年重点推广健身气功八段锦，覆盖全区 14 个设区市 68 个县（区、市），参与人数众多，志愿者绝大部分是从各地高校大学生选拔出来。至今，广西各大高校已把八段锦当成一种常规的传统体育教学项目。

八段锦是一种健身气功运动，是传统体育养生项目，它和广大人民群众日常生活息息相关，直接影响着人们健康水平与生活质量，还事关健康中国建设。近年来，国家进一步加强学校体育教育管理工作，大力宣传与倡导科学、合理、正确的体育锻炼方法，使八段锦健身理念与行动不断深入学校体育，习练八段锦已成为广大师生的一种生活方式，学校也成了八段锦文化传承与发扬的主阵地。形式多样的校内外八段锦比赛、传统体育与现代体育协同的文化交流活动层出不穷，丰富了校园体育文化活动和学生的校园文化生活。八段锦具有强身健体、修身养性、外塑形体气质等功效，深受大学生喜爱，成为当代校园体育活动中不可缺少的一部分。八段锦动作迟缓轻柔、气息匀整、意气伴随，它对影响人的生理机能，心理状态有积极的意义。从生理机能上看，长期坚持练八段锦，能使人心肺功能显著提高，改善神经系统、内分泌系统以及循环系统等器官的生理功能。在神经生理学方面，使大脑皮质抑制与兴奋态进程在较高水平上协调，实现正气旺盛、气血通畅、脏腑和谐，避免压抑过程处于昏迷痴寂状态，达到调节五脏六腑四肢百骸协调发展，增强肌体免疫力，提高机体各系统之间的协调发展。从心理状态方面，习练八段锦时，需要大脑处理动作运动的变化，思维活动需聚焦到每个细节动作，才能体验到一招一式运行过程的情绪变化和心理状态，通过长期习练，可以使人专注聚焦当下、气定平和、心如明镜，减少学习、生活、工作上的紧张焦虑感，能及时产生正念，做到转负为正的快速转化。八段锦“内外兼修”的健身理念符合人们的健康需求。它强调对人的全面锻炼，“内练精气神、外练筋骨皮”，促进身体健康。这种理念符合当代大学生身心发展规律，也是当前学校体育改革所倡导的一种新思想、新理念，对学生生理、心理的健康发展、社会适应能力有正面影响，使学生对中国传统文化有了具体的认识[①]。

① 刘于溪，王丽萍，王茂.新时代背景下八段锦在教学中开展的培育价值研究［J］.武术研究.2019（01）：115-117

八段锦课程思政建设以身心精神三位一体健康发展为主线，从体育学、心理学、哲学、医学、思想政治学等多学科进行了全面健康发展的课程内容体系重构，实现多学科、跨学科融合的创造性转化。在实践教学设计中结合现代体育运动方式与现代运动康复理论，运用中医养生理念、儒释道的核心思想文化、马克思主义原理、习近平新时代中国特色社会主义思想等知识文化，进行"内练精气神，外练筋骨皮"的内外兼修的体育教育教学，实现多元文化融通的创新性发展。比如在教学过程中，以体验－探究－感悟－体悟的知行合一培育逻辑，以融入天人合一中医养生观为例，教师通过传授八段锦技术过程，引导学生理解天地是个大宇宙，人身是个小宇宙，天人相通，人无时无刻不受天地的影响，并告诉学生进行体育锻炼时应随着四时气候变化，寒凉温热，做适当的调整。从中启发学生领悟"变是永恒不变的道理、动态原理、和谐统一、命运共同体"等道理。从阴阳平衡的健康观，可以提炼出"动静结合、日月同辉、张弛有度、内外结合、表里如一"等等，在进行八段锦招式或组织其他体育活动时渗透融入，提高学生的思想意识和创新思维，丰富其精神文化，立正确价值观，增强思辨能力，提高自立自强意识，感悟中华优秀传统文化的魅力和智慧。

四、传统体育与现代体育运动相结合教学策略实践应用案例分析

案例一：八段锦与现代瑜伽结合的实践教学。在教学中，将八段锦的某些动作与现代瑜伽的体式进行融合。例如，八段锦中的"两手托天理三焦"动作，强调双手上举拉伸身体，与瑜伽中的山式站立向上伸展动作相似。教师先分别讲解这两个动作的要领和功效，让学生体会各自的特点。然后，引导学生尝试将两个动作连贯起来练习，感受传统体育与现代运动在身体拉伸和气息调节上的共通之处。通过这种结合，学生不仅加深了对八段锦的理解，也对瑜伽这种现代运动有了新的认识，同时增强了对不同体育文化的包容和欣赏。

案例二：八段锦与现代健身操的创意编排。组织学生将八段锦的动作元

素融入现代健身操的编排中。比如，提取八段锦中“左右开弓似射雕”的左右伸展动作，与健身操的节奏感相结合，创造出富有变化和活力的新动作组合。在实践过程中，学生分组讨论，发挥创意，教师给予指导和建议。最后，各小组进行展示和交流。这种实践教学方式培养了学生的创新能力和团队合作精神，也让他们亲身感受到传统体育在现代运动中的创新应用，从而增强了对民族文化的自信。

案例三：八段锦与户外运动的融合体验。安排学生在户外进行八段锦的练习，同时结合徒步、登山等现代户外运动。在徒步过程中，适时停下进行八段锦的练习，让学生感受在自然环境中身心与大自然的融合。比如，在山顶开阔处练习八段锦，引导学生体会“天人合一”的境界。通过这种融合体验，学生更加深刻地理解了传统体育文化中人与自然和谐共生的理念，同时也享受了现代户外运动带来的乐趣，进一步增强了民族文化自信和对自然的敬畏之情。

案例四：八段锦与竞技体育心理训练的结合。借鉴现代竞技体育中的心理训练方法，如冥想、放松训练等，与八段锦的“调心”理念相结合。在教学中，先让学生进行简单的冥想放松，然后练习八段锦，引导学生在练习过程中专注内心，排除杂念。通过这种结合，帮助学生提高专注力和心理调节能力，让他们认识到传统体育在提升心理素质方面的独特价值，增强对民族文化的认同感和自信。

案例五：针对学生不同方面的发展需求，设计了多样化的传统与现代体育结合的实践教学策略。（1）对于耐力不足的学生，课程开始先安排有氧健身操热身激活心肺功能，接着进行“两手托天理三焦”的动作教学，强调动作规范和气息感受。在培养协调能力方面，课程开始通过“跳绳接力”游戏让学生活跃起来，随后进行八段锦教学，重点讲解动作协调性和眼神配合，在学生掌握动作后安排有健身操或舞节奏的八段锦简单组合动作练习并进行小组展示，让学生互相评价和学习。在培养团队合作精神时，先让学生进行足球传球游戏感受团队配合重要性，接着教授“五劳七伤往后瞧”，强调动作中的位置和呼吸，再安排小组对抗赛，根据小组整体表现打分，过程中学生们相互指导鼓励，明白团队成员作用和协作力量，像有小组从配合不默契到最终取得优异成绩，增强了团队凝聚力和合作精神。为帮助学生缓解学习压力，课程开始播放舒缓音乐并引导冥想放松，然后教学“摇头摆尾去心火”，让学生在缓慢动作中感受身心宁静，之后引入瑜伽呼吸法练习，最后组织学生分享感受体会，许多学生表示能抛开烦恼，找回平静和力量，以更好状态投入学习和生活。将传统体育八段锦与现代体育运动及放松方式相结合，能够充分发挥各自的优势，更好地实现教学目标，促进学生的全面发展。

第九章　八段锦课程思政教学评价原则

教学评价一般包括对教学过程中教师、学生、教学内容、教学方法手段、教学环境、教学管理诸因素的评价，但主要是对学生学习效果的评价和教师教学工作过程的评价。教学评价的两个核心环节：对教师教学工作（教学设计、组织、实施等）的评价——教师教学评估、对学生学习效果的评价。评价的方法主要有量化评价和质性评价。教学评价是任何学科、专业教学体系的有机组成部分，承担着控制教学质量、评估教学成效、监督教学过程、推动教学改革等重要职责。[①]

第一节　课程思政建设质量评价体系

课程思政评价应力求系统地探析学生思想政治素养发展状态、轨迹及存在的问题，洞察课程思政教学设计、实施、支持、效能等方面的具体情况及存在的问题，揭示课程思政在目标设计、内容供给、制度机制等方面的情况及存在问题，进而实现以评促建、以评促改、以评促发展的目标。课程思政评价体系建设，应结合课程思政实施的全过程、评价的主体、评价结果的反馈应用等方面，从学生、教学和课程三个视角展开。

一、对课程思政“学”的评价

学生的“学习”是一个渐进的和增值的过程，综合体现在学生的知识、

① 孟林华，金娟琴，唐月明.开展课堂教学质量评价的实践与体会［J］.高等农业教育，2000（1）.

思想和能力层面。因此，建立一个能够全面反映学生学习的过程、增值、整体的特征的评价模式，系统地确定评价的观察点，科学地设计评价过程，立体地从三个方面呈现评价结果，是学生“学”的评价关键问题。“目标性 + 过程性”评价模式，能够完整地反映出学生思想政治素养的发展过程、价值化程度和预定目标的实现程度。目标性评价模式侧重于学生行为的实际变化程度和与预定目标的距离，但不足之处是不能全面反映学生思想政治素养的发展过程；过程性评价模式侧重于发展过程，不足是缺乏与预定目标的比较。因此，两者的结合才能够体现评价的全面性、完整性和科学性。

首先，评价观察点的选择。一是对融入的思政内容的理解方面，观察点应包括对思政内容本身的理解和学生本专业与思政元素融合的理解。二是学生的思想意识形态发展方面，观察点包括学生的言语（包括对外界事物的意见表达）和与态度、价值选择有关的行为。学生的言行能间接反映他们的思想动态和价值观的发展，一些与本专业密切相关的言行，也能反映课程思政的启蒙程度和价值取向。三是运用思政元素的能力方面，主要观察学生基于本专业角度运用思政教育知识的评价、分析、态度和行动。

其次，具体评价程序。就课程而言，对学生思想发展的评价可分为以下几个阶段：背景评价或预测（了解学生的发展程度、需求等）—制定课程思政目标—发展学生的思想政治素养—收集相应材料（用于评价）—跟踪检查。如果是个性化教学，则分为评价学生的思想发展（表现）（课前）—制定教学目标（备课）—实施教学—评价学生的表现并提供反馈。

此外，评价结果的表述。评价结果主要以描述性为主，对学生进步的评估应该以过程评价为基础，以结果评价为补充。过程性评价倾向于形成性评价，即采取形成性评价的形式，注重描述学生的进步，客观反映本专业课程所讲的知识与思想启蒙和价值判断的结合程度，通过科学评价提高教学效果，突出成果方向和持续改进。

二、对课程思政“教”的评价

课程思政教学评价的主要目的是帮助教师根据学生的思想发展状况反思和改进教学，确保“课程思想与专业教育贯穿学习过程”，从而更有效地激发学生的学习兴趣，提高学生的获得感和成就感。对于课程思政“教”的评价，主要从以下两方面进行。

一是教学评价模式，课程思政主要以价值引领为目标，重在教育和引导，这与传统的教学评价有区别。教育和引导是一个动态的过程，教育和引导的成就是一个相对可衡量和可描述的结果。因此，评价模式应该是“文本评价 + 教学观察 + 学生评价”。在这个模式中，三个部分基于不同的角度，其中文本观察是对课程设计（教案）、教材编写和思政元素融入问题（深度、广度、适用度）、结果（学生的作业或课程记录）以及对课程的反思进行系统的评价。强调教学的内在逻辑的重要性，特别是学习目标和影响因素的实现程度。教学监控解决了缺乏基于文本的评价过程的问题，并允许动态和系统地关注教学和学习过程。学生评价是基于学生的经验和可及性。这三个因素的有机结合，可以对整个思想政治学习过程进行科学评价。二是评价过程和课程对思政教学的重视，对课程中思政教学的评价应以文本评估和教学观察为基础，辅以学生评价。因此，该程序应以文本评估为基础，重点将放在以下几个方面：思政教育的目标是否“与课程的不同特点、思维方式和价值观念相结合”，是否与具体的课程相结合，从而确定具体课程的思想政治教育目标；课堂互动是否有效，是否有助于思想政治教育的有效性，是否能更好地进入学生的精神世界；教学方式和方法的选择是否能使课堂温暖、亲切、有感染力，使思想政治教育的教学过程更加愉快，形成最佳的课堂学习效果。

以八段锦课程思政教学为参照，在文本评价方面，主要观察教案（包括配套的音频、音像、图片资料）、教材（相关思政要素的材料）、学生表现材料（作业、课堂学练的心得体会、教师的课堂评价）和教学反思。教学观察考察思政要素的融合方式和程度、师生互动、学生表现（兴趣激发和主体调动水平）、参与度、课堂管理（教师评价和反馈等）、教学方法的针对性和创新性，以及教师的思想政治教育质量。关于学生评价，主要观察点是学生的思想政治素养在各方面的发展（可及性），设置的思想政元素的先进性和时代性，课堂教学中的兴趣激发和主体调动程度（经验），教学材料和支持，教师的教学素养，对教材和教具的支持等。

三、以“课程”为单元的课程思政评价

以课程为单元的课程思政评价及评价活动的组织，课程评价的主体与教学评价的主体基本一致，但在评价活动的形式上，则可以采取集体评价的形式，立足于课程与教学过程材料的评价，结合教学视频、学生评学结果，形成综合评价结果及优化建议。这种评价既可以由具体课程的首席专家、课程思政专业（学科）负责人、教学管理部门、学会或研究会等组织，也可以由上述组织邀请思政课程、课程思政、课程与教学等方面的专家组成的第三方进行。[①] 评价的重点是课程的目标、提供的内容、课程的组织以及思政融入的执行情况。在课程目标方面，评价要看目标是否明确、具体，是否充分考虑到学习条件（学生的学习基础、兴趣和思政教育的学习习惯等），是否具有挑战性（复杂性）、创新性，是否有利于培养学生的思想政治素养及文化修养，是否与课程紧密相连。关于对教材的评价，观察点是：教材的设计是否符合内容开设的要求，教材是否具有系统性，思政教育的主题和问题的展开是否能够为课程目标服务。关于课程思政的组织和实施，主要考察以下问题：课程的思政内容与课程形式的对应程度，教学模式是否符合课程的要求，考核机制与课程思政目标和课程内容的对应程度，等等。

第二节　八段锦课程思政评价的基本原则

课程思政评价既要充分汲取课程评价、教学评价、学生德育及学业评价，

① 陆道坤. 课程思政评价的设计与实施［J］. 思想理论教育，2021.3.

又要兼顾课程思政的特殊性。八段锦课程思政评价围绕学生思想政治素养“增值”和新时代学生对健康的多元化需求，以评价的过程性和综合性为主实施课程思政评价，应遵循以下几点原则。

一、多元性原则

八段锦课程思政注重学生身心精神的全面健康发展，在传统体育教学过程中，体育教师更多地关注课程的运动技能计划完成和学生身体素质的发展，对学生的思想政治教育和文化修养的培养不是很突出。随着时代的进步与发展，人们对健康的要求和需求多元化，从基本的身体健康到身心精神全方位的多维健康观意识发展，呈现了习近平新时代中国特色社会主义思想和中国式现代化“物质文明与精神文明协调发展”特征。因此，多元化原则是新时代体育课程评价应遵循的最基本原则，也是八段锦课程思政建设及评价体系构建中的首要原则。

首先，依据八段锦课程本身，从多维度结合的课程目标，多学科、跨学科融合的课程内容，多元协同创新育人的教学模式、形式多样的教学组织与实施策略等等方面进行多维构建，就要求课程思政评价只有遵循多元化原则才能全面、科学、客观、公平体现课程思政的全面性、有效性和可持续性。八段锦课程思政倡导教学要以德术合一为导向，其内容既要保证德、智、体、美、劳的全面性，又要突出“德体（术）合一”重点，通过体育技能教学促进学生在“国格、体格、性格、品格”全面健康发展。其次，从评价主体上，依据“三全育人”课程思政目标要求，需要多方主体参与评价才能体现课程思政的全面性、科学性、合理性。真正的体育课程教学不仅是让学生在体育教学中学习基本的体育知识和运动技能，更重要的是让学生通过体育学习，健全人格、锤炼意志，形成乐观的生活态度，从而使学生受益终身。学生是校园体育文化建设和体育课堂教学的主体。在实际体育文化活动与教学中，要充分尊重学生的主体地位，发挥学生的主动性、创造性和独立性，使学生的大脑和手脚完全自由，从而调动学生的体育学习积极性，使学生积极参与体育活动，让所有学生在学习体育知识的同时享受体育活动的乐趣，使体育活动成为常态化的一种生活方式。由此，多元评价即领导评价、教学督导评价、同行教师、学生评价等构成的多主体协同发展，较全面体现课程思政构建与课程思政教学的深度广度、挑战性和实效性。

二、综合性原则

评价方法各不相同。传统的基于学科的评价是以教师为基础的。体育教育中的综合学习应以多种方式进行评价。例如，教师的评价与学生的自我评价和同伴的小组评价相结合。小组评价与小组中个人的评价相结合，家长评价和社区评价作为参考，等等。学生应该是评价的主体，也是评价的对象。学生应该对自己在整个活动中的表现进行反思，谈论他们的看法、经验和成就，了解他们在活动过程中的不足之处，并对未来的工作、学习提出建议。让评价成为激发学生参与活动的兴趣和动力的手段，成为他们了解自己和他人的过程。

因此，结合以下几个原则综合运用使八段锦课程思政评价更合理。一、实用原则。实际工作、独立学习和合作是学生综合体育教育课程的最重要类型。对体育综合学习的评价应着重于学生的个人参与和充分投入，应强调对课程中的活动数量和参与态度的评价，即学生是否参与了某些方面的活动，他们的参与是否积极。同时，学习者应该强调自我评估和知情参与评估。二、过程原则。体育综合学习的评价应注重学生参与活动的过程和实践经验，注意对过程的评价，并将学生的评价与学生的学习表现、学习成果或者学习能力等相关内容紧密结合起来。在发展体育综合学习的过程中，应采取学生自我评估或教师直接评估等措施，确保评估渗透到体育综合学习的整个过程中。评估的内容应该集中在学生在活动过程中的情感、参与和表现上。鼓励学生充分利用他们的个人优势和才能，积极、勤奋和创新，不断为发展他们的学习能力作出贡献。三、合作原则。综合实践活动有“个人活动、小组活动、班级活动、家庭活动和社区活动”。合作评价是指学生、家长、教师和社区之间的多方位互动。它是一个强调活动与和成果相结合的过程。评估过程是在轻松和谐的民主氛围中进行的。体育教育中的综合学习通常是以小组形式组织的，旨在培养合作和协作精神。同时，学习成果往往要集体展示。因此，教师应在学习过程中及早适当地引导学生，以培养学生尊重他人、学会负责、合作和共同发展，从而为学生的全面发展打下良好的基础。四、完整原则。体育教学中的整体性学习评价应分为定性评价和总结性评价。不仅要看书面的，还要看口头的；不仅要看学生在课堂上的学习情况，还要看他们在课外探索的热情和能力。为了提高体育教学的整体质量，我们应该采取全面的方法，对学生进行全面的评价。

这一原则意味着对教学的评价应该建立在健全的、连贯的评价标准之上，这些标准是建立在学习目标框架内的教与学的连贯性之上的，评价工具应该被精心准备、开发和审查。为此，将采用先进的测量和统计方法，并按照科学的评价程序和方法对收集到的各类数据进行严格的处理，而不是依靠经验和直觉来进行主观判断。

三、实效性原则

随着时代变化，人们越来越关注人与健康的关系，对健康的理解更广。八段锦课程思政的实效性主要体现在师生的感悟与行为表现上。评价旨在检查其对师生思想政治素质和文化修养的作用程度及有效度，重点考查教育与教学、品德与能力的融合情况，而思想政治素质是评价教育质量的关键内容，但目前在评价体系中是较为薄弱的环节。对于教师，课程思政评价的直接对象是其本人，内容是教学活动对学生思想和价值观的影响，重点并非教学实践，而是对学生思维的塑造。教师需加强多学科、跨学科学习，优化知识结构，以自身做到为前提激发学生并培养其新思维模式和健康生活方式。对学生，体育综合学习的评价着重个人参与和团队配合投入，强调活动数量和参与态度，同时应注重自我评估和知情参与评估。在八段锦课程思政实践教学的团队合作学习环节，多主体互动，注重活动与成果结合，以成果质量评价合作精神实效性，教师应适当引导，培养学生尊重他人、负责、合作和共同发展，为全面发展奠基。例如，在实际教学中，教师通过深入学习不同学科知识，如心理学、社会学、中医学等，将其融入八段锦教学，引导学生不仅掌握动作技巧，还能理解其中蕴含的文化和价值观念，这就是教师提升自身以增强教学实效性的体现。又如，学生在团队合作学习八段锦时，积极参与动作编排和展示，通过集体努力获得优秀成果，从而培养了合作精神和责任感，这是学生在学习中体现实效性的实例。所以，八段锦课程思政评价要遵循实效性原则，这关系到课程思政构建的成果导向性、实施的针对性、落实的时效性以及高效的行动力。

第三节　高校课程思政教学评价优化探讨

持续改进并加强课程思政教学，是高校培养大学生成为一名合格的社会主义建设者和接班人的主要手段与方法。目前，全国高校在各类学科课程中不断持续推进思想政治教育，高度重视在各类课程教学中融入思想政治教育的作用和意义，也形成自己学校校本课程思政教学评价体系，如何在具体实践过程中提高课程思政教学评价的有效性，这就需要进一步优化。

一、建立高校课程思政教学评价体系的意义

思想政治教育教学评价体系的一个重要组成部分是课程的思想政治性，它是通过深入调查研究，对高校的思想政治状况进行科学评估。为了使高校能够在课程中实施思想政治反映，促进课程实施的必要条件之一是完善教学评价体系。高校课程思政不是单纯的思政课程，其主要目的是结合课程专业知识传播正确的思想政治观念和提升文化修养，从而帮助学生形成正确的三观。

在传统的教学理念中，思想政治教育是高校的思想政治课程的教学任务，其他课程与思政教育关系不大，更没有形成系统的课程思政教育观念，忽略

了学生的身心精神全面健康发展和多元化需求，使大多数学生对课程教学活动没有必要的情感依恋。这与传统的思政课程教学方法没有将学生的生活、专业学习与思想政治教育完全联系起来有关。传统的思想政治课程对道德的重视程度不够，忽略了其他高等教育课程和教师发挥的教学作用。传统教学将理论与实践分离，将思想政治课与课程中的其他专业课程剥离，导致高等教育中的思想政治课发展没有达到应有的效果。但是，在新的教学理念指导下，为了提高教学质量，实现学生的德育目标，我们需要完善现行的教学评价体系。科学的教学评价体系不会将学生的理论与实践割裂开来，评价体系也是对课程问题的一种很好的警示，可以让教师认识到自己教学中存在的各种问题，并及时进行改正，从而调动学生和教师的积极性，使师生之间能够更好地交流和互动。总的来说，建立一个完整的、科学的学习评价体系可以促进当前教育和学习向更健康的方向发展。

二、高校课程课程思政教学评价的难点

思想政治工作是学校各项工作的生命线。高校作为人才培养重要阵地，要全面贯彻党的教育方针，落实立德树人根本任务，把思想政治工作贯穿教育教学全过程，推动思想政治工作高质量发展。而人的思想行为表现既有显性，又有隐性部分，这给在课程教学中思想政治教育的教学评价带来一定难度，给教师的思想政治素养和思政教学能力的评价也带来一定难度，对学生的政治素养进步与否的评价容易造成不全面。这是高校课程思政教学改革需要持续改进的一个重要课题，也是今后教学评价改革创新过程中的一个动态管理的重难点。

高校课程思政是高校思政教育的一部分，是培养学生职业道德、职业精神、职业操守、形成正确三观和政治立场的重要环节。一是教师应引导学生提高自身的内在素质、政治素养，避免受到外界环境不良政治的影响。对于高校课程教学，评价的主要对象是各门课程的任课教师。教学方法、教学理念和课堂教学效果也是决定学生思想政治素养是否提高的因素。这些评价要

素需要日常的监督和研究。二是检查教师是否具有高质量的思想政治素养，可以对教师的教育思想、教学理念、教学方法、课程思政元素融入等进行调查，以调查结果为依据，判断他们是否合格。如果他们不合格，那么就需要进一步培训。三是教师需要将以习近平新时代中国特色社会主义思想、社会主义核心价值观等思想政治理论知识融入课程教学中，在具备合格政治素养的基础上，调动学生在政治层面、思想文化层面的情感共鸣。四是教师应及时、恰当地解决学生在思想政治教育方面的困惑，帮助学生树立正确的三观。评价教师是否具有合格的政治素养，不是单一的考卷式标准答案，也不只是纸上谈兵的思想汇报，还要看他们是否将所学所知的思想政治、文化知识运用到教学、工作、生活全方位中，即理论能否指导实践，因此，优化科学合理的高校课程思政教学评价体系，必须使用科学、公正的评价工具来评价学科、评价教师。五是教学评价的另一个对象是学生，评价的一个重要原则是评价对象在整个教学期间的进步，包括课前、课中、课后，也就是说，课程思政教学评价应注重学生政治素养、思想文化修养的提高，同时，帮助教师改进教学实践，提高整体教学质量。

三、高校课程思政教学评价优化策略

教学评价必须遵循以人为本，客观、公平、公正，开放、多元化的原则，充分考虑学科特点（学科体系、课程结构、知识类别等），尊重教师的个性和创意，立足于教师的成长和发展，同时利于学生学习和全面健康发展，即利于学生能达到课程标准制订的各项目标，有助于他们的成长和今后的发展。

（一）回归教育本质，运用利于师生全面健康发展的评价方式

《学记》："玉不琢，不成器；人不学，不知道。是故，古之王者，建国居民，教学为先。"强调了教育的重要性及其战略地位。说明了教育不仅对人的全面发展产生重要影响，国家的命运也系于教育。高校课程思政教学的有效发展更要注重人本身的全面健康发展。现代人的健康内容应该包括：躯体

健康、心理健康、心灵健康、社会健康、智力健康、道德健康、环境健康等，其内涵包括社会因素、心理因素和生物因素；所以在高校课程思政教学评价中，不管是学校领导、教学督导、教师同行、学生的教学评价，还是教师或学生自评，除了可以通过一些问卷赋予一定的分值，对数据进行分析解释的量化调查评价外，还可以用质性调查方式，通过课内外、校内外观察、访谈、自我总结等，对师生的工作、学习、生活、健康状况、社会关系及教学获得感等进行调查，对所获得的文字材料进行分析、总结并予以评价。在质性调查过程中如果发现师生在某个环节出现情感情绪、表达不顺畅，对个人或集体健康发展有影响地方，可以请相关专业人员对接，与其进行交流、沟通、疏导、辅导，将课程思政育人贯穿全方位，让师生们深切感受到学校对师生的人文关怀和人性化的教学管理，回归以人为本的教育本质。通过量化和质性两种调查方式进行评价，不仅可以全面、客观地进行教学评价，还可以将课程思政全员、全方位、全过程的三全育人目标落到实处，优化教学评价方式，实现课程思政有效教学及有效教学评价。

（二）立足理论与实践，构建“学知用创”一体化师生评价体系

习近平文化思想一个鲜明的特征就是“明体达用、体用贯通”，八个字阐明了理论指导实践的重大意义。随着时代的发展，“明体达用”不断被赋予新的内涵，“体用”范畴也体现着理论和实践的辩证关系。我国人民教育家、思想家，爱国者陶行知的教育思想的核心理论是生活教育论：“生活即教育，社会即学校，教学做合一。”强调了教育具有终身性，与生活相伴而生，强调实践是获取知识的途径。课程思政建设是全面提高人才培养质量的重要任务，是高等学校人才培养“育人和育才相统一”的过程。专业课程是课程思政建设的基本载体。要深入梳理专业课教学内容，结合不同课程特点、思维方法和价值理念，深入挖掘课程思政元素，有机融入课程教学，将显性教育和隐性教育相统一，推进“学以致知、学以致用、学以致创”的从理论到实践，再从实践反哺理论创新相结合的教学过程，形成多元协同创新育人效应。

因此，在教学评价中就要突破传统评价方式，针对教师层面，就要结合以课程建设计划、课程内容、教学方法、教学形式、社会实践活动内容设计、学生考核标准制定等进行综合评价，重点检查教师在课程教学中是否依据“学、知、用、创”教学理念完成各个环节的教学设计与实施。对于学生的学习评价也是依据“学、知、用、创”学习过程的收获进行设计评价指标，达成师生“学、知、用、创”一体化的评价体系。

（三）把握核心素养，构建多元化教学评价机制

核心素养指学生应具备的适应终身发展和社会发展需要的必备品格和关键能力，突出强调个人修养、社会关爱、家国情怀，更加注重自主发展、合作参与、创新实践。[①] 对学生的评价，除了终极考核评价外，结合过程性和发展（形成）性评价更能体现教育的个性化与全面化发展。高校对大学生素质的要求是既要有丰富的知识和文化修养，还要有扎实的专业基础知识和能力，也要有健康的体魄和良好的心理素质。现代课程评价理念倡导过程性评价和发展性评价。关注学生学习的结果、过程、水平。同时，更要关注他们的情感与态度。因此，过程性和发展性评价方法如课堂观察、延缓评价、成长记录袋、库等多元化形式，是优化教学评价的措施之一。延缓评价，是指在学段结束时学生应达到的目标，但允许一部分学生，特别是对学习有困难的学生经过一段时间的努力与积累可以达到的目标，教师选择推迟作出判断的评价。这种评价法突出反映了学生的形成性的纵向发展，能让学生看到自己的进步，感受到获得成功的喜悦，从而激发新的学习动力。成长记录库是一种重要的质性评价方法。成长记录库主要是指收集、记录学生自己、教师或同伴做出评价的有关材料，学生的作品、反思，还有其他相关的证据与材料等，以此来评价学生学习和进步的状况。

---

① https://baike.baidu.com/ 中国学生发展核心素养.

第四节　八段锦课程思政教学评价

八段锦课程思政不仅仅是传授八段锦的技术动作，更是将价值观念、文化传承和综合能力培养融入其中。其特点在于融合了传统体育的精髓与现代教育理念，注重学生身心的协调发展。课程思政的目标包括让学生掌握八段锦的专业知识和技能，同时培养他们坚定的理想信念、爱国情怀、法治意识、道德品质以及对中医养生文化的理解和传承。建立健全八段锦课程思政教学的评价体系，更好地促进教学效果和学生全面健康成长。

一、八段锦课程思政教学评价指标

在八段锦的教学评价中，需涵盖多个关键维度，以实现全面、精准且有效地评估：

（一）知识与技能维度

1. 动作准确性。准确完成八段锦的每个动作至关重要，包括姿势、手型、步型等方面。以“两手托天理三焦”动作为例，双手上举务必过顶，两臂须伸直，掌根上顶。

2. 动作连贯性。整套动作的流畅程度需重点关注，杜绝明显停顿或脱节。例如从“左右开弓似射雕”到“调理脾胃须单举”的转换应自然顺畅。

3. 呼吸配合。呼吸与动作的协调配合是否得当，在“五劳七伤往后瞧”动作中，转头与呼气应保持同步。

（二）思政维度

1. 文化理解。对八段锦所蕴含的传统文化内涵的理解程度，例如能否清晰阐述八段锦与中医养生理念的紧密关联。

2. 价值观体现。在学习和练习过程中所展现的价值观，如坚韧、自律、尊重他人等。观察学生在面对具有挑战性的动作时是否坚韧不拔，在团队练习中是否尊重伙伴。

3. 社会责任感。能否深刻意识到通过传播八段锦对促进社会健康所肩负的责任。比如，是否积极主动向他人介绍八段锦的显著益处。

（三）情感态度维度

1. 学习兴趣。对八段锦课程的积极参与程度和学习热情，考量学生是否主动投身课堂练习，课后是否自觉自主练习。

2. 团队协作。在小组练习或活动中的合作能力和沟通能力。观察学生在小组中是否能够积极配合，共同解决面临的问题。

（四）实践应用维度

1. 日常锻炼习惯。是否将八段锦纳入日常锻炼计划，并持之以恒地坚持练习。可通过学生的锻炼记录或自我报告进行评估。

2. 健康意识提升。对自身健康的关注和重视程度是否因课程而显著提高。例如，在饮食、作息等方面是否做出更健康的选择。

（五）创新与拓展维度

1. 个性化发挥。在扎实掌握基础动作的基础上，能否进行适度的个性化创新。比如，结合自身独特特点对动作节奏或幅度进行合理调整。

2. 知识拓展。能否主动深入了解和探索与八段锦相关的其他传统文化知识。例如查阅资料，探究不同流派的八段锦特点。

二、八段锦课程思政教学评价维度

（一）学生学习效果评价

1. 理性维度的获得评价

在八段锦课程中，学生对学习知识和思政知识的获取是评价的关键要点，不仅要考查学生对八段锦动作技巧的掌握，还要关注他们对其中蕴含的思政元素的理解。评价方式包括分步骤的教学考核，在每个阶段对学生的动作规范和知识理解进行测试；同时，设置思政元素理解的专项测试，考查学生的思考能力。如:（1）在学习知识方面，学生需要熟练掌握八段锦的套路、功法以及体适能训练技巧。能较准确展示八段锦的动作规范，理解每个动作对身体的锻炼作用。比如，“两手托天理三焦”这一式，要求学生掌握手臂伸展的角度和力度，理解其对身体经络的拉伸作用。（2）在思政知识方面，学生应理解政治认同的重要性，培养民族自豪感，传承和弘扬中华优秀传统文化，增强法治意识和道德观念。评价方式可以通过定期的教学演示，要求学生展示所学的技术动作，并阐述其中蕴含的思政元素。同时借助案例分析、论述题等形式考查学生的思考能力，让学生剖析八段锦中的某个动作怎样体现中华民族的坚韧精神。比如，在演示“左右开弓似射雕”时，学生能够阐述其中蕴含的张弛有度、动静结合的精神内涵，考查学生对思政知识的理解和掌握程度。

2. 学生价值塑造的实践层面

学生在实践中的行为变化和价值观塑造是课程思政的关键成果。对课程思政实际成效的评价，需通过观察学生在课堂内外的行为表现，以及跟踪调查他们在职业发展中的价值观呈现来实现。（1）在学生课堂内外的行为表现方面，比如在团队合作中，应展现出团结友爱、互助协作的精神。例如在小组练习八段锦时，成员间积极相互帮助、携手共同进步。（2）在面对困难和挑战时，需表现出坚韧不拔、勇于拼搏的优良品质。就像在学习新动作时，不轻易言弃，坚持反复练习直至熟练掌握。（3）在职业发展进程中，学生应当遵循正确的价值观，爱岗敬业，富有强烈的社会责任感。评价方式可以通过对学生的日常行为观察、综合评价，以及毕业后的跟踪调查和访谈来开展。日常行为观察涵盖学生在团队活动中的协作能力、面对困难时的态度等诸多方面。而跟踪调查与访谈能够深入了解学生实习期间或毕业后在工作中是否切实践行了课程思政所倡导的价值观，比如是否坚守职业道德，是否主动积极地为社会作出贡献。总之，学生在实践中的行为转变和价值观的塑造是衡量课程思政成果的重要标准，而科学合理的评价体系则有助于全面、准确地把握课程思政的实际效果，进而为后续的教学改进和优化提供有力的依据和方向。

（二）教师教学评价

1. 课程设计与实施

教师的课程设计与实施应遵循三全育人与个体差异原则。这意味着教学要覆盖全体学生，贯穿整个教学过程，全方位培养学生，同时关注每个学生的独特之处，因材施教。例如，在八段锦教学中，针对身体素质较弱的学生，教师可以适当调整动作难度和训练强度。以问题为导向，采用合理的教学方法，能有效激发学生的学习积极性和主动性。比如，教师提出“如何通过八段锦的练习改善身体柔韧性”的问题，引导学生思考和探索。此外，教师还应致力于形成良好的学习实践环境，实现“德术合一”。例如，组织学生参与社会实践的健康推广活动，让学生在实践中运用所学的八段锦知识，同时培养关爱他人、服务社会的品德。

2. 教学理念与目标达成

教师应以学生全面健康发展为中心，不仅关注学生的知识技能掌握，还注重其身心健康和品德修养。比如，在教学过程中，鼓励学生分享练习八段锦后的身心变化，培养他们的自我认知和情绪管理能力。注重内外兼修、知行合一，使学生不仅在理论上理解知识，更能在实践中践行。例如，通过组织学生参与八段锦比赛，让他们将所学技巧运用于实际比赛中，提高实践能力。达成思政育人目标，培养学生的爱国主义情怀、社会责任感等。比如，在讲解八段锦的历史渊源时，激发学生对传统文化的自豪感和传承意识。

3. 教学方法与效果

教师应综合运用多种教学方法，如任务驱动、结果导向、主题植入等。以任务驱动为例，教师布置“在一周内熟练掌握八段锦某一式”的任务，促使学生积极练习。促进师生、生生互动，融合课内外、线上线下、校内外资源。例如，利用线上平台分享八段锦的教学视频，让学生在课外自主学习；组织校内的八段锦交流活动，邀请校内外专家进行指导。实现学生知识技能掌握、实践应用能力和综合素养的提升。比如，学生能够熟练展示八段锦全套动作，并将其中蕴含的哲理运用到日常生活中，提升解决问题的能力和人际交往能力。

三、八段锦课程思政教学评价体系与方法

（一）“学—知—用—创”一体化评价体系

1.“学—知—用—创”一体化评价体系解析

本体系基于行动导向，并依据皮亚杰认知发展规律，建构了八段锦课程思政“学—知—用—创”一体化教学评价体系，侧重从学习的不同阶段和层次进行学生评价，强调知识获取、理解、应用和创新的全过程。“学”强调学生对八段锦基础知识和动作的学习过程，包括动作的规范、呼吸的配合等。“知”则侧重于通过学习达到对八段锦的理论知识、文化内涵以及思政元素的深入理解。例如，学生不仅要学会八段锦的动作，还要知晓每个动作所对应的身体经络调理原理，以及其中蕴含的诸如和谐、平衡等思政理念。“用”突出将所学的八段锦知识和技能应用于实际生活，实现个人身心健康的提升和良好品德的塑造。比如，学生能够将八段锦作为日常锻炼的方式，改善自身的体质，同时在面对困难和挑战时，运用从八段锦中领悟到的坚韧精神去克服。“创”着重于培养学生的创新思维和创造能力，鼓励他们在八段锦的基础上进行创新和发展，包括对动作的创新编排、对教学方法的改进，或者将八段锦与现代科技相结合，以新的形式传播和推广。八段锦课程思政“学－知－用－创”一体化评价体系是一个有机融合学习、认知、应用和创新的综合评价架构，旨在全面、系统地评估学生在八段锦课程思政中的学习效果和综合素质发展。

2.“学—知—用—创”一体化评价体系应用及方法

（1）“学”的评价：学习维度，评价学生的学习态度、参与度、动作掌握的熟练程度等。八段锦课程思政的“学”主要考量学生对八段锦基础知识、动作技巧的学习情况。包括学生的学习积极性、专注度、参与课堂练习的频率和质量等。评价方法：一是课堂考勤与参与记录，如统计学生的出勤情况，

观察学生在课堂上的主动参与程度。二是动作技能初步考核，通过阶段性的小测试，检查学生对基本动作的掌握程度。

（2）“知”的评价：认知维度考查学生对八段锦的理论知识、文化内涵和思政元素的理解深度和广度。评价方法：一是理论知识考试、撰写专题论文或报告等方式进行评价。二是专题研讨表现评估，如组织学生针对特定的八段锦思政主题进行研讨，评价其发言质量和思维深度。

（3）“用”的评价：应用维度主要是观察学生在实际生活中运用八段锦技能和思政理念的情况，如健康习惯的养成、品德行为的表现。评价方法有实践应用案例分析，要求学生提交在日常生活中运用八段锦改善自身状态或影响他人的案例，并进行分析评价。其次，行为观察与反馈，通过教师和同学在日常中的观察，了解学生在团队合作、解决问题等方面是否运用了八段锦所蕴含的思政理念。

（4）“创”的评价：创新维度主要评估学生在动作创新、教学方法改进或传播方式创新等方面的能力和成果。“创”突出学生在八段锦学习中的创新能力和思维拓展。评价方法如：创新成果展示与评估，即学生展示创新的八段锦动作组合、教学方案或传播策略，由教师和同学共同评价。或是创意可行性分析，对学生的创新想法进行可行性分析和潜力评估。

3.“学—知—用—创”一体化评价标准（表 9–1 示）

表 9–1 “学、知、用、创”一体化评价体系

评价方式	评价维度	具体指标、分值分配及评分标准	备注
（1）考试与测验 （2）实践作业与项目 （3）自我评价与同学互评 （4）教师评价	学 （30分）	1.学习参与度（10分） （1）出勤情况（5分）：全勤5分，缺勤1次扣1分，缺勤3次及以上0分。 （2）课堂表现（5分）：积极参与练习、回答问题4–5分；较积极参与2–3分；参与度低0–1分。 2.动作掌握程度（20分） （1）动作规范（10分）：动作准确、流畅、协调，8–10分；动作基本正确，有少量错误，5–7分；动作错误较多，0–4分。 （2）功法理解（10分）：能清晰阐述功法原理及对身体的作用，8–10分；有一定理解但不够全面，5–7分；理解模糊，0–4分。	评价贯穿教学全过程

续表

<table>
<tr><th>评价
方式</th><th>评价
维度</th><th>具体指标、分值分配及评分标准</th><th>备
注</th></tr>
<tr><td rowspan="3">（1）考试与测验
（2）实践作业与项目
（3）自我评价与同学互评
（4）教师评价</td><td>知
（30分）</td><td>1.思政知识理解（15分）
（1）对课程中融入的爱国情怀、民族精神、文化素养等思政元素的理解（10分）：能够深入分析，结合实际阐述8–10分；能理解但阐述不够清晰5–7分；理解不深入0–4分。
（2）对中医文化知识的掌握（5分）：熟悉中医养生理念，能举例说明与八段锦的联系4–5分；有一定了解2–3分；了解甚少0–1分。
2.知识综合运用（15分）
（1）能否将思政知识和中医养生知识运用到对八段锦的理解和练习中（10分）：运用恰当，有独到见解8–10分；能简单运用5–7分；运用能力差0–4分。
（2）在团队协作练习中，能否体现出对团队精神等价值观念的理解（5分）：表现出色4–5分；表现一般2–3分；表现不佳0–1分。</td><td rowspan="3">评价贯穿教学全过程</td></tr>
<tr><td>用
（20分）</td><td>1.实践应用（10分）
（1）能否将八段锦用于日常健身（5分）：能坚持每天练习4–5分；偶尔练习2–3分；几乎不练习0–1分。
（2）在生活中能否向他人传播八段锦及相关知识（5分）：积极传播，效果较4–5分；有传播但效果一般2–3分；未传播0–1分。
2.价值体现（10分）
（1）在面对困难时，是否展现出坚韧不拔的精神（5分）：能克服困难，坚持不懈4–5分；有一定的坚持但不够坚定2–3分；轻易放弃0–1分。
（1）在与他人相处中，是否体现出友善、互助的价值观（5分）：表现良好4–5分；表现2–3分；表现差0–1分。</td></tr>
<tr><td>创
（20分）</td><td>1.创新思维（10分）
（1）能否对八段锦的动作编排提出新的想法（5分）：想法新颖、合理4–5分；有想法但不够完善2–3分；无创新想法0–1分。
（2）对八段锦的教学方法或推广方式有无创新性建议（5分）：建议具有可行性和创新性4–5分；建议有一定价值2–3分；无建议0–1分。
2.创新成果（10分）
（1）参与相关创新项目或活动，如创编八段锦新的表演形式（5分）：成果显著4–5分；有一定成果2–3分；无成果0–1分。
（2）利用新媒体等手段创新八段锦的传播，如制作有创意的短视频（5分）：传播效果好4–5分；有一定传播效果2–3分；无传播效果0–1分。</td></tr>
</table>

（二）“五合”评价方式体系

1.“五合”评价方式体系解析

八段锦课程思政的“五合”评价体系是一个全面、综合的评价框架，旨在对学生在八段锦课程中的学习表现和综合素质进行多维度、多层次的评估。五合包括“过程与结果、量化与质性、个人与团队、技能与思政、健康与素养”，侧重从不同的评价维度和角度出发，涵盖学习过程与最终成果、评价方式的量化与质性、评价对象的个人与团队、评价内容的技能与思政，以及评价范畴的健康与素养。

2.“五合”评价体系应用及方法

（1）“过程与结果”：过程评价关注学生在学习八段锦过程中的努力、参与度、进步情况等，例如学生在课堂上的练习态度、每次改进的表现；评价方法是通过课堂观察记录学生的学习态度、努力程度、进步轨迹；同时建立学习档案，跟踪学生每次练习中的动作改进情况。结果评价则侧重于最终的学习成果，如动作的规范性、熟练程度以及对八段锦思政内涵的总结表达能力等；评价方法是组织期末的八段锦技能考核，要求学生完整、准确地展示整套动作；进行思政知识的书面测试，考查学生对八段锦所蕴含思政元素的总结和表述。

（2）“量化与质性”：量化评价通过可测量的数据来评估，比如动作完成的准确率、体能指标的提升数值等；评价方法是使用评分量表对学生的八段锦动作规范性进行打分；测量学生练习前后的某些身体素质指标，如心率、血压、柔韧性等的变化。质性评价则依靠描述性的、主观的判断，例如教师对学生学习热情、团队合作精神的观察描述，学生自己对学习体验的主观感受分享等；评价方法是让学生撰写学习八段锦的反思日记、心得体会，描述个人的情感体验和认知变化；教师进行评语评价，对学生的学习精神、团队合作表现等给出描述性反馈。

（3）“个人与团队”：个人评价聚焦于学生个体的技能掌握、知识理解和个人素养的发展，如个人八段锦动作的精准度、对思政元素的个人领悟；评价方法为个体技能单独考核，如动作的准确性、流畅性；根据个人在课堂发言、作业完成中的表现评价其知识掌握和思考能力。团队评价考查学生在团队活动中的协作能力、沟通能力以及对团队整体成果的贡献，比如小组共同完成八段锦展示时的配合默契程度；评价方法是观察小组练习时的协作氛围、分工合理性；通过小组竞赛或项目成果展示，评估团队的整体表现和团队成员间的相互支持。

（4）“技能与思政”：技能评价主要衡量学生对八段锦动作技巧的掌握水平，包括姿势、呼吸、节奏的把握等；评价方法为教师对学生的八段锦动作技巧进行专业点评；设置技能达标标准，如动作完成时间、呼吸配合的准确度。思政评价则关注学生对八段锦所蕴含的思政教育元素的理解和践行，例如是否能从八段锦的练习中体会到坚韧不拔、自律自强、张弛有度等品质，并在日常生活中体现出来；评价方法如开展主题讨论，观察学生在讨论中对思政元素的理解和应用；分析学生在日常行为中是否体现出从八段锦学习中领悟到的思政品质。

（5）“健康与素养”：健康评价着眼于学生通过练习八段锦在身体机能、情绪调节等方面的改善，如身体柔韧性、心肺功能、心理抗压能力等的增强；评价方法是定期进行健康体检，对比练习前后的身体指标；观察学生在课堂练习中的体能耐力及心理状态表现。素养评价涵盖学生在文化传承意识、道德修养、审美情趣等综合素养方面的提升，比如对传统文化的尊重和热爱，以及在学习和生活中展现出的良好品德和审美水平；评价方法：举办思政文化主题交流活动，评估学生的参与积极性和对传统文化的理解深度；观察学生在校园生活中的行为举止，判断其道德素养和文化修养的提升。

3.“五合”评价标准（表 9–2 示）

表 9–2 八段锦课程思政“五合”评价体系

评价方式	评价维度	具体指标、分值分配及评分标准	备注
（1）考试与测验 （2）实践作业与项目 （3）自我评价与同学互评 （4）教师评价	过程与结果（30分）	1.学习过程中的参与度（10分） 参与度高，积极主动，提问有深度，得8–10分。 参与度较好，能跟随练习，偶尔提问，得5–7分。 参与度低，不积极，很少提问，得1–4分。 2.阶段性技能提升情况（10分） 阶段性技能提升明显，各方面技巧有显著进步，得8–10分。有一定提升，但仍需改进，得5–7分。 提升不明显，进步缓慢，得1–4分。 3.最终的八段锦动作熟练程度和准确性（10分） 动作熟练、准确、流畅、优美，得8–10分。 动作较熟练、准确，有少许瑕疵，得5–7分。 动作生疏、错误较多，不够流畅，得1–4分。	
	量化与质性（25分）	1.八段锦动作的量化考核得分（如动作规范度、呼吸配合等）（15分） 量化考核得分达到标准的80%及以上，得12–15分。 量化考核得分在60%–80%之间，得8–11分。 量化考核得分在60%以下，得1–7分。 2.学习态度、努力程度等质性描述（10分） 学习态度积极，努力程度高，始终保持热情和专注，得8–1分。 学习态度较认真，能努力但有时会放松，得5–7分。 学习态度不端正，缺乏努力，得1–4分。	
	个人与团队（20分）	1.个人八段锦技能水平（10分） 技能水平优秀，动作精准、流畅、协调，得8–10分。 技能水平良好，动作基本规范，有一定的协调性，得5–7分。 技能水平较差，动作存在较多错误，协调性不足，得1–4分。 2.在团队练习或活动中的协作表现（10分） 积极主动，沟通良好，配合默契，对团队有重要贡献，得8–10分。 能参与协作，但表现一般，得5–7分。 不积极，不配合，对团队产生负面影响，得1–4分。	

续表

评价方式	评价维度	具体指标、分值分配及评分标准	备注
	技能与思政（15分）	1.八段锦技能掌握程度（8分） 技能掌握熟练，动作标准，呼吸协调，节奏把握准确，得6–8分。 技能掌握较好，动作基本规范，呼吸和节奏有一定配合，得4–5分。 技能掌握一般，动作存在明显问题，呼吸和节奏配合不佳，得1–3分。 2.对八段锦中思政元素（如和谐、自律等）的理解和践行（7分） 对思政元素理解深刻，能在生活中积极践行，得5–7分。 对思政元素有一定理解，能部分践行，得3–4分。 对思政元素理解和践行较差，得1–2分。	
	健康与素养（10分）	1.通过练习八段锦身体素质的提升（如柔韧性、耐力等）（5分） 身体素质有显著提升，各项指标有明显改善，得4–5分。 身体素质有一定提升，部分指标有所进步，得2–3分。 身体素质提升不明显，得1分。 2.文化素养、道德修养的进步（5分） 文化素养和道德修养有明显进步，表现出良好的品德和文化认同，得4–5分。 有一定进步，在某些方面有所改善，得2–3分。 进步不明显，得1分。	

（三）“一体化”与“五合”评价体系的融合应用

1. 融合应用方式方法

在八段锦课程思政的教学评价中，“学－知－用－创”一体化的评价体系与“五合”评价体系可以单独使用，也可融合应用，形成一套全面且科学的学生评价方法。比如：（1）在“学”的阶段，结合过程评价，观察学生学习八段锦的积极性、专注度以及参与度。例如，记录学生每次课堂练习的出勤情况、认真程度等。同时，通过量化评价，如设定阶段性的小测试，考查学生对基本动作和理论知识的初步掌握程度。（2）“知”的方面，既要有结果评价，以期末的理论考试衡量学生对八段锦的历史渊源、文化内涵、思政理念等知识的系统理解，也要有质性评价，比如让学生撰写关于八段锦与思政融合的心得体会、研究报告等，深入了解学生的认知深度和思维发展。（3）“用”的环节，注重个人评价与量化评价的结合。观察学生个人在日常锻炼中对八段锦动作的应用准确性和熟练性，通过设定个人技能展示环节进行量化打分。同时，从团队评价角度，考查学生在小组练习或团队活动中是否能将八段锦的技能和思政理念传播给他人，促进团队成员共同进步，以团队整体表现作为评价依据。（4）“创”的部分，强调技能与思政的融合评价。鼓励学生对八段锦的动作进行创新编排，同时要体现思政教育的价值导向。例如，学生创编的新动作是否有助于弘扬传统文化、培养坚韧精神等。通过教师评价、同学互评等方式，对创新成果进行综合评定。在整个评价过程中，始终关注健康与素养的发展。例如，观察学生在学习八段锦后身体素质的改善情况，如身体柔韧性、耐力的提升等，这属于量化的健康评价。同时，关注学生在学习过程中展现出的道德品质、文化自信等素养的变化，通过教师观察和同学反馈进行质性评价。

2. 融合应用的优势与局限性

将“学、知、用、创”一体化评价体系与“过程与结果、量化与质性、个人与团队、技能与思政、健康与素养”五合评价体系融合而成的新评价体系，具有以下显著的优势，但也有局限性。（1）优势：一是全面性，能够综合考量学生在八段锦课程思政中的多方面表现，包括学习过程、知识掌握、实践应用、创新能力、团队协作、思政素养以及身心健康等，避免了单一维度评价的片面性。二是综合性，融合了不同角度和侧重点的评价要素，使评价结果更具综合性和说服力，能够更准确地反映学生的真实水平和发展状况。三是导向性，为学生提供了明确的发展方向和目标，鼓励学生不仅注重知识和技能的学习，还要积极参与实践、勇于创新，并注重自身思政素养和综合素养的提升。四是适应性，可以根据不同的教学情境和学生特点进行灵活调整和运用，具有较强的适应性和可操作性。五是促进教学改进，为教师提供全面、细致的反馈信息，有助于教师发现教学中的问题和不足，从而有针对性地改进教学方法和策略。（2）局限性：一是复杂性，由于融合了多个评价体系的要素，在实际操作中可能会显得较为复杂，增加了评价的难度和工作量。二是主观性，在某些质性评价方面，如教师的观察和评价，可能会受到主观因素的影响，导致评价结果的一定偏差。三是数据处理难度，收集和整合大量的评价数据可能具有挑战性，需要耗费较多的时间和精力，并且在数据处理和分析上存在一定难度。四是平衡与权重确定，要在众多评价要素之间保持平衡，并合理确定各要素的权重，是一个较为复杂的问题，需要不断地探索和调整。五是对评价者要求高，要求评价者具备较高的专业素养和评价能力，能够准确理解和运用评价体系，否则可能影响评价的准确性和公正性。

综上所述，二合一融合的评价体系在为八段锦课程思政教学评价带来全面、综合、导向明确等优势的同时，也存在一定的复杂性、主观性和操作难度等局限性。在实际应用中，应充分发挥其优势，同时努力克服其局限性，以实现更科学、有效的教学评价。

（四）教师“四方”评价方法

在八段锦课程思政的教学实践中，建立科学、全面、客观的教师评价方法至关重要。通过教学督导、同行评价、学生评价和教师自评的四方评价方式，能够多维度地审视教师的教学工作，促进教学质量的不断提升，更好地实现课程思政的育人目标。

1.“四方”评价方式

（1）教学督导评价。教学督导作为教学质量的把关者，通过深入课堂观察教学过程，认真做好听课记录，能够精准地发现教师教学中存在的问题，并及时给予专业的指导和建议。例如，在八段锦的动作讲解环节，若教师未能清晰地阐述动作要领及蕴含的思政元素，教学督导可以指出并提供改进的方向，如结合传统文化内涵来加深学生对动作的理解和领悟。

（2）同行评价。同行之间的相互听课和交流，能够从专业的角度对教学方法和效果进行评价。比如，在八段锦教学中，一位教师采用了小组竞赛的方式来激发学生的积极性，同行在评价时可以分析这种方法的优点和可能存在的不足，共同探讨如何更好地将思政教育融入教学方法中。

（3）学生评价。学生满意度调查是了解教学效果的重要途径。学生对于八段锦课程中思政元素的接受程度、对教师教学方式的喜好等方面的反馈，能够直接反映教学是否满足了学生的需求。例如，学生可能会提到教师通过讲述八段锦背后的历史故事，使其更深刻地理解了传统文化中的坚忍精神。

（4）教师自评。教师的自我反思和总结是不断进步的关键。教师对自己在八段锦课程思政中的教学设计、教学过程和效果进行全面回顾，分析成功之处和不足之处，为后续的提升制订计划。比如，教师可能会发现自己在引导学生思考八段锦与现代健康生活理念的结合方面不够深入，从而在后续教学中加以改进。

2. 评价内容

（1）课程建设的合理性。考查八段锦课程在思政元素融入方面的规划是否合理，是否符合学生的认知水平和课程的培养目标。比如，课程内容是否在传授八段锦动作技巧的同时，有机地融入了爱国主义、集体主义等思政教育内容。

（2）教学设计的科学性。分析教师在教学设计中是否遵循了教学规律，是否充分考虑了学生的学习特点和需求。例如，在教学顺序的安排上，是否先易后难，逐步引导学生掌握八段锦的动作和思政内涵。

（3）教学理念的先进性。审视教师的教学理念是否与时俱进，是否注重培养学生的创新思维和实践能力。在八段锦教学中，教师是否鼓励学生自主探索动作的变化和创新，以及如何将八段锦所蕴含的思政理念应用到日常生活中。

（4）教学方法的多样性。评价教师是否运用了丰富多样的教学方法，如示范教学、多媒体教学、小组讨论等，以增强教学效果和学生的参与度。比如，在讲解八段锦与中医养生的关系时，教师是否通过多媒体展示相关案例，引发学生的思考和讨论。

（5）教学效果的显著程度。通过学生的学习成果、思想认识的提升以及行为表现等方面来衡量教学效果。比如，观察学生在学习八段锦后，是否在身体锻炼的同时，更加注重自身品德修养的培养，是否在团队合作中表现出更强的责任感和协作精神。

综上所述，教学督导、同行评价、学生评价和教师自评的四方评价方式，以及对课程建设、教学设计、教学理念、教学方法和教学效果的全面评价，为八段锦课程思政中的教师教学工作提供了科学、客观、全面的反馈，有助于实现课程思政“三全育人”目标。同时，在实际评价过程中，应注重评价数据的收集和分析，及时反馈评价结果，为教师的专业发展提供有力支持。

四、八段锦课程思政教学评价作用

八段锦作为传统体育文化的重要组成部分，蕴含着儒、释、道的核心文化理念，强调人与人、人与自然、人与社会的和谐统一；注重调节呼吸，强调身心合一状态。对于身体机能具有促进身体五行阴阳平衡、强化气血、疏通经络、固守本元、强壮筋骨的作用。对于心理状态，坚持习练八段锦，可以调节人的情绪，减缓心理压力；对于精神层面，八段锦蕴含的文化内涵，可以影响人的价值观，滋养人的精神文化。

（一）德育的教育作用

德育的发展是教育的核心任务，是新时代学校教育改革发展的核心价值取向。立德树人，是发展中国特色社会主义教育事业的核心所在，是培养德智体美全面发展的社会主义事业建设者和接班人的本质要求。“德为才之帅”，德是做人的根本，是一个人成长的根基。随着德育教育和生活智慧在课程中的重要性逐步提高，体育文化的作用也得到了丰富。团队合作、团结友爱、艰苦奋斗、勇于拼搏、敢于挑战等体育精神能使人形成正确的人生观，也成为界定和诠释体育文化的重要维度，为学生的全面发展和综合素质的提高提供了丰富的精神力量。它已经成为“塑造”人的重要工具和手段。八段锦既是体育运动项目又是中华传统导引养生功，有着现代体育文化与传统体育养生文化的符号和蕴含着人文素养、中医文化以及社会主义核心价值观等思政元素，该项目已在大中小学校园教育中掀起热潮，并持续得到发展、传承与发扬，满足学生多样化、差异化的成长需求，通过习练八段锦领悟其中思想文化内涵，使学生在“国格、体格、性格、品格”中得到锻炼与滋养，发挥着立德树人的教育作用，影响着学生正确的世界观、人生观和价值观形成，促进学生全面健康发展。

（二）优秀传统体育文化的引领作用

文化是一个民族的根和魂，是民族财富的不竭源泉。当今世界正经历着巨大的变化、转型和适应。各种思想文化的转变更加频繁，文化在国家综合实力中的地位和作用也更加明显。传统体育文化具有丰富的意义和深刻的内涵，是中华民族伟大精神的长期积淀。优秀传统体育文化所体现的精神是学生良好的思想道德形成的基础和根基。将传统体育文化纳入大学体育课程结构，不仅可以让学生了解民族传统体育的历史，还可以让学生在潜移默化中接受社会主义核心价值观的熏陶，从而在以后的生活中不断规范自己的言行。虽然大多数学生思想积极向上，但仍有学生存在抗挫抗压能力不强、学习内驱动力不足，责任心及拼搏精神不足、合作精神不够等问题。将优秀传统体育文化，如内外兼修，松静自然，正气存内、邪不可干，浩然之气、顶天立地等思想文化内涵融入体育课程，并科学地规划教学过程，深化教学内容，可以有效地丰富学校体育的教材，充实思想政治教育的内容和载体，对学生的价值取向和正确价值观形成起到引领作用。

（三）提升学生文化自信的作用

优秀传统体育文化是中华民族的宝贵精神财富，蕴含着丰富的思想政治教育素材和资源。文化信仰本质上是对中国优秀体育文化的心理认同、坚定信念和正确文化心态的自觉表现。教师作为优秀体育文化和优秀传统文化的推动者，从某种意义上说，教师的文化素养对中华优秀传统文化的可持续发展有着不可磨灭的影响。孔夫子说“其身正，不令而行；其身不正，虽令不从”。目前，仍有部分学生盲目崇尚西方文化，对传统文化缺乏认同感和自豪感。如果教师本身具有良好的道德修养，将优秀体育文化纳入体育课程教学，以此来影响和教育学生，不仅在思想、道德、价值观、人生观和行为方式上为学生树立良好的榜样，也会对学生产生潜移默化的影响，这些都有助于学生树立正确的文化世界观，增强文化认同感，培养文化自信心。因此，教师要善于教，善于学，不仅要不断充实自己的知识结构体系，还要能融会贯通运用优秀体育文化的思政文化内涵渗透融入教学，以强化学生人格、提高文化修养，助力学生对中华传统文化产生认同感，从而自觉承担起传承和发扬传统体育文化的历史重任。

第十章　八段锦课程思政教学设计案例

第一节　单元教学设计案例

一、指导思想

随着教育改革的深入推进，我国教育逐渐从传统的知识传授转向素质教育的全面发展。在这个过程中，学校体育教育作为培养学生身心健康的重要途径，其地位和作用日益凸显。八段锦作为我国传统体育项目，蕴含着丰富的文化内涵和健身价值，如何在现代教育背景下对其进行教学设计和实施，成为值得我们探讨的课题。

基于“立德树人”根本任务和“健康至上”的理念，考虑到八段锦的动作特性、教学需求以及学生的实际状况，教学团队设定课程教学目标和教学内容，设计教学策略与方法，使八段锦的教学呈现出系统化和合理化的特点。通过教学，让学生逐步掌握动作知识与要点，熟练运用技术技能，从而体验到学习八段锦的乐趣。在教学过程中，注重引导学生深入了解八段锦的历史背景和哲学内涵，将其与现代健康理念相结合，使学生在锻炼身体的同时，也能够培养良好的道德品质。此外，注重个性化教学，根据学生的身体条件和需求，调整教学内容和方法，确保他们在安全、舒适的环境中学习和锻炼。为了提高学生的学习兴趣和动力，采用互动式、体验式等教学方式，让学生在实践中感受八段锦的魅力。通过团队合作、竞技比赛等形式，培养学生们的团队精神和竞争意识，同时锻炼他们的身心素质。此外，我们还运用现代科技手段，如多媒体教学、在线课程等，为学生提供更多学习资源和实践机会。在教学评价方面，采用多元化评价体系，既关注学生的动作技能掌握程度，又关注他们在学习过程中的态度、表现和进步。通过定期评估和反馈，指导学生调整学习方法，不断提高自身水平。

八段锦课程思政教学设计紧密结合“立德树人”根本任务和“健康至上”的理念，关注学生的实际情况，运用科学的教学策略和方法，让学生在愉悦的氛围中，感受中华传统养生文化的魅力，培养健康的生活方式和良好的道德品质。同时，教师不断反思教学过程，调整教学策略，使八段锦教学更加系统、合理、有效。

二、单元学习目标

（一）技能与知识目标

1. 使学生了解中医养生与运动解剖学相关理论，理解八段锦健身养生机理与思政文化内涵。

2. 使学生熟练八段锦动作的关键要点，并掌握相关动作技巧和功法。

3. 能掌握基本的科学健身知识和方法，制订适合自身需要的健身运动处方，同时学习欣赏、评价以及协助和保护的方法。

（二）能力目标

1. 培养学生优秀的身体调控、感知及平衡能力，提升感知、柔韧、协调和力量等身体条件。

2. 能利用所学中医知识和体育健身方法来纠正不良体态，养成良好生活习惯，形成终身学习的意识与健康行为，预防疾病发生。

3. 能运用辩证法进行分析、解决亚健康问题，提升学生观察、分析和解决现实问题的能力。

（三）素质（思政）目标

1. 培养学生爱国主义与奋斗精神，激发内驱动力，树立正确“三观”。

2. 培养整体思维，树立大局意识和全局观念，增强职业核心竞争力。

3. 培养敢于直面困难，勇于突破、超越、创新的体育精神和职业素质。

4. 培养自信、勇敢、果断等优良品质和团结协作的集体主义精神。

5. 培养师生民族文化自信，助力师生汲取中华文化智慧达知行合一。

三、单元教学设计

表 10–1

题目	八段锦课程思政	课时预计	34学时
单元学习目标		激发学生对民族传统体育的兴趣，让他们在浓厚的中华传统文化氛围中掌握八段锦的基本技术动作。通过创设富有情境的教学环境，让学生在学练过程中体验到八段锦的乐趣，享受成功的喜悦，从而培养自信、勇敢、果断等优良品质。在文化熏陶中，鼓励学生进行交流、合作与互动，提升团队合作交往能力，建立良好的人际关系，培养他们互帮互助、团结协作的精神风貌，进一步增强民族文化自信和爱国情怀	
课次	单元内容安排	教学方法与策略	预期教学效果
1	八段锦的机理概况	课堂，主题植入法、提问法、体验法、讲解法	发展性思维引导，培养中医思维，树立创新意识与多维健康观，留问题，激发学生好奇心、求知欲
2	八段锦的手型、步型、桩功、呼吸法、起势	课堂，主题植入法、体验法、讲解示范法、自主探究法	了解中医理论、体验身体的协调性与灵活性，深入思考“人生目的与生命意义”
3	第一式：两手托天理三焦	课堂，主题法、任务驱动法、讲解示范法、渗透法	激发学生身心同频共振，有满足感，身体微汗，培养学生科学多维养生观，促进身心健康
4	第二式：左右开弓似射雕	课堂，主题法、任务驱动法、讲解示范、自主探究法	增强文化自信，体验身心精神“松沉静”感觉，提高“正气内存、邪不可干”气魄，达心满意足，身微汗
5	第三式：调理脾胃须单举	课堂，主题法、体验法、自主探究、信息技术法、讲解示范法	反思教学，了解脾胃好坏与脾气、口气、肚量有直接关系，进一步认识自己，培养心胸开阔，行为端正、顶天立地的大丈夫之气
6	第四式：五劳七伤往后瞧	课堂，主题法、自主探究法、信息技术法、讲解示范法、合作探究法	真心诚意交流、形成良好师生关系与和谐统一的氛围，主题探讨，使学生认识身形、品性与疾病的密切关系，培养健康管理与自我诊断能力
7	第五式：摇头摆尾祛心	课堂，信息技术法、合作探究法、体验法	传道授业解惑，加强多维健康观，树立大局观、整体观，学会爱己爱人，增强爱国情怀，提升正气，了解健康养生之道，提高身体运动协调能力

续表

题目	八段锦课程思政	课时预计	34学时
8	户外活动：环校健身徒步	课堂，体验法、提问法、主题法、渗透法、讲解示范法、自主合作探究法	通过户外拓展活动，学会与大自然交流，体验多样运动健身养生方式，树立正确的世界观、人生观、价值观
9	1.第六式：两手攀足固肾腰2.功法礼仪	课堂，提问法、主题法、渗透法、体法式、讲解示范法	通过理明法透，学生对传统优秀文化认同感得到体现，激发“知行合一”的行动力
10	1.第七式：学练攒拳怒目增气力2.人体结构理论	课堂，提问法、主题法、渗透法、体法式、讲解示范法	通过体验式学习，教会学生提升正气方法，明白“养·强·防·固”意义，从而提高生命质量
11	1.第八式：学练背后七颠百病消2.养生文化与健康生活	课堂，提问法、主题法、体法式、讲解示范法、信息技术法	目标导入内容，学生学习更积极主动性，良好的意志品质和人文素养充分得到体现，学习效果得到提高

第二节　课堂教学设计案例

一、课堂实践教学流程案例

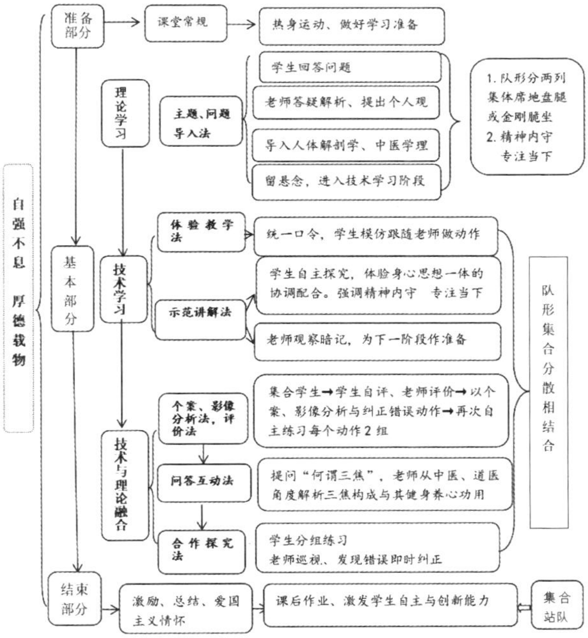

图 10–1

二、《八段锦课程思政》课堂实践教学设计案例

（一）“自强不息，厚德载物”

表 10–2

<table>
<tr><th colspan="6">一、教学基本信息</th></tr>
<tr><td>学校</td><td>广西民族大学</td><td>课题名称</td><td>八段锦</td><td>课程类型</td><td>公共基础课程</td></tr>
<tr><td>授课对象</td><td>大一、二在校普通生</td><td>授课时数</td><td>2</td><td>教材信息</td><td>左茜颖.八段锦.北京体育大学出版社，2013–1</td></tr>
<tr><td>教学团队</td><td>《八段锦》教学团队</td><td>授课老师</td><td>黄建团</td><td>授课章节</td><td>第一式：两手托天理三焦</td></tr>
<tr><th colspan="6">二、教学分析</th></tr>
<tr><td>教学内容</td><td colspan="5">（一）教学内容
1.理论内容：（1）八段锦的起源（2）八段锦的中医养生观。
2.技术内容：两手托天理三焦。
3.思政内容：文化认同、文化自信、自强不息、厚德载物、内外合一、心意合一
（二）内容分析
根据课程教学目标“品德好、技术好、身体好”选择“理术德”渗透融合的教学内容。具体分析如下：
1.理论方面：八段锦是中华几千年来优秀传统文化的智慧结晶，其历史源流蕴含着多学科多方面思想文化内涵，其健身养生功效与机理受到古今中外各界认可，理论内容教学可加强学生对中华优秀传统文化的认识与理解，培养学生对民族传统体育的兴趣爱好，让学生了解健身气功的一些知识，掌握八段锦的技术动作。力求培养学生运用八段锦健身的意识和能力，起到很好的健身效果。
2.技术方面：第一式双手交叉上托，缓慢用力拉伸，可上调心肺，中调脾胃，下调肝肾。调和气血运行，可防治肩部疾患，预防颈椎病。
3.思政融入方面：结合八段的来源、动作招式特点渗透融入思政元素。如，双手交叉上托，与“自强不息”意思相通，而天理三焦，是在胸腹之间，胸膈以上为上焦，脐以上为中焦，脐以下为下焦。与现代医学所谓的血管外循环系统、淋巴系统等相关，为人体循环与代谢的基础器官。有以体载德、厚德载物多维健康发展功效。
（三）教材分析：
1.技能部分是国家体育总局推广的健身气功套路，是中国传统导引养生功《八段锦》的简化功法，适合全民健身养生，不受场地影响且易操练的健身功法，其强健体魄功效与招式文化内涵对大学生的思想品德、文化修养、树立正确“三观”、健康观等有积极促进作用。
2.理论部分融合体育学、医学、思想政治学、现代心理学、艺术学、中华优秀传统文化等多学科理论知识，解决了传统体育课程重技能轻文化、教学供给单一与学生需求多样化的失衡等问题。
3.应用与实践部分充分利用现代信息技术、电子产品、音像视频、图片、黑板、室外场地等，围绕课堂主题“自强不息，厚德载物”，通过技术学习、健身养生与课程思政的渗透融合，寓教于乐开展与完成课堂教学计划。</td></tr>
</table>

续表

学情分析	**（一）学情分析：** 1.技术基础：学生平时运动很少，加之学业压力比较大，学生的身心都处于一种紧张状态，身体素质普遍较差。学习八段锦能使学生身心放松，释放压力，达到强身健体的功效，而且为终身体育打下良好的基础。 2.方法基础：会用网络学习平台，少有体育课课外作业做课件及运动处方式的考核，团队合作学习不强。 3.态度基础：大部分学生身心趋于成熟，对新鲜事物的接受能力强，有独立思考与辨别能力，但学习内驱动力不足，一机在手，网泳为王，身心受损。 4.思政基础：大多数学生未关注过技能与身心精神健康的养生机理和思想文化内涵。 **（二）教学预测：** 激发学生身心同频共振，有满足感，身体微汗，培养学生科学多维养生观，促进身心健康。
三、教学目标确定	
教学目标	**（一）知识与技能目标：** 1.了解八段锦的来源，增强学生的民族认同感、自豪感以及民族文化自信，激发学生学习八段锦的兴趣感、责任感和探索欲。 2.理解八段锦的健身功效和动作内涵，培养学生身心精神多维健康发展观和运动乐趣，养成健康担当意识和“终身锻炼”的习惯。 3.掌握与应用动作要点，实现自强不息，厚德载物的运动机理与方法应用。 **（二）过程与方法目标：** 1.练习密度在60%以上，运动强度中等偏低强度，运动心率达115~150次/分。 2.课后定期完成课外体育作业。 3.掌握探究式学习与团队合作学习方法。 **（三）情感态度与价值观目标：** 1.引导学生体验、探究、感悟“文化认同、文化自信、自强不息、厚德载物、内外统一、心意合一”等动作招式的内在机理。 2.培养学生自主探究、敢于尝试和挑战的精神。 3.培养学生学会自我调节与放松的心理品质。
教学重点	（一）手法技术要领 （二）上调心肺，中调脾胃，下调肝肾的学理 （三）技术学习、健身养生与课程思政的渗透融合
教学难点	技术学习、健身养生与课程思政的渗透融合

续表

四、教学策略	
设计思路	**（一）本设计总体思路：** 本课所制定的教学内容、目标及要求均把终身体育摆在首要位置由始至终贯彻“终身体育”的思想、同时在课的教授过程中由前至后都以更有效地促进学生各项能力的提高作为最终目的即“以发挥学生想象力”这样的一个教学理念来进行，在教学过程中结合语言引导、讲解、示范等的教学方法，采用“学、教、练”的创新组合，先是自学接着是跟学，初步掌握后讨论中相互指教，领会正确创编思维之后的不断练习使记忆深化，旨在试图通过自主学习法、合作学习法和循环练习法促进两手托天理三焦小组合，然后进行组合元素的进行动作讲解。使学生达到更好的学习效果，同时充分发挥学生学习的积极性、主动性、创造性，给学生自学自练的时间和展示的平台，培养学生在学生中去尝试、感受、创造的乐趣，为学生终身体育奠定基础。 **（二）教学方法与手段：** 1.观察法：自主性学习，注意观察模仿教师。 2.练习法：小组合作性学习，通过小组练习巩固技术。 3.展示法：小组进行展示。 4.评价法：探究性学习，在练习后相互评价，经过体验实践，提高了理论，增强了协调能力。 **（三）学习过程及时进行评价反馈，使学生认识自己的学习效果，培养积极探索与批判性思维。**
教学流程	
杜威探究式教学法认知阶段 “提出问题-讨论合作-分析评价-运用创新” ↓ 教学内容三融合 “技术学习、健身养生、课程思政” ↓ 六个学练阶段 “理论学习→技术学习→游戏创编→体医融合→提文炼术→放松回归” ↓ 十个数学环节 “创设情景、导入课题、引导探究、投放目标、组织讨论、精讲点拨、系列总结、引导归纳、引导验证、促进迁移”	

续表

五、教学过程				
教学环节	教学形式	教学活动		教学与信息化手段设计意图
		教师	学生	
第一阶段　理论学习+思政融入（20分）				
（一）正形提神入情境，优良美德润无声（3分） （1）集队、考勤。 （2）师生问好，安排见习生。 （3）宣布课堂任务与要求。 （4）进行安全与思政教育，创设情境与疑问。 **（二）品古论今道文化，眼观耳闻立高度（15分）** （1）八段锦的来源+文化认同、文化自豪 观看视频和案例解析，学生直观了解八段锦的历史文化与健身实效，加深理解与记忆，提高学习兴趣，激发对中华民族生生不息几千年的优秀传统文化的认同感、自豪感，增强民族文化自信。 （2）抗疫案例学习+文化自信、健康担当观看八段锦的抗疫实效报道，老师解说分析导出责任、担当，文化自信。通过板书，帮助学生明确教学思想中心，加强记忆，提高教学高效性。 **（三）八式念诵助记忆，文化引领待技艺（2分）** 集体念诵动作名称，引导学生专注当下并记动作招式名称，为下一步技术学习做铺垫。	四队横队 马蹄队形	1.讲授法。 2.启发式法。 1.问题导向法、信息技术法、启发式法、讲授法、问答法。 2.老师结合知识点对应应用场景，引入思政。	学生专注听讲、端正学习态度、明确教学目标、领会课堂精神与要求。 学生听取案例讲述，积极思考，激发学习热情与求知欲望。	情景导入，提出问题： 1.师生问好、行礼，意在提神入境，传递“尊师重道”美德，通过老师举止起到课程思政活化，培养安全意识，激发求知欲。 2.多媒体技术，“以史明德、以文化人、健康担当、文化自信”的育人功效。 3.八式念诵，温故知新，加强理解与记忆
第二阶段　技术学习+思政融入（35分）				
（一）蓄势待发悦身心、吐故纳新开心肺（5分） 1.慢跑 2.徒手操：各关节活动、正踢腿、仆步轮拍、膝绕环、踝腕关节运动 3.游戏：火车进山洞 方法：组织学生2人一组20个人一排组成一个山洞每次一个人穿18个人组成的山洞，穿过山洞后继续组成山洞，直到所有人都穿一遍山洞，将40人分两组进行小比赛。	同心圆队形	1.口令、口号、导语。 2.讲解法、示范法。 3.激发学生学习的兴趣。 4.使学生了解该技术是为了更好地团队合作。	1.口号、慢跑。 2.模仿练习。 3.观察、习练与体悟要领。 4.自主练习，结伴练习，互帮互学，明确技术动作的重难点及易犯错误动作。	教学互动： 1.声情共进，调身心，防损伤。 2.吐故纳新，提神醒脑。 3.激发求知欲。

续表

（二）层层递进易精准、理明法透乐创新（30分） 1.回顾上节课内容（2分） 2.新授“两手托天理三焦”（28分） （1）托天+“自强不息”思政渗透 动作要领：双手交叉上托，缓慢用力拉伸，呈”托天式”，同学在围成圆圈学习两手托天理三焦之“托天”技术动作，在教师讲解托天动作与纠正动作错误中领悟“自强不息”思政内涵。 （2）托天完整动作学习 动作要领：双手十字交叉放于腹前.双掌向上托起，至胸双臂内旋掌上托。学生进行完整动作习练，体会松静、张弛动作要领。 （3）松身直脊+“厚德载物”思政渗透 动作要领：两臂上举，要求两肩充分展开并向上尽力伸展，使全身上下充分舒张。 纠正错误法：两手上托时的松肩、含胸问题，两掌必须要有意识地向上伸展，充分上顶，使腰腹伸展，胸部扩展。 注意事项：患有颈椎疾病、肩周炎或有头晕等病症者，抬头动作要适当，伸展动作也不要过于强硬。在教师讲解“松身直脊”的松身敛臀、虚灵顶劲动作与纠正动作错误中领悟“厚德载物、内外合一”思政内涵。	同心圆队形	1.启发式教学法。 2.讲解法、示范法。 3.分解练习法。 4.完整练习法。 5.巡回指导。 6.组织分组。 7.创造性导入托天+“自强不息”联系与思政内涵。 8.创造性导入出松身直脊+“厚德载物”联系与思政内涵。	5.循环练习，巩固正确的技术动作。 1.听问题，深思考。 2.听讲解、观示范。 3.模仿练习，体验要领。 4.口令练习，体验要领。 5.纠正错误。 6.两人互助练习。 7.探索托天+“自强不息”联系与思政内涵。 8.探索松身直脊+“厚德载物”联系与思政内涵。	1.初步建立两手托天理三焦正确概念和动作表象，培养学生观察、模仿、自学、互助能力。 2.体会松静、张弛动作要领。 3.掌握托天+上举要领。 4.掌握松身敛臀要领。 5.掌握两掌缓落，目视前方要领。 6.领悟“自强不息”思政内涵。 7.领悟“厚德载物”思政内涵。 8.领悟“内外合一”思政内涵。 9.培养心意合一，力求课堂高效教学。
第三阶段　游戏创编+巩固练习（11分）				
（一）巩固动作创意中、团结协作创佳绩 （1）用两手托天理三焦动作元素进行游戏创编。 （2）运用各组创编游戏进行比赛。 （3）评估各组游戏创编实效。 （4）统一规定动作进行游戏比赛。 **（二）承上启下往后瞧、灵活领悟德与术** 回顾今天学习的动作文化内涵，引入下个阶段高阶知识学习。	两列纵队	1.启发式教学法。 2.分组讨论。 3.组织展示。 4.讲解法、示范法。 5.巡回指导。 6.组织分组。 7.评价。	1.听问题，深思考。 2.小组讨论。 3.小组展示。 4.听讲解、观示范。 5.分组讨论。 6.分组竞赛。 7.领悟。	小组研讨与竞赛 1.激发学习的兴趣。 2.激发创造精神与意识。 3.激发挑战难度与克服困难精神。 4.培养团队互助、合作精神。

续表

第四阶段　中医文化+技术融合渗透（14分）				
（一）图文并茂言语间，你问我答三焦中 通过边示范边讲解，深度融合技术与理论，从体育健身角度讲述托天、下落、三焦有上调心肺，中调脾胃，下调肝肾，调和气血运行，可防治肩部疾患，预防颈椎病等功效，从中医养生角度讲述自强不息、厚德载物、内外合一等品质与肝胆的关联，使学生了解与理解中华优秀传统文化的精髓，促进学生民族文化认同，增强民族文化自信，加强爱国主义教育。 **（二）自强不息强体魄，厚德载物铸课魂** 讲解技术要点及内涵，循循善诱点主题	马蹄队形	1.挂图展示。 2.讲解示范。 3.启发式教学法。 4.设疑提问。 5.评价 6.归纳总结。	1.观察挂图 2.听观线路 3.积极思考 4.回答 5.评价 6.领悟内涵	创造与应用，融会贯通。 1.学以致用技术。 2.领悟中医文化。 3.内化思政内涵。 4.提升健康体能。 5.培养合作探究、创新意识、自评与互评能力。
第五阶段　总结提炼，德术合一（5分）				
文体融通提精髓，思政升华现高度	马蹄队形	1.挂图设疑 2.板书设疑 3.提炼总结	1.抢答 2.积极思考 3.回答问题	报效祖国是高度\学习技术是提升\身心健康是基础。
第六阶段　放松回归（5分）				
（一）调身归息心入静 （二）布置课后作业与回收器材	四列横队	1.导引领做 2.小结	1.模仿 2.听悟	调整呼吸，充分放松，领悟主题。

思考题：

1. 如何将“两手托天理三焦”的技术动作融入我们的日常生活中，请举例。

2. 在“两手托天理三焦”动作教学中，如何将“立德树人”教学思想融入进去。

（二）“张弛有度，松静自然”

表 10-3

一、教学基本信息					
学校	广西民族大学	课题名称	八段锦	课程类型	公共基础课程
授课对象	大一、二在校普通生	授课时数	2	教材信息	左茜颖.八段锦.北京体育大学出版社，2013-1

续表

<table>
<tr><td>教学团队</td><td>《八段锦》教学团队</td><td>授课老师</td><td>黄建团</td><td>授课章节</td><td>第二式：左右开弓似射雕</td></tr>
<tr><td colspan="6">二、教学分析</td></tr>
<tr><td>教学内容</td><td colspan="5">（一）教学内容
1.理论内容：（1）八段锦的中医观（2）八段锦的技术动作。
2.技术内容：左右开弓似射雕。
3.思政内容：文化自信、张弛有度、松静自然、正气内存、邪不可干。
（二）内容分析
根据课程教学目标发展“柔韧性、灵活性、协调性和节奏感”，以及精、神、气的有机结合，我们将从“理技思”三方面进行分析：
1.理论方面：八段锦课程有着健身和强体的功能可培养学生增强民族自信，体验身心放松的感觉。
2.技术方面：第二式左右开弓似射雕，展肩扩胸，可刺激督脉和背部腧穴，可增加手臂部力量和灵活性，矫正不良姿势，对于肩颈疾病有很好的治疗效果。
3.思政融入方面：结合八段的作用、动作招式特点渗透融入思政元素。如，马步下蹲，与“张弛有度”意思相通，而似射雕，侧拉之手在五指并拢屈握时，指腹屈近于指根节处，拇、食二指指尖相扣，肩臂放平，单指掌侧撑需屈腕、竖指，掌心含空，肘臂伸直，上体保持正直，开胸扩肩，两臂要保持相对抻拔，马步要稳，两足保持平行，足趾抓地扣紧。有以“张弛有度，松静自然”健身功效。
（三）教材分析：
1.技能部分是国家体育总局推广的健身气功套路，是中国传统导引养生功《八段锦》的简化功法，能够促进学生提高学生能力，加强对民族传统体育文化的了解。
2.理论部分采用了“学、教、练、固”的教学模式，依据运动技能掌握的规律，学生学习由易到难，由简到繁，采用多种练习方法层层递进，突破本课的教学重点、难点，解决了传统体育课程课堂枯燥乏味为学生提供多元化的教学形式。
3.应用与实践部分充分利用现代技术信息、电子产品、音像视频、图片、黑板、室外场地等，围绕课堂主题“张弛有度，松静自然”，通过技术学习、健身养生与课程思政的渗透融合，寓教于乐开展与完成课堂教学计划。</td></tr>
<tr><td>学情分析</td><td colspan="5">（一）学情分析
1.技术基础：该阶段的这阶段的学生生长发育已趋于稳定，心理上日趋成熟，自尊心不断增强，表现欲和求知欲望也非常强烈，但因学习压力大，心情比较烦躁，需要耐心。
2.方法基础：会利用教材分析，少有体育课课外作业做课件及运动能力评价式考核，加强个人能力提升。
3.态度基础：大部分学生身心趋于成熟，对新鲜事物的接受能力强，但学习内驱动力不足，造成学生依赖手机，远离运动，肥胖和近视增加。
4.思政基础：大多数学生未关注过技能与身心精神健康的养生机理和思想文化内涵。
（二）教学预测：
增强文化自信，体验身心精神“松沉静”感觉，提高“正气内存、邪不可干”气魄，达心满意足，身微汗。</td></tr>
</table>

续表

<table>
<tr><th colspan="2">三、教学目标确定</th></tr>
<tr><td>教学目标</td><td>（一）知识与技能目标
1.了解八段锦的健身功效，增强学生的民族认同感、自豪感以及民族文化自信，激发学生学习八段锦的兴趣感、责任感和探索欲。
2.理解八段锦的健身功效和动作内涵，培养学生身心精神健康发展观和运动乐趣，养成积极乐观的生活态度。
3.掌握与应用动作要点，实现“张弛有度、松静自然”的运动机理与方法应用。
（二）过程与方法目标
1.练习密度在60%以上，运动强度中等偏低强度，运动心率达115～150次/分。
2.课后进行教学展示。
3.掌握探究式学习与团队合作学习方法。
（三）情感态度与价值观目标
1.引导学生体验、探究、感悟“文化自信、张弛有度、松静自然、正气内存、邪不可干”等动作招式的内在机理。
2.培养学生自主探究、敢于尝试和挑战的精神。
3.培养学生学会自我调节与放松的心理品质。</td></tr>
<tr><td>教学重点</td><td>（一）脚法技术要领（二）激活督脉和背部腧穴，增加手臂部力量和灵活性，矫正不良姿势。
（三）技术学习、健身养生与课程思政的渗透融合。</td></tr>
<tr><td>教学难点</td><td>技术学习、健身养生与课程思政的渗透融合</td></tr>
<tr><th colspan="2">四、教学策略</th></tr>
<tr><td>设计思路</td><td>（一）本设计总体思路
根据认知发展规律和系统论思想，以“健康第一”为教学理念，以学生身心精神三位一体健康发展为中心，教学模式采用了合作交往的新课程类型，旨在让学生从玩中学。以“交往”为核心，以“教学环节”为主线来构建的。一方面，教师的“教”是为了逐步发展学生的交往能力，“导”主要体现在学习引导、点拨诱导、组织交流与讨论评议这三个方面；另一方面，学生的“学”以学习内容为主。注重学生学习兴趣、自学能力和合作能力的培养，为学生终身体育奠定基础，同时使学生复习两手托天理三焦技术的动作，发展学生柔韧、协调等身体素质。
（二）教学方法与手段
1.采用信息技术法，以增强学生直观认知形成有效记忆。
2.游戏法：小组合作性游戏，通过小组游戏巩固技术。
3.分组教学法，不仅能发挥小组长作用还可培养学生相互纠正、配合能力。
4.评价法：探究性学习，在游戏后相互评价，经过体验实践，提高了理论，增强了协调能力。
（三）学习过程及时进行评价反馈，便于学生认识自己的学习效果，培养学生积极探索与批判性思维</td></tr>
</table>

续表

教学流程
杜威探究式教学法认知阶段 “提出问题-讨论合作-分析评价-运用创新” ↓ 教学内容三融合 “技术学习、健身养生、课程思政” ↓ 六个学练阶段 “理论学习→技术学习→游戏创编→体医融合→提文炼术→放松回归” ↓ 十个教学环节 “创设情景、导入课题、引导探究、投放目标、组织讨论、精讲点拨、系列总结、引导归纳、引导验证、促进迁移”

五、教学过程

教学环节	教学形式	教学活动		教学与信息化手段设计意图
		教师	学生	
第一阶段 理论学习+思政融入（20分）				
（一）正形提神入情境，优良美德润无声（3分） （1）集队、考勤。 （2）师生问好，安排见习生。 （3）宣布课堂任务与要求。 （4）进行安全与思政教育，创设情境与疑问。 **（二）品古论今道文化，眼观耳闻立高度（15分）** （1）八段锦的来源+文化认同、文化自豪 观看视频和案例解析，学生直观了解八段锦的历史文化与健身实效，加深理解与记忆，提高学习兴趣，激发对中华民族生生不息几千年的优秀传统文化的认同感、自豪感，增强民族文化自信。 （2）中医学习+文化自信、健康担当 观看八段锦的中医学习实效报道，老师解说分。 析导出责任、担当，文化自信。 通过板书，帮助学生明确教学思想中心，加强记忆，提高教学高效性。 **（三）八式念诵助记忆，文化引领待技艺（2分）** 集体念诵动作名称，引导学生专注当下并记动作招式名称，为下一步技术学习作铺垫。	四队横队 马蹄队形	1.讲授法 2.启发式法 1.问题导向法、信息技术法、启发式法、讲授法、问答法 2.老师结合知识点对应应用场景，引入思政。	学生专注听讲、端正学习态度、明确教学目标、领会课堂精神与要求。 1.学生听取案例讲述，积极思考，激发学习热情与求知欲望	情景导入，提出问题：1.师生问好、行礼，意在提神入境，传递“尊师重道”美德，通过老师举止起到课程思政活化，培养安全意识，激发求知欲。 2.多媒体技术，“以史明德、以文化人、健康担当、文化自信”的育人功效。3.八式念诵，温故知新，加强理解与记忆。

续表

第二阶段　技术学习+思政融入（35分）				
（一）蓄势待发悦身心、吐故纳新开心肺（5分） 1.慢跑 2.徒手操：各关节活动、马步冲拳、转身冲拳、左弓步冲拳、右弓步冲拳 3.游戏："逗猴"游戏 方法：将学生分为八组5人一组以"石头剪子布"选出"猴"，然后剩下的四人要避免"猴"碰中心位置的球，谁的球被碰到了就换谁当"猴"。	四列横队	1.口令、口号、导语。 2.讲解法、示范法。 3.介绍游戏规则。 4.五人一组同时进行游戏。	1.口号、慢跑。 2.模仿练习。 3.观察、习练与体悟要领。 4.听讲解.明确游戏的规则和方法，学生听、思考、跃跃欲试。 5.各组尝试练习，合作学习。	教学互动： 1.声情共进，调身心，防损伤。 2.吐故纳新，提神醒脑。
（二）层层递进易精准、理明法透乐创新（30分） 1.回顾上节课内容（2分） 2.新授"左右开弓似射雕"（28分） （1）教师提出问题，分组讨论，教师讲解动作 （2）马步下蹲+"张弛有度"思政渗透 动作要领：身体重心右移，左脚向左横开一步，双手交叉胸前，缓慢下蹲成马步，"马步下蹲"技术动作，在教师讲解托天动作与纠正动作错误中领悟"张弛有度"思政内涵。 （3）马步下蹲+两掌交叉完整动作学习 动作要领：身体重心右移，左脚提悬足跟，脚尖点地，两掌缓缓相对移动，右掌在上，左掌在下，掌心均向上，左脚向左侧开步，两脚间距约比肩宽，两腿膝关节自然伸直，同时，两掌向上交叉于胸前，右掌在里，左掌在外，两掌心向内，虎口向上，目视前方，动作不停，两腿屈膝蹲成马步。 （4）左右开弓+"松静自然"思政渗透 动作要领：右手屈臂向右拉，至右肩前，肘尖向外，虎口向上；左臂内旋，向左侧推出，与肩同高，坐腕竖掌，虎口并拢，拇指贴近食指，掌心向左，犹如拉弓射箭之势，动作略停，目视左食指尖。 纠正错误法：两手上托时的松肩、含胸问题，两掌必须要有意识地向上伸展，充分上顶，使腰腹伸展，胸部扩展。	同心圆队形	1.提出问题，分小组讨论、交流。 2.讲解法、示范法。 3.分解练习法。 4.完整练习法。 5.巡回指导。 6.组织分组。 7.交流引导马步下蹲+"张弛有度"。 8.交流引导出左右开弓+"松静自然"。 9.交流引导出心肺功能+"正气内存"。	1.听问题，深思考，重交流。 2.听讲解、观示范。 3.模仿练习，体验要领。 4.口令练习，体验要领。 5.纠正错误。 6.两人互助练习。 7.探索马步下蹲+"张弛有度"。 8.探索左右开弓+"松静自然"。 9.探索心肺功能+"正气内存，邪不压正"。	1.激发求知欲。 2.初步建立左右开弓似射箭正确概念和动作表象，培养学生观察、模仿、自学、互助能力。 3.体会松静、张弛动作要领。 4.掌握马步下蹲+两掌交叉要领。 5.掌握张弛有度要领。 6.掌握两掌缓落，目视前方要领。 7领悟"张弛有度"。

续表

注意事项：侧拉之手在五指并拢屈握时，指腹屈近于指根节处，拇、食二指指尖相扣，肩臂放平。单指掌侧撑需屈腕、竖指，掌心含空，肘臂伸直。上体保持正直，开胸扩肩，两臂要保持相对抻拔，马步要稳，两足保持平行，足趾抓地扣紧。在教师讲解“射箭”的动作与纠正动作错误中领悟“松静自然”内涵。 （5）心肺功能+“正气内存”思政渗透 内涵：对左（主升之肝气）、右（主降之肺气）进行科学的调节，以保持其正常的升降状态。 作用：是通过调节肝肺两脏，来调整人体气机的升降。有扩胸作用，因此它除了对肝肺有保健作用外，对位于胸腔的心脏也有较好的作用。又因为肺主气、心主血，经常练习，还有利于气血的运行。 注意事项：侧拉之手在五指并拢屈握时，指腹屈近于指根节处，拇、食二指指尖相扣，肩臂放平。	同心圆队形			8.领悟“松静自然”内涵。 9.领悟“正气内存”内涵。 10.培养学生邪不压正，力求课堂高效教学。
第三阶段　游戏创编+巩固练习（11分）				
（一）巩固动作创意中、团结协作创佳绩 （1）用左右开弓似射雕动作元素进行游戏创编。 （2）运用各组创编游戏进行比赛。 （3）评估各组游戏创编实效。 （4）统一规定动作进行游戏比赛。 **（二）承上启下往后瞧、灵活领悟德与术** 回顾今天学习的动作文化内涵，引入下一个阶段高阶知识学习。	两列纵队	1.合作交往教学形式。 2.分组讨论。 3.组织展示。 4.讲解法、示范法。 5.巡回指导。 6.组织分组。 7.评价。	1.听问题，深思考。 2.小组讨论。 3.小组展示。 4.听讲解、观示范。 5.分组讨论。 6.分组竞赛。 7.领悟。	小组研讨与竞赛（分析与评价） 1.激发学习的兴趣。 2.激发创造精神与意识。 3.激发挑战难度与克服困难精神。 4.培养团队互助、合作精神。

续表

第四阶段　中医文化+技术融合渗透（14分）				
（一）图文并茂言语间，你问我答心肺说 通过边示范边讲解，深度融合技术与理论，从体育健身角度讲述展肩扩胸，可刺激督脉和背部腧穴，可增加手臂部力量和灵活性，矫正不良姿势，对于肩颈疾病有很好的治疗等功效，从中医养生角度讲述张弛有度、松静自然、正气内存、邪不可干等品质与肝胆的关联，使学生了解与理解中华优秀传统文化的精髓，促进学生民族文化自信，加强爱国主义教育。 **（二）张弛有度放身心，松静自然铸本心** 讲解技术要点及内涵，循循善诱点主题	马蹄队形	1.挂图展示 2.讲解示范 3.启发式教学法 4.设疑提问 5.评价 6.归纳总结	1.观察挂图 2.听观线路 3.积极思考 4.回答 5.评价 6.领悟内涵	创造与应用，融会贯通 1.学以致用技术 2.领悟中医文化 3.内化思政内涵 4.提升健康体能 5.培养合作探究、创新意识、自评与互评能力
第五阶段　总结提炼，德术合一（5分）				
文体融通提精髓，思政升华现高度	马蹄队形	1.挂图设疑 2.板书设疑 3.提炼总结	1.抢答 2.积极思考 3.回答问题	报效祖国是高度\学习技术是提升\身心健康是基础
第六阶段　放松回归（5分）				
（一）调身归息心入静 （二）布置课后作业与回收器材	四列横队	1.导引领做 2.小结	1.模仿 2.听悟	调整呼吸，充分放松，领悟主题

思考题：

1. “左右开弓似射雕”他的手形应该如何变化？
2. 思考“左右开弓似射雕”在组织教学中还会遇到什么问题？

（三）“顶天立地，中通外直”

表 10-4

一、教学基本信息				
学校	广西民族大学	八段锦	课程类型	公共基础课程
授课对象	大一、二在校普通生	2	教材信息	左茜颖.八段锦.北京体育大学出版社，2013-1
教学团队	《八段锦》教学团队	黄建团	授课章节	第三式：调理脾胃须单举

续表

<table>
<tr><th colspan="2">二、教学分析</th></tr>
<tr><td>教学内容</td><td>（一）教学内容
1.理论内容：（1）八段锦的脏腑经络知识（2）八段锦的动作内涵。
2.技术内容：调理脾胃须单举。
3.思政内容：顶天立地、中通外直、心胸开阔、行为端正。
（二）内容分析
根据课程教学目标“精神好、技术准、身体榜”选择“理术德”渗透融合的教学内容。具体分析如下：
1.理论方面：八段锦课程是中华几千年来优秀传统文化的智慧结晶，其历史源流蕴含着丰富的人生哲理，能够加强学生对中华优秀传统文化的了解，培养学生热爱祖国。
2.技术方面：第三式理脾胃须单举，通过松紧对拉，可刺激胸腹部相关经络，达到调理脾胃、肝脏的作用。还可锻炼各椎体小关节及肌肉，增强脊柱灵活和稳定性，预防肩颈问题。
3.思政融入方面：结合八段的作用、动作招式特点渗透融入思政元素。如，左掌托天，右掌髀关，与“顶天立地”意思相通，而松腰沉髋，身体重心缓缓下降，两腿膝关节微屈，同时，左臂屈肘外旋，左掌经面前下落于腹前，同时右臂外旋，双掌向上捧于腹前，指尖相对，相距约10厘米，掌心向上，目视前方。有以“中通外直、心胸开阔、行为端正”健身功效。
（三）教材分析：
1.技能部分是国家体育总局推广的健身气功套路，是中国传统导引养生功《八段锦》的简化功法，能够促进学生静下身心来思考问题，让学生在静心静身中提高身体免疫力。
2.理论部分融合体育学、医学、思想政治学、现代心理学、艺术学、中华优秀传统文化等多学科理论知识，从学生需要解决课程枯燥乏味问题。
3.应用与实践部分充分利用现代技术信息、电子产品、音像视频、图片、黑板、室外场地等，围绕课堂主题“顶天立地，中通外直”，通过技术学习、健身养生与课程思政的渗透融合，寓教于乐开展与完成课堂教学计划。</td></tr>
<tr><td>学情分析</td><td>（二）学情分析
1.技术基础：该阶段的学生具有一定的体育课知识和技能基础，思维和认知能力进一步提升，好奇心强，学习积极性高，勇于竞争，自我表现欲强。他们的生理机制也有了明显的增强，速度，力量，协调等素质提高较快，但对民族传统体育的认识和了解还很欠缺。
2.方法基础：会用网络学习平台，学生能力不强，容易被外界事物干扰。
3.态度基础：他们的认知能力增强，观察力洞明，抽象思维发展逐渐占据主导地位，能用表象思维模仿；但学习注意力不是很集中，生性活泼好动。
4.思政基础：大多数学生未关注过技能与身心精神健康的养生机理和思想文化内涵。
（二）教学预测：
增强文化自信，体验身心精神“松沉静”感觉，提高“顶天立地、中通外直”气魄，达心满意足，身微汗。</td></tr>
</table>

续表

<table>
<tr><th colspan="2">三、教学目标确定</th></tr>
<tr><td>教学目标</td><td>（一）知识与技能目标：
1.加深对传统体育的认识，进一步了解中国传统文化的内涵，认识传统养生武术的锻炼价值和作用。
2.理解八段锦的健身功效和动作内涵，培养学生身心精神健康发展观和运动乐趣，养成积极乐观的生活态度。
3.掌握与应用动作要点，实现顶天立地、中通外直的运动机理与方法应用。
（二）过程与方法目标：
1.练习密度在60%以上，运动强度中等偏低强度，运动心率达115—150次/分。
2.进入民族传统体育社团加强学习。
3.掌握探究式学习与团队合作学习方法。
（三）情感态度与价值观目标：
1.引导学生体验、探究、感悟“顶天立地、中通外直、心胸开阔、行为端正”等动作招式的内在机理。
2.培养学生自主探究、敢于尝试和挑战的精神。
3.培养学生学会自我调节与放松的心理品质。</td></tr>
<tr><td>教学重点</td><td>（一）手法技术要领
（二）激活督脉和背部腧穴，增加手臂部力量和灵活性，矫正不良姿势。
（三）技术学习、健身养生与课程思政的渗透融合</td></tr>
<tr><td>教学难点</td><td>技术学习、健身养生与课程思政的渗透融合</td></tr>
<tr><th colspan="2">四、教学策略</th></tr>
<tr><td>设计思路</td><td>（一）本设计总体思路：
根据认知发展规律和系统论思想，以“健康第一”为教学理念，以学生身心精神三位一体健康发展为中心，这样的一个教学理念来进行，教学模式采用了“创设情景、游戏化教学、自主探究”的学练创新组合，根据第一次课教师对立定跳远内容的教学，引导学生分组探究学习，并安排下次课教学内容让学生按照“创设情景、游戏教学、自主探究”的教学模式进行分组探究；鼓励学生走进课堂，进行课堂师生角色置换，将实现“知识传授与能力培养和思想引导相统一”的三维目标。
（二）教学方法与手段：
1.学生搭配分组法：全班学生基本固定分成4组，教学活动组内学生轮当组长和主持人，做本组教学组织者。分组要求组员搭配适当，有利学生学习过程中的竞争发展。
2.启发尝试教学法：依据“实践——认知——再实践”的规律，在小组进行教学前，教师先引导学生上次课安排的教学内容教学顺序，启发学生如何教学，理解知识，自我完善，同时也体现了“遵循以教师为主导学生为主体”的基本原则。
3.高效传递信息法：教师课前对各学习组提出学习质量要求，要求角色置换的学生对知识的传授必须准确无误，如果在课堂教学中角色置换的学生出现知识失误，教师一定要在点评小组时及时地进行订正，避免错误知识的蔓延，造成教学成果的损失。</td></tr>
</table>

续表

设计思路	4.均衡分配任务法：各组基本均衡承担学习任务，教师把教学任务根据专题划分给各学习组，要求组员通篇预习，集体协作完成本组承担的教学任务。组长详细地进行任务分工，小组课前整合，课堂中协作，课堂后汇报学习成果，教师引导学生掌握内容。 **（三）学习过程及时进行评价反馈，便于学生认识自己的学习效果，培养学生积极探索与批判性思维。**

教学流程

杜威探究式教学法认知阶段

“提出问题-讨论合作-分析评价-运用创新”

⬇

教学内容三融合

“技术学习、健身养生、课程思政”

⬇

六个学练阶段

“理论学习→技术学习→游戏创编→体医融合→提文炼术→放松回归”

⬇

十个教学环节

“创设情景、导入课题、引导探究、投放目标、组织讨论、精讲点拨、系列总结、引导归纳、引导验证、促进迁移”

五、教学过程

教学环节	教学形式	教学活动		教学与信息化手段设计意图
		教师	学生	
第一阶段　理论学习+思政融入（20分）				
（一）正形提神入情境，优良美德润无声（3分） （1）集队、考勤。 （2）师生问好，安排见习生。 （3）宣布课堂任务与要求。 （4）进行安全与思政教育，创设情境与疑问。 **（二）品古论今道文化，眼观耳闻立高度（15分）** （1）八段锦的来源+文化认同、文化自豪 观看视频和案例解析，学生直观了解八段锦的历史文化与健身实效，加深理解与记忆，提高学习兴趣，激发对中华民族生生不息几千年的优秀传统文化的认同感、自豪感，增强民族文化自信。	四队横队	1.讲授法 2.启发式法	学生专注听讲、端正学习态度、明确教学目标、领会课堂精神与要求	情景导入，提出问题（了解与记忆）：1.师生问好、行礼，意在提神入境，传递“尊师重道”美德，通过老师举止起到课程思政活化，培养安全意识，激发求知欲。

续表

（2）中医学习+文化自信、健康担当 观看八段锦的中医学习实效报道，老师解说分析导出责任、担当，文化自信。通过板书，帮助学生明确教学思想中心，加强记忆，提高教学高效性。 **（三）八式念诵助记忆，文化引领待技艺（2分）** 集体念诵动作名称，引导学生专注当下并记动作招式名称，为下一步技术学习做铺垫。	马蹄队形	1.问题导向法、信息技术法、启发式法、讲授法、问答法 2.老师结合知识点对应应用场景，引入思政	学生听取案例讲述，积极思考，激发学习热情与求知欲望	2.多媒体技术，“以史明德、以文化人、健康担当、文化自信”的育人功效。 3.八式念诵，温故知新，加强理解与记忆。
第二阶段　技术学习+思政融入（35分）				
（一）蓄势待发悦身心、吐故纳新开心肺（5分） 1.慢跑 2.武术操 3.青蛙比赛 方法：通过采用模仿“青蛙跳”，比一比哪一组先跳完。 **（二）层层递进易精准、理明法透乐创新（30分）** 1.回顾上节课内容（2分） 2.新授“调理脾胃须单举”（28分） （1）教学前进行分组，由组长带领自己的小组进行学习。 （2）左掌托天，右掌髀关+“顶天立地”思政渗透。 动作要领：左掌随之上托，经面前外旋上穿，随之内旋上举到头左上方，力达长根，同时右掌微上托，右臂内旋下按至右髋旁，掌心向下力达掌跟，目视前方，“左掌托天，右掌髀关”技术动作，在教师讲解托天动作与纠正动作错误中领悟“顶天立地”思政内涵。 （3）双手沿胃径走+换臂拖按循环完整动作学习。 动作要领：两腿缓缓挺膝伸直，右掌上托，右臂外旋、上穿经面前，随之臂内旋，舒胸展体，上举至头的左上方，肘关节微屈，手掌放平，力达掌根，掌心向上，掌尖向左与肩井穴在同一条垂直线上。同时，左掌随臂内旋、下按至左髋旁，肘关节微屈，力达掌根，掌心向下，掌尖向前，动作略停2秒钟，重复动作。	四列横队	1.口令、口号、导语 2.讲解法、示范法 3.分小组每组一个组长带领同学们做热身操，每个人负责一部分 1.教师主导引入课的内容，用挂图展示调理脾胃须单举的图片，并展示调理脾胃须单举技术 2.第三组同学和第四组同学进行对比教学，每组5分钟的教学时间；每组组员团结协助组织讲解、示范，组织同学们进行练习	1.口号、慢跑 2.模仿练习 3.观察、习练与体悟要领 1.听问题，深思考 2.听讲解、观示范 3.模仿练习，体验要领 4.口令练习，体验要领 5.纠正错误 6.两人互助练习	教学互动： 1.声情共进，调身心，防损伤 2.吐故纳新，提神醒脑 3.通过“青蛙跳”，进一步提高同学们身体的兴奋性和学习兴趣。 1.激发求知欲 2.初步建立调理脾胃须单举正确概念和动作表象，培养学生观察、模仿、自学、互助能力 3.体会松静、张弛动作要领 4.掌握左掌托天，右掌髀关要领 5.掌握顶天立地要领

续表

养生作用：两臂上下反复伸展，可以疏理心、肺、心包等处经络，调和脏腑气血，起到调节脏腑功能的作用。 （4）松腰沉髋+“中通外直”思政渗透 动作要领：松腰沉髋，身体重心缓缓下降，两腿膝关节微屈，同时，左臂屈肘外旋，左掌经面前下落于腹前，同时右臂外旋，双掌向上捧于腹前，指尖相对，相距约10厘米，掌心向上，目视前方。 纠正错误法：身体重心没有下降，对调理脾胃、肝脏的作用效果不明显。 养生作用：松腰沉髋，两肩关节充分伸展与下沉，人体整个脊柱各椎骨间的小关节也同时处于辅助协同的运动中，脊柱各关节均得到相应的活动，关节周边的肌肉、韧带等软组织都得到锻炼，对颈、肩、腰等骨关节疾病能够起到预防与保健作用。在教师讲解“松腰沉髋”的动作与纠正动作错误中领悟“中通外直、心胸开阔、行为端正”思政内涵。	同心圆队形	3.巡回指导 4.组织比赛进行教学效果展示 5.启发式导入左掌托天，右掌髀关+“顶天立地”联系与思政内涵 6.启发式导入出松腰沉髋+“中通外直”要领	7.探索左掌托天，右掌髀关+“顶天立地”联系与思政内涵 8.探索松腰沉髋+“中通外直”要领	6.掌握松腰沉髋，目视前方要领 7领悟“中通外直”内涵 8.领悟“心胸开阔”内涵 9.领悟“行为端正”内涵
第三阶段　游戏创编+巩固练习（11分）				
（一）巩固动作创意中、团结协作创佳绩 （1）用调理脾胃须单举动作元素进行游戏创编 （2）进行武林大会比赛 （3）评估各组动作实效 **（二）承上启下往后瞧、灵活领悟德与术** 回顾今天学习的动作文化内涵，引入下一个阶段高阶知识学习	两列纵队	1.启发式教学法 2.分组讨论 3.组织展示 4.讲解法、示范法 5.巡回指导 6.组织分组 7.评价	1.听问题，深思考 2.小组讨论 3.小组展示 4.听讲解、观示范 5.分组讨论 6.分组竞赛 7.领悟	小组研讨与竞赛（分析与评价） 1.激发学习的兴趣 2.激发创造精神与意识 3.激发挑战难度与克服困难精神 4.培养团队互助、合作精神

续表

第四阶段　中医文化+技术融合渗透（14分）				
（一）图文并茂言语间，你问我答脾胃说 通过边示范边讲解，深度融合技术与理论，从体育健身角度讲述松紧对拉，可刺激胸腹部相关经络，达到调理脾胃、肝脏的作用。还可以锻炼各椎体小关节及肌肉，增强脊柱灵活和稳定性，预防肩颈问题，从中医养生角度讲述顶天立地、中通外直、心胸开阔、行为端正。等品质与肝胆的关联，使学生了解与理解中华优秀传统文化的精髓，促进学生民族文化自信，加强民族团结教育。 **（二）顶天立地存正气，中通外直心胸阔** 讲解技术要点及内涵，循循善诱点主题	马蹄队形	1.挂图展示 2.讲解示范 3.启发式教学法 4.设疑提问 5.评价 6.归纳总结	1.观察挂图 2.听观线路 3.积极思考 4.回答 5.评价 6.领悟内涵	创造与应用，融会贯通 1.学以致用技术 2.领悟中医文化 3.内化思政内涵 4.提升健康体能 5.培养合作探究、创新意识、自评与互评能力
第五阶段　总结提炼，德术合一（5分）				
文体融通提精髓，思政升华现高度	马蹄队形	1.挂图设疑 2.板书设疑 3.提炼总结	1.抢答 2.积极思考 3.回答问题	报效祖国是高度\学习技术是提升\身心健康是基础
第六阶段　放松回归（5分）				
（一）调身归息心入静 （二）布置课后作业与回收器材	四列横队	1.导引领做 2.小结	1.模仿 2.听悟	调整呼吸，充分放松，领悟主题

思考题：

1.“调理脾胃须单举”可以设计哪些游戏形式进行教学？

2.思考“调理脾胃须单举”有哪些养生功能？

（四）“三省吾身，中正安舒”

表 10-5

一、教学基本信息					
学校	广西民族大学	课题名称	八段锦	课程类型	公共基础课程
授课对象	大一、二在校普通生	授课时数	2	教材信息	左茜颖.八段锦.北京体育 大学出版社，2013-1
教学团队	《八段锦》教学团队	授课老师	黄建团	授课章节	第四式：五劳七伤往后瞧

续表

二、教学分析	
教学内容	**（一）教学内容** 1.理论内容：（1）八段锦历史（2）八段锦的养生功效 2.技术内容：五劳七伤往后瞧 3.思政内容：三省吾身、中正安舒、自我认知、自我诊断、自我管理 **（二）内容分析** 根据课程教学目标“品德好、技术好、身体好”选择“理术德”渗透融合的教学内容。具体分析如下： 1.理论方面：八段锦是中华优秀传统文化智慧结晶，其历史源流蕴含着多学科多方面思想文化内涵，其文化价值受到古今中外各界认可，增强学生民族认同与民族自豪感。 2.技术方面：第四式五劳七伤往后瞧，可扩张牵拉胸腔、腹腔内脏，刺激大椎穴增加颈肩部关节运动，改善血液循环，解除神经疲劳。 3.思政融入方面：结合八段锦的作用、动作招式特点渗透融入思政元素。如，双臂侧展，掌心向后，两臂外旋，掌心向外，头向后转。与“三省吾身”意思相通，而松腰沉髋，重心下移，两膝微屈，身体转正有以“中正安舒、自我诊断、”健身功效。 **（三）教材分析：** 1.技能部分《八段锦》是国家体育总局组织专家编创的健身气功套路，以中西医以及现代科学理论为基础，对大学生有明显养生效果。 2.理论部分融合体育学、医学、思想政治学、现代心理学、艺术学、中华优秀传统文化等多学科理论知识，解决了大学生在学业上的压力。 3.应用与实践部分充分利用现代技术信息、电子产品、音像视频、图片、黑板、室外场地等，围绕课堂主题“三省吾身、中正安舒”，通过技术学习、健身养生与课程思政的渗透融合，寓教于乐开展与完成课堂教学计划。
学情分析	**（三）学情分析** 1.技术基础：该阶段的学生模仿能力强，对新事物充满好奇，但在动作练习中动作准确性有待提高。 2.方法基础：能够利用自己的资源来完善自己的知识宝库，但还存在部分同学自控能力差等情况。 3.态度基础：大部分学生身心趋于成熟，对新鲜事物的接受能力强，在强大学习压力下，我们要找到释放压力的途径。 4.思政基础：大多数学生未关注过技能与身心精神健康的养生机理和思想文化内涵。 **（五）教学预测：** 增强文化自信，体验身心精神“松沉静”感觉，提高“三省吾身、中正安舒”气魄，达心满意足，身微汗。

续表

<table>
<tr><th colspan="2">三、教学目标确定</th></tr>
<tr><td>教学目标</td><td>（一）知识与技能目标：
1.加深对传统体育的认识，进一步了解中国传统文化的内涵，认识传统养生武术的锻炼价值和作用。
2.理解八段锦的健身功效和动作内涵，培养学生身心精神健康发展观和运动乐趣，养成积极乐观的生活态度。
3.掌握与应用动作要点，实现三省吾身、中正安舒的运动机理与方法应用。
（二）过程与方法目标：
1.练习密度在60%以上，运动强度中等偏低强度，运动心率达120—150次/分。
2.课后安排视频打卡活动。
3.掌握探究式学习与团队合作学习方法。
（三）情感态度与价值观目标：
1.引导学生体验、探究、感悟“三省吾身、中正安舒、自我认知、自我诊断、自我管理”等动作招式的内在机理。
2.培养学生自主探究、敢于尝试和挑战的精神。
3.培养学生学会自我调节与放松的心理品质。</td></tr>
<tr><td>教学重点</td><td>（一）手法技术要领。
（二）牵拉胸腔、腹腔内脏，刺激大椎穴，改善血液循环，解除神经疲劳。
（三）技术学习、健身养生与课程思政的渗透融合。</td></tr>
<tr><td>教学难点</td><td>技术学习、健身养生与课程思政的渗透融合</td></tr>
<tr><th colspan="2">四、教学策略</th></tr>
<tr><td>设计思路</td><td>（一）本设计总体思路：
根据认知发展规律和系统论思想，以“健康第一”为教学理念，以学生身心精神三位一体健康发展为中心，从杜威探究式教学法认知理论“提出问题、讨论合作、分析评价、运用创新”四个认知进阶，围绕教学内容“技术学习、健身养生、课程思政”三融合，组织了“创设情景、导入课题、引导探究、投放目标、组织讨论、精讲点拨、系列总结、引导归纳、引导验证、促进迁移十个教学环节，形成了“四三六十”教学设计线路。
（二）教学方法与手段：
1.采用信息技术法，以增强学生直观认知形成有效记忆。
2.采用启发式+合作探究法，突出学生的主体地位，营造积极探索的思政教学情境，通过创设情境与设计问题，引导学生探究问题与解决问题。
3.任务驱动、小组研讨、游戏竞赛法，拓展学生创新思维和激发团结合作精神。
4.归纳总结提炼法，充分发掘技术动作与中医文化、课程思政之间的内在逻辑联系及育人作用。
5.设计板书是帮助学生明确课堂主题、巩固核心信息，提高课堂效率、突出本节课主旨，起到画龙点睛作用。
（三）学习过程及时进行评价反馈，便于学生认识自己的学习效果，培养学生积极探索与批判性思维。</td></tr>
</table>

续表

教学流程安排
杜威探究式教学法认知阶段 “提出问题-讨论合作-分析评价-运用创新” ⬇ 教学内容三融合 “技术学习、健身养生、课程思政” ⬇ 六个学练阶段 “理论学习→技术学习→游戏创编→体医融合→提文炼术→放松回归” ⬇ 十个教学环节 “创设情景、导入课题、引导探究、投放目标、组织讨论、精讲点拨、系列总结、引导归纳、引导验证、促进迁移”

五、教学过程				
教学环节	教学形式	教学活动		教学与信息化手段设计意图
		教师	学生	
第一阶段　理论学习+思政融入（20分）				
（一）正形提神入情境，优良美德润无声（3分） （1）集队、考勤。 （2）师生问好，安排见习生。 （3）宣布课堂任务与要求。 （4）进行安全与思政教育，创设情境与疑问。 **（二）品古论今道文化，眼观耳闻立高度（15分）** （1）八段锦的来源+文化认同、文化自豪 观看视频和案例解析，学生直观了解八段锦的历史文化与健身实效，加深理解与记忆，提高学习兴趣，激发对中华民族生生不息几千年的优秀传统文化的认同感、自豪感，增强民族文化自信。 （2）中医学习+文化自信、健康担当。 观看八段锦的中医学习实效报道，老师解说分析导出责任、担当，文化自信，通过板书，帮助学生明确教学思想中心，加深记忆，提高教学高效性。	四队横队	1.讲授法 2.启发式法 1.问题导向法、信息技术法、探究法、启发式法、讲授法、问答法	学生专注听讲、端正学习态度、明确教学目标、领会课堂精神与要求	情景导入，提出问题（了解与记忆）: 1.师生问好、行礼，意在提神入境，传递“尊师重道”美德，通过老师举止起到课程思政活化，培养安全意识，激发求知欲。 2.多媒体技术，“以史明德、以文化人、健康担当、文化自信”的育人功效。

续表

（三）八式念诵助记忆，文化引领带技艺（2分） 集体念诵动作名称，引导学生专注当下并记动作招式名称，为下一步技术学习做铺垫。	马蹄队形	2.老师结合知识点对应应用场景，引入思政	学生听取案例讲述，积极思考，激发学习热情与求知欲望	3.八式念诵，温故知新，加强理解与记忆。
第二阶段　技术学习+思政融入（35分）				
（一）蓄势待发悦身心、吐故纳新开心肺（5分） 1.慢跑 2.热身操 3.专项辅助练习 **（二）层层递进易精准、理明法透乐创新（30分）** 1.回顾上节课内容（2分） 2.新授“五劳七伤往后瞧”（28分）	四列横队	1.口令、口号、导语 2.讲解法、示范法	1.口号、慢跑 2.模仿练习 3.观察、习练与体悟要领	教学互动（理解与应用）： 1.声情共进，调身心，防损伤 2.吐故纳新，提神醒脑
（1）提出问题，创设情景 通过对“五劳七伤往后瞧”这个动作的讲解，对学生提出如何进行动作实施，创设问题情景，如何将摇头摆尾去心火，与“三省吾身、中正安舒、自我认知、自我诊断、自我管理”思政内容相结合。 （2）五劳七伤+“三省吾身”思政渗透 动作要领：两腿缓缓挺膝伸直，重心升起。掌心向后，掌尖向下，肩向下沉，两臂外旋，缓慢抬至斜下方45度方向。展肩扩胸，两臂向后，掌心向外，劲达夹脊。在教师讲解托天动作与纠正动作错误中领悟“三省吾身”思政内涵。 （3）五劳七伤动作养生作用 养生作用：“精、神、魂、魄、智、意、志”，称为“七伤”。简单地说，“劳”是指生理的功能不良，“伤”则是心理情绪上的损害。“五劳”指心、肝、脾、肺、肾五脏劳损；“七伤”指喜、怒、悲、思、忧、恐、惊七情伤害。本段动作通过上肢伸直外旋扭转的静力牵张作用，可以扩张牵拉胸腔、腹腔内的脏腑，因此强健之。 纠正错误法：两臂外旋用力部位不对，当头部向侧后旋转时，肩部出现了侧向倾斜，使身体侧转；头部在转动时未能保持中正，牵动身体重心的改变，不但使同侧的肩向侧后倾斜，甚至还会引起上体后仰、腹部前挺等现象，使动作变得松散而不完整。	同心圆队形	1.启发式教学法 2.讲解法、示范法 3.分解练习法 4.完整练习法 5.巡回指导 6.组织分组	1.听问题，深思考 2.听讲解、观示范 3.模仿练习，体验要领 4.口令练习，体验要领 5.纠正错误 6.两人互助练习	1.激发求知欲 2.初步建立五劳七伤往后瞧正确概念和动作表象，培养学生观察、模仿、自学、互助能力 3.体会松静、张弛动作要领 4.掌握五劳七伤要领 5.掌握三省吾身要领 6.掌握向后瞧，目视前方要领

续表

（4）向后瞧+“中正安舒”思政渗透 动作要领：往后瞧的转头动作，可刺激颈部大椎穴，使头部反复用力，左右旋转，增强颈部深浅肌群的收缩能力，加强胸骨和第一、二肋骨的上提，有助于胸廓上部活动，促进两肺尖心血循环。 动作作用：要增强肺脏机能，预防肺结核等肺部疾患。同时头颈运动对于中枢神经，尤其是脑，都有良好的作用，它能增加脑部的血液供给，加强神经、体液调节，对脏腑气血和全身均有协调作用。还能锻炼活动眼部肌肉，提高视觉能力；使颈部诸肌得到锻炼，有助于治疗落枕和颈椎病；减轻眩晕和上肢麻木，改善高血压和动脉硬化等症。 纠正错误法：头部向侧后转动时，头顶要上领，同时保持头部和肩膀中正；手掌要充分外旋，牵动手臂旋转，两肩后展要充分。 养生作用：在教师讲解“向后瞧”的动作与纠正动作错误中领悟“中正安舒、自我认知、自我诊断、自我管理”思政内涵。	同心圆队形	7．启发式导五劳七伤+“三省吾身” 8.启发式导出向后瞧+“中正安舒”	7.探索五劳七伤+“三省吾身”联系 8.探索向后瞧+“中正安舒”联系	7.领悟“中正安舒” 8.领悟“自我认知、自我诊断、自我管理”
第三阶段　游戏创编+巩固练习（11分）				
（一）巩固动作创意中、团结协作创佳绩 （1）用五劳七伤往后瞧动作元素进行游戏创编 （2）同学展示自己的学习成果（以小组为单位） **（二）承上启下往后瞧、灵活领悟德与术** 回顾今天学习的动作文化内涵，引入下一个阶段高阶知识学习	两列纵队	1.启发式教学法 2.分组讨论 3.组织展示 4.讲解法、示范法 5.巡回指导 6.组织分组 7.评价	1.听问题，深思考 2.小组讨论 3.小组展示 4.听讲解、观示范 5.分组讨论 6.分组竞赛 7.领悟	小组研讨与竞赛（分析与评价） 1.激发学习的兴趣 2.激发创造精神与意识 3.激发挑战难度与克服困难精神 4.培养团队互助、合作精神

续表

第四阶段　中医文化+技术融合渗透（14分）				
（一）图文并茂言语间，你问我答任督脉 通过边示范边讲解，深度融合技术与理论，从体育健身角度讲述可扩张牵拉胸腔、腹腔内脏，刺激大椎穴增加颈肩部关节运动，改善血液循环，解除神经疲劳。从中医养生角度讲述三省吾身、中正安舒、自我认知、自我诊断、自我管理等品质与经络的关联，使学生了解与理解中华优秀传统文化的精髓，体会民族传统文化对人类的帮助。 **（二）三省吾身诊自己，中正安舒强身体** 讲解技术要点及内涵，循循善诱点主题	马蹄队形	1.挂图展示 2.讲解示范 3.启发式教学法 4.设疑提问 5.评价 6.归纳总结	1.观察挂图 2.听观线路 3.积极思考 4.回答 5.评价 6.领悟内涵	创造与应用，融会贯通 1.学以致用技术 2.领悟中医文化 3.内化思政内涵 4.提升健康体能 5.培养合作探究、创新意识、自评与互评能力
第五阶段　总结提炼，德术合一（5分）				
文体融通提精髓，思政升华现高度	马蹄队形	1.挂图设疑 2.板书设疑 3.提炼总结	1.抢答 2.积极思考 3.回答问题	报效祖国是高度\学习技术是提升\身心健康是基础
第六阶段　放松回归（5分）				
（一）调身归息心入静 （二）布置课后作业与回收器材	四列横队	1.导引领做 2.小结	1.模仿 2.听悟	调整呼吸，充分放松，领悟主题

思考题：

1.“五劳七伤往后瞧”有哪些健身功效?

2.如何在“五劳七伤往后瞧”教学中体会“三省吾身、中正安舒、自我认知、自我诊断、自我管理”思政内容，请举例?

（五）“水火既济，安居乐业”

表 10-6

一、教学基本信息				
学校	广西民族大学	八段锦	课程类型	公共基础课程
授课对象	大一、二在校普通生	2	教材信息	左茜颖.八段锦.北京体育大学出版社，2013-1
教学团队	《八段锦》教学团队	黄建团	授课章节	第五式：摇头摆尾去心火

续表

<table>
<tr><th colspan="2">二、教学分析</th></tr>
<tr><td>教学内容</td><td>（一）教学内容
1.理论内容：（1）八段锦动作解析（2）八段锦的养生功效
2.技术内容：摇头摆尾去心火
3.思政内容：水火既济、安居乐业、静心凝神、爱国爱家
（二）内容分析
根据课程教学目标“品德好、技术好、身体好”选择“理术德”渗透融合的教学内容。具体分析如下：
1.理论方面：八段锦功法遵循气功锻炼的固有规律，有明显健身养生功效，其历史源流蕴含着多学科多方面思想文化内涵，其健身养生功效与机理受到古今中外各界认可，增强学生家国情怀。
2.技术方面：第四式摇头摆尾去心火，双腿下蹲，摆动尾闾，可刺激脊柱、督脉，利于舒经泄热，去除心火。此外可加强颈腰髋等关节的灵活和力量。
3.思政融入方面：结合八段锦的作用、动作招式特点渗透融入思政元素。如蹲马步时，身要正，忌上体前倾、塌腰、低头、翘臀，重心在两腿之间。腰部力量引导上体进行移动，且脖颈和尾闾对拉伸长可去除心火。此外可加强颈腰髋等关节的灵活和力量。与“水火既济”意思相通，而强颈腰髋等关节的灵活和力量有以“安居乐业、静心凝神、爱国爱家”健身功效。
（三）教材分析：
1.技能部分是国家体育总局推广的健身气功套路，适合全民健身养生，其强健体魄功效与养生功效、文化修养、树立正确“三观”、健康观等有积极促进作用。
2.理论部分融合体育学、医学、思想政治学、现代心理学、艺术学、中华优秀传统文化等多学科理论知识，磨炼大学生的意志品质。
3.应用与实践部分充分利用现代技术信息、电子产品、音像视频、图片、黑板、室外场地等，围绕课堂主题“水火既济、安居乐业”，通过技术学习、健身养生与课程思政的渗透融合，寓教于乐开展与完成课堂教学计划。</td></tr>
<tr><td>学情分析</td><td>（四）学情分析
1.技术基础：该阶段的学生学习能力强，他们的身体机能强，已具备良好的身体素质，能够承受一定的强度运动，从心理上来看，他们感知能力强，具有敏锐的观察力，注意力集中。
2.方法基础：会用网络学习平台，少有体育课课外作业做课件及运动处方式的考核，团队合作学习不强。
3.态度基础：大部分学生身心趋于成熟，对新鲜事物的接受能力强，有独立思考与辨别能力，但学习能力有待提升。
4.思政基础：大多数学生未关注过技能与身心精神健康的养生机理和思想文化内涵。
（二）教学预测：
增强文化自信，体验身心精神“松沉静”感觉，提高“水火既济、安居乐业”气魄，达心满意足，身微汗。</td></tr>
</table>

续表

<table>
<tr><th colspan="2">三、教学目标确定</th></tr>
<tr><td>教学目标</td><td>（一）知识与技能目标：
1.加深对传统体育的认识，进一步了解中国传统文化的内涵，认识传统养生武术的锻炼价值和作用。
2.理解八段锦的健身功效和动作内涵，培养学生身心精神健康发展观和运动乐趣，养成积极乐观的生活态度。
3.掌握与应用动作要点，实现水火既济、安居乐业、的运动机理与方法应用。
（二）过程与方法目标：
1.练习密度在60%以上，运动强度中等偏低强度，运动心率达120—150次/分。
2.课后进行社区教学活动。
3.掌握探究式学习与团队合作学习方法。
（三）情感态度与价值观目标：
1.引导学生体验、探究、感悟“水火既济、安居乐业、静心凝神、爱国爱家”等动作招式的内在机理。
2.培养学生自主探究、敢于尝试和挑战的精神。
3.培养学生学会自我调节与放松的心理品质。</td></tr>
<tr><td>教学重点</td><td>（一）手法技术要领
（二）双腿下蹲，摆动尾闾，可刺激脊柱、督脉，利于舒经泄热，袪除心火。
（三）技术学习、健身养生与课程思政的渗透融合</td></tr>
<tr><td>教学难点</td><td>技术学习、健身养生与课程思政的渗透融合</td></tr>
<tr><th colspan="2">四、教学策略</th></tr>
<tr><td>设计思路</td><td>（一）本设计总体思路：
根据学生的心理特点和生理特点与其体育教学的总目标以“终身体育”与“快乐体育”为指导思想，遵循学生心理动态发展变化的规律，培养学生的终身体育意识，使学生在快乐中掌握锻炼方法，参加锻炼。学生对体育活动具有广泛的兴趣，爱玩、爱活动是学生的天性，根据学生想象思维较弱，直观模仿能力较强，愿意在教师的带领下参加集体活动的特点，本课以游戏来导入，使课堂快乐化。在课堂教学中除了传授学生基本技能之外，还要讲明所学内容对提高身体素质和增强体质的作用，让“终身体育”和“快乐体育”思想落到实处。在此基础上，我按此制定了这节体育课，实行“主体探究”的教学模式，以“思–学–练”的组合落实合作。同时也要注重培养学生组织能力、创新能力、吃苦耐劳的意志品质及团结互助的集体主义思想，为将来适应社会打下良好的基础。
（二）教学方法与手段：
1.观察法：自主性学习，注意观察模仿教师。
2.练习法：小组合作性学习，通过小组练习巩固技术。
3.展示法：在小组合作练习的基础上，进行前滚翻展示评比。
4.评价法：探究性学习，在练习后相互评价，经过体验实践，提高了理论，增强了判断能力和审美能力。
5.讨论法：在教师示范后，通过观察，讨论与归纳出动作技术要领。</td></tr>
</table>

续表

<table>
<tr><th colspan="5">教学流程</th></tr>
<tr><td colspan="5">加涅积累教学法认知阶段
“动机阶段（预期）—了解阶段（注意和选择性知觉）—获得阶段（编码储存通道）—保持阶段（记忆储备）—回忆阶段（检索）—概括阶段（迁移）——作业阶段（反应）—反馈阶段（强化）”
⬇
教学内容三融合
“技术学习、健身养生、课程思政”
⬇
六个学练阶段
“理论学习→技术学习→游戏创编→体医融合→提文炼术→放松回归”
⬇
八个教学环节
“动机选择、了解知识、学习知识、巩固知识、融入思政、反思课程、促进迁移、不断强化”</td></tr>
<tr><th colspan="5">五、教学过程</th></tr>
<tr><th rowspan="2">教学环节</th><th rowspan="2">教学形式</th><th colspan="2">教学活动</th><th rowspan="2">教学与信息化手段设计意图</th></tr>
<tr><th>教师</th><th>学生</th></tr>
<tr><td colspan="5">第一阶段　理论学习+思政融入（20分）</td></tr>
<tr><td>（一）正形提神入情境，优良美德润无声（3分）
（1）集队、考勤。
（2）师生问好，安排见习生。
（3）宣布课堂任务与要求。
（4）进行安全与思政教育，创设情境与疑问。
（二）品古论今道文化，眼观耳闻立高度（15分）
（1）八段锦的来源+文化认同、文化自豪。
观看视频和案例解析，学生直观了解八段锦的历史文化与健身实效，加深理解与记忆，提高学习兴趣，激发对中华民族生生不息几千年的优秀传统文化的认同感、自豪感，增强民族文化自信。</td><td>四队横队

马蹄队形</td><td>1.讲授法
2.启发式法</td><td>学生专注听讲、端正学习态度、明确教学目标、领会课堂精神与要求</td><td>情景导入，提出问题（了解与记忆）：1.师生问好、行礼，意在提神入境，传递“尊师重道”美德，通过老师举止起到课程思政活化，培养安全意识，激发求知欲。</td></tr>
</table>

续表

（2）中医学习+文化自信、健康担当：观看八段锦的中医学习实效报道，老师解说分析导出责任、担当，文化自信。 通过板书，帮助学生明确教学思想中心，加强记忆，提高教学高效性。 **（三）八式念诵助记忆，文化引领待技艺（2分）** 集体念诵动作名称，引导学生专注当下并记动作招式名称，为下一步技术学习做铺垫。	马蹄队形	1.问题导向法、信息技术法、探究法、启发式法、讲授法、问答法 2.老师结合知识点对应应用场景，引入思政	学生听取案例讲述，积极思考，激发学习热情与求知欲望	2.多媒体技术，“以史明德、以文化人、健康担当、文化自信”的育人功效 3.八式念诵，温故知新，加强理解与记忆。
第二阶段　技术学习+思政融入（35分）				
（一）蓄势待发悦身心、吐故纳新开心肺（5分） 1.慢跑 2.徒手操 3.小游戏（喊数报团） 方法：教师喊几个学生，学生就要几个人抱在一起，没有抱在一起的同学淘汰。 **（二）层层递进易精准、理明法透乐创新（30分）** 1.回顾上节课内容（2分） 2.新授“摇头摆尾去心火”（28分） （1）提出问题，创设情景 通过对“摇头摆尾去心火”这个动作的讲解，对学生提出如何进行动作实施，如何将摇头摆尾去心火，与“水火既济、安居乐业、静心凝神、爱国爱家”思政内容相结合。 （2）马步蹲立，两掌扶膝+“水火既济”思政渗透 动作要领：身体重心左移，右脚开半步，脚尖向前站立，两腿膝关节缓缓自然伸直，掌心向上，肩部下沉，两臂内旋，两掌随之内旋一圈，继续上托至头上方，肘关节微屈，掌心向上，掌尖相对，目视前方。随后，松腰、沉髋、敛臀，两腿徐缓屈膝半蹲成马步。在教师讲解托天动作与纠正动作错误中领悟“水火既济”思政内涵。	四列横队 同心圆队形	1.口令、口号、导语 2.讲解法、示范法 3.在游戏中提示学生注意安全 1.提问“摇头摆尾去心火”的动作要领是什么呢? 2.讲解法、示范法 3.分解练习法 4.完整练习法 5.巡回指导 6.组织分组进行素质练习	1.口号、慢跑 2.模仿练习 3.观察、习练与体悟要领 1.听问题，深思考，多交流。 2.听讲解、观示范 3.模仿练习，体验要领 4.口令练习，体验要领 5.纠正错误 6.两人互助练习 7.探索马步蹲立，两掌扶膝+“水火既济”联系与思政内涵 8.探索头随呼气，眼看足见+“安居乐业”联系与思政内涵	教学互动（理解与应用）：1.声情共进，调身心，防损伤 2.吐故纳新，提神醒脑 1.激发求知欲 2.初步建立摇头摆尾去心火正确概念和动作表象，培养学生观察、模仿、自学、互助能力 3.体会松静、张弛动作要领 4.掌握马步蹲立要领 5.掌握两掌扶膝要领

续表

注意事项：马步下蹲时要收髋、敛臀，上体中正。年老或体弱者要注意动作幅度，不可强求。 （3）头随呼气，眼看足见+“安居乐业”思政渗透 动作要领：身体重心向上稍升起，随之右移，上体向右侧倾斜，以腰为轴向右前侧俯身，头不低于水平，颈椎与肌肉尽量放松伸长，目视右脚。重心左移，上体保持俯身，头部高于水平，腰部用力，引导上体由右向前、向左移动。同时，颈部与尾闾对拉抻长，目视右脚脚尖。意想放松大椎穴和督脉，头向后摇，尾闾随之向相同方向摆动，上体立起，随之下颏微收，目视前方。在教师讲解托天动作与纠正动作错误中领悟“安居乐业”思政内涵。 纠正错误法：头向后摇，尾闾随之向相同方向摆动，以刺激大椎穴和督脉等，达到泄热、疏泄心火的作用。此处应注意尾闾摆动，宜大不宜小。正确做法是上体左倾，尾闾右摆；上体前俯，尾闾向后画圆，使尾闾与颈部对拉拔长，加大旋转幅度。另外，摇头的动作较尾闾摆动开始得早一些，所以摇头的速度要稍慢一些，以便能够使头尾同时归正。 养生作用：摇头的目的是希望达到放松效果，消除紧张、抑郁，安定精神，以及强化副交感神经作用，促进大脑机能，平衡大脑过度兴奋的活动，进而达到降心火的功效。而另一个动作要点在于摆尾，摆尾即转动腹腔，刺激腹腔内的脏腑，进而改善肠胃功能，使整个身体机能达到平衡的效果。在养生作用中领悟静心凝神、爱国爱家的课程思政。	同心圆队形	7.启发式导马步蹲立，两掌扶膝+“水火既济”联系与思政内涵 8.启发式导出头随呼气，眼看足见+“安居乐业”联系与思政内涵		6.掌握水火既济，目视前方要领 7领悟“头随呼气，眼看足见+“安居乐业”思政内涵 8.领悟“静心凝神、爱国爱家”思政内涵

续表

第三阶段　游戏创编+巩固练习（11分）				
（一）巩固动作创意中、团结协作创佳绩 （1）用摇头摆尾去心火动作元素进行游戏创编 （2）运用各组创编游戏进行比赛 （3）评估各组游戏创编实效 （4）统一规定动作进行游戏比赛 （5）强身健体从我做起 男生：15个俯卧撑女生：10个俯卧撑 **（二）承上启下往后瞧、灵活领悟德与术** 回顾今天学习的动作文化内涵，引入下个阶段高阶知识学习	两列纵队	1.启发式教学法 2.分组讨论 3.组织展示 4.讲解法、示范法 5.巡回指导 6.组织分组 7.评价	1.听问题，深思考 2.小组讨论 3.小组展示 4.听讲解、观示范 5.分组讨论 6.分组竞赛 7.领悟	小组研讨与竞赛（分析与评价） 1.激发学习的兴趣 2.激发创造精神与意识 3.激发挑战难度与克服困难精神 4.培养团队互助、合作精神
第四阶段　中医文化+技术融合渗透（14分）				
（一）图文并茂言语间，你问我答心肾说 通过边示范边讲解，深度融合技术与理论，从体育健身角度讲述蹲马步时，身要正，忌上体前倾、塌腰、低头、翘臀，重心在两腿之间，可刺激脊柱、督脉，利于舒经泻热，去除心火。此外可加强颈腰髋等关节的灵活和力量等功效，从中医养生角度讲述水火既济、安居乐业、静心凝神、爱国爱家等品质与肝胆的关联，使学生热爱自己国家的文化，增强民族自信。 **（二）水火既济保健康，安居乐业建家园** 讲解技术要点及内涵，循循善诱点主题	马蹄队形	1.挂图展示 2.讲解示范 3.启发式教学法 4.设疑提问 5.评价 6.归纳总结	1.观察挂图 2.听观线路 3.积极思考 4.回答 5.评价 6.领悟内涵	创造与应用，融会贯通 1.学以致用技术 2.领悟中医文化 3.内化思政内涵 4.提升健康体能 5.培养合作探究、创新意识、自评与互评能力
第五阶段　总结提炼，德术合一（5分）				
文体融通提精髓，思政升华有高度	马蹄队形	1.挂图设疑 2.板书设疑 3.提炼总结	1.抢答 2.积极思考 3.回答问题	报效祖国是高度\学习技术是提升\身心健康是基础
第六阶段　放松回归（5分）				
（一）调身归息心入静 （二）布置课后作业与回收器材	四列横队	1.导引领做 2.小结	1.模仿 2.听悟	调整呼吸，充分放松，领悟主题

思考题：

1.“摇头摆尾去心火”动作教学中“双腿下蹲，摆动尾闾”有哪些作用？

2.思考“摇头摆尾去心火课程思政”应该从哪些方面来进行教学安排？

（六）“谦受益、满招损”

表 10–7

一、教学基本信息					
学校	广西民族大学	课题名称	八段锦	课程类型	公共基础课程
授课对象	大一、二在校普通生	授课时数	2	教材信息	左茜颖.八段锦.北京体育 大学出版社，2013–1
教学团队	《八段锦》教学团队	授课老师	黄建团	授课章节	第六式：两手攀足固肾腰
二、教学分析					
教学内容	**（一）教学内容** 1.理论内容：（1）八段锦动作解析，（2）八段锦的养生功效。 2.技术内容：两手攀足固肾腰。 3.思政内容：谦受益、满招损、知行合一、健康长寿。 **（二）内容分析** 根据课程教学目标“品德好、技术好、身体好”选择“理术德”渗透融合的教学内容。具体分析如下： 1.理论方面：八段锦可以调心、调身、调息，以心为主导的整体养生具有保健、养气、存神作用。 2.技术方面：第六式两手攀足固肾腰，通过双臂的前屈后伸，可刺激脊柱、督脉及命门等，有助于防治泌尿生殖系统慢性病，达到固肾壮腰的作用。 3.思政融入方面：结合八段锦的作用、动作招式特点渗透融入思政元素。如，两臂外旋，两手随之后插腋下时，动作要缓慢、全身放松。反复摩擦的动作要适当用力，到地面时切记松腰沉肩，两膝挺直有以“满招损、知行合一、健康长寿”健身功效。 **（三）教材分析：** 1.技能部分是中国传统导引养生功《八段锦》的简化功法，适合全民健身养生，不受场地影响且易操练的健身功法，其强健体魄功效与招式文化内涵对大学生的思想健康、身心发展等有积极促进作用。 2.理论部分依据身体全面发展的原则。既有协调性为主的练习，也有力量性的练习，使学生的身体素质和基本活动能力得到全面、协调的锻炼和发展。依据合理安排生理负荷和心理负荷的原则，结合人体机能适应性规律。 3.应用与实践部分充分利用现代技术信息、电子产品、音像视频、图片、黑板、室外场地等，围绕课堂主题“谦受益、满招损”，通过技术学习、健身养生与课程思政的渗透融合，寓教于乐开展与完成课堂教学计划。				

续表

学情分析	**（四）学情分析** 1.技术基础：该阶段的学生运动能力出众，对民族传统体育感到好奇，但动作不连贯、不协调、规律性有待提高。 2.方法基础：学生积极参加体育活动，培养学生组织能力的提升，培养学生能够养成“终身体育”的习惯。 3.态度基础：大部分学生身心趋于成熟，对新鲜事物的接受能力强，有独立思考与辨别能力，但对民族传统体育项目了解过少动作会出现错误情况。 4.思政基础：大多数学生未关注过技能与身心精神健康的养生机理和思想文化内涵。 **（五）教学预测：** 增强文化自信，体验身心精神“松沉静”感觉，提高“谦受益、满招损”气魄，达心满意足，身微汗。
三、教学目标确定	
教学目标	**（一）知识与技能目标** 1.加深学生能够根据自己的身体情况，合理科学地进行体育锻炼，掌握基本民族传统体育知识与体育保健知识。 2.理解八段锦的健身功效和动作内涵，培养学生身心精神健康发展观和运动乐趣，养成积极乐观的生活态度。 3.掌握与应用动作要点，实现谦受益、满招损的运动机理与方法应用。 **（二）过程与方法目标** 1.练习密度在60%以上，运动强度中等偏低强度，运动心率达115—150次/分。 2.课后定期完成课外体育作业。 3.掌握积累学习与团队合作学习方法。 **（三）情感态度与价值观目标** 1.引导学生体验、探究、感悟“谦受益、满招损、知行合一、健康长寿”等动作招式的内在机理。 2.培养学生自主探究、敢于尝试和挑战的精神。 3.培养学生学会自我调节与放松的心理品质。
教学重点	（一）手法技术要领 （二）两臂外旋，两手随之后插腋下时，动作要缓慢、全身放松。 （三）技术学习、健身养生与课程思政的渗透融合
教学难点	技术学习、健身养生与课程思政的渗透融合

续表

<table>
<tr><th colspan="5">四、教学策略</th></tr>
<tr><td>设计思路</td><td colspan="4">（一）本设计总体思路
根据认知发展规律和系统论思想，以“弘扬民族传统体育精神”为教学理念，以学生身心精神三位一体健康发展为中心，从加涅积累教学法认知理论“动机阶段（预期）—了解阶段（注意和选择性知觉）—获得阶段（编码储存通道）—保持阶段（记忆储备）—回忆阶段（检索）—概括阶段（迁移）—作业阶段（反应）—反馈阶段（强化）”八个认知进阶，围绕教学内容“技术学习、健身养生、课程思政”三融合，组织了“动机选择、了解知识、学习知识、巩固知识、融入思政、反思课程、促进迁移、不断强化八个教学环节，形成了“八三六八”教学设计线路。
（二）教学方法与手段
1.采用信息技术法，以增强学生直观认知形成有效记忆。
2.采用启发式+合作探究法，突出学生的主体地位，营造积极探索的思政教学情境，通过创设情境与设计问题，引导学生探究问题与解决问题。
3.任务驱动、小组研讨、游戏竞赛法，拓展学生创新思维和激发团结合作精神。
4.归纳总结提炼法，充分发掘技术动作与中医文化、课程思政之间的逻辑联系及育人作用。
5.设计板书是帮助学生明确课堂主题、巩固核心信息，提高课堂效率、突出本节课主旨，起到画龙点睛作用。
（三）学习过程及时进行评价反馈，便于学生认识自己的学习效果，培养学生积极探索与批判性思维</td></tr>
<tr><th colspan="5">教学流程安排</th></tr>
<tr><td colspan="5">加涅积累教学法认知阶段
“动机阶段（预期）—了解阶段（注意和选择性知觉）—获得阶段（编码储存通道）—保持阶段（记忆储备）—回忆阶段（检索）—概括阶段（迁移）——作业阶段（反应）—反馈阶段（强化）”
⬇
教学内容三融合
“技术学习、健身养生、课程思政”
⬇
六个学练阶段
“理论学习→技术学习→游戏创编→体医融合→提文炼术→放松回归”
⬇
八个数学环节
“动机选择、了解知识、学习知识、巩固知识、融入思政、反思课程、促进迁移、不断强化”</td></tr>
<tr><th colspan="5">五、教学过程</th></tr>
<tr><td rowspan="2">教学环节</td><td rowspan="2">教学形式</td><td colspan="2">教学活动</td><td rowspan="2">教学与信息化手段设计意图</td></tr>
<tr><td>教师</td><td>学生</td></tr>
</table>

续表

第一阶段　理论学习+思政融入（20分）				
（一）正形提神入情境，优良美德润无声（3分） 1.集队、考勤。 2.师生问好，安排见习生。 3.宣布课堂任务与要求。 4.进行安全与思政教育，创设情境与疑问。 **（二）品古论今道文化，眼观耳闻立高度（15分）** 1.八段锦的来源+文化认同、文化自豪 观看视频和案例解析，学生直观了解八段锦的历史文化与健身实效，加深理解与记忆，提高学习兴趣，激发对中华民族生生不息几千年的优秀传统文化的认同感、自豪感，增强民族文化自信。 2.中医学习+文化自信、健康担当： 观看八段锦的中医学习实效报道，老师解说分析导出责任、担当，文化自信。通过板书，帮助学生明确教学思想中心，加强记忆，提高教学高效性。 **（三）八式念诵助记忆，文化引领待技艺（2分）** 集体念诵动作名称，引导学生专注当下并记动作招式名称，为下一步技术学习做铺垫。	四队横队 马蹄队形	1.讲授法 2.启发式法 1.问题导向法、信息技术法、探究法、启发式法、讲授法、问答法 2.老师结合知识点对应应用场景，引入思政	学生专注听讲、端正学习态度、明确教学目标、领会课堂精神与要求 学生听取案例讲述，积极思考，激发学习热情与求知欲望	情景导入，提出问题（了解与记忆）：1.师生问好、行礼，意在提神入境，传递“尊师重道”美德，通过老师举止起到课程思政活化，培养安全意识，激发求知欲。 2.多媒体技术，“以史明德、以文化人、健康担当、文化自信”的育人功效 3.八式念诵，温故知新，加强理解与记忆
第二阶段　技术学习+思政融入（35分）				
（一）蓄势待发悦身心、吐故纳新开心肺（5分） 1.慢跑。 2.热身活动。 3.游戏：快速反应五步拳。 动作要领：把全班同学分为人数相等的四组，四组同时进行；1号位同学在距离起点15米处，背对其他9位同学。游戏开始，1号位同学喊开始，其他队员在起点快速跑动，当1号位同学喊停时，9位同学必须以五步拳中的动作作为静止动作，当1号位同学再喊开始，方可启动，最先摸到1号位同学的同学胜利。中间动作出现大幅度晃动的同学和没有率先摸到1号位同学奖励俯卧撑5个。	四列横队	1.口令、口号、导语 2.讲解法、示范法 3.指挥学生开展游戏； 4.做裁判	1.口号、慢跑 2.模仿练习 3.观察、习练与体悟要领	教学互动（理解与应用）： 1.声情共进，调身心，防损伤 2.吐故纳新，提神醒脑

续表

（二）层层递进易精准、理明法透乐创新（30分） 1.回顾上节课内容（2分） 2.新授“两手攀足固肾腰”（28分） （1）两步横开，两掌腹前+“谦受益”思政渗透 动作要领：两腿挺膝缓缓伸直站立。同时，两掌掌尖向前，两臂向前、向上举起，肘关节伸直，掌心向前，两臂外旋至掌心相对时屈肘，两掌下按于胸前，掌心向下，掌尖相对，目视前方，两臂外旋，转掌成两掌心向上，随之两掌掌指顺腋下向后插，目视前方。在教师讲解托天动作与纠正动作错误中领悟“谦受益”思政内涵。 注意事项：实际练习中，习练者在上体前俯、两掌推摩时，两膝时常随手掌下推而自然弯曲，这主要是由于练习者过于追求将两掌推至脚跟造成的。 养生作用：1.这一段动作，包括头向后仰、上体背伸和弯腰活动，主要运动腰部。腰是全身运动的中枢，又是头颈和躯干负重的轴心，是人体重要组成部位之一。腰部运动不仅能加强腰部肌肉、腰椎关节和韧带等联结的活动功能，而且对于支配下肢的主要神经（如坐骨神经），也有良好的作用。2.两掌要沿足太阳膀胱经向下推至脚跟，并沿脚外侧置于脚面，目的是通过两腿伸直、上体前屈和背、腰、臀、腿后部肌肉群的伸展，对足太阳膀胱经起到疏导刺激作用。 （2）平分后转，吸气撑腰+“满招损”思政渗透 动作要领：两掌心向内，稍加用力沿脊柱两侧向下摩运，至臀部，随之上体前俯，两掌继续沿腿后向下摩运，松腰、沉肩，两膝挺直，经脚两侧置于脚面。抬头，动作略停，目视前下方。 做完6遍后，松腰沉髋，身体重心缓缓下降，两腿膝关节微屈。同时，两掌下按至腹前，掌心向下，掌尖向前，目视前方在教师讲解托天动作与纠正动作错误中领悟“满招损”思政内涵。	同心圆队形	1.示范讲解教学法 2.问答教学法 3.分解练习法 4.完整练习法 5.巡回指导 6.组织分组 7.启发式导“两步横开，两掌腹前+“谦受益” 8.启发式导“平分后转，吸气撑腰+“满招损”	1.听讲解、观示范 2.听问题，深思考 3.模仿练习，体验要领 4.口令练习，体验要领 5.纠正错误 6.两人互助练习 7.探索“两步横开，两掌腹前+“谦受益” 8.探索“平分后转，吸气撑腰+“满招损”	1.激发求知欲 2.初步建立两手攀足固肾腰正确概念和动作表象，培养学生观察、模仿、自学、互助能力 3.体会松静、张弛动作要领 4.掌握“两步横开要领 5.掌握两掌腹前要领 6.掌握谦受益”目视前方要领 7领悟”平分后转，吸气撑腰+“满招损” 8.领悟“知行合一、健康长寿”

续表

纠正错误法：明白了两膝伸直的健身意义，了解直膝动作与两手推摩的主次关系，就要在练习中尽量保持两膝挺直。当身体充分前屈时，两掌应尽力向下推摩，若受身体条件限制而不能推至脚跟及脚背面，可以在脚背之上悬空完成余下的导引动作。年老或体弱者可根据身体状况自行调整动作幅度，不可强加。 养生作用：这个动作，可保护腰部器官，如肾、肾上腺、输尿管、腹主动脉、下腔静脉和胰脏等。当腰部运动时，能促进腹后壁器官组织的活动，加强各器官的生理机能，例如肾的功能是排泄人体内新陈代谢过程中产生对人体无用或有害的产物（尿酸、尿素等），它又有调节体液、电解质和酸碱平衡的机能，对保持体内环境的相对恒定起着重要作用；肾上腺是属于内分泌器官，更与全身各种代谢功能有密切关系。在养生作用中领悟满招损、知行合一、健康长寿的课程思政。				
第三阶段　游戏创编+巩固练习（11分）				
（一）巩固动作创意中、团结协作创佳绩 （1）用两手攀足固肾腰动作元素进行身体 （2）运用各组创编游戏进行比赛 （3）评估各组游戏创编实效 （4）统一规定动作进行游戏比赛 **（二）承上启下往后瞧、灵活领悟德与术** 回顾今天学习的动作文化内涵，引入下个阶段高阶知识学习	两列纵队	1.启发式教学法 2.分组讨论 3.组织展示 4.讲解法、示范法 5.巡回指导 6.组织分组 7.评价	1.听问题，深思考 2.小组讨论 3.小组展示 4.听讲解、观示范 5.分组讨论 6.分组竞赛 7.领悟	小组研讨与竞赛（分析与评价） 1.激发学习的兴趣 2.激发创造精神与意识 3.激发挑战难度与克服困难精神 4.培养团队互助、合作精神

续表

第四阶段　中医文化+技术融合渗透（14分）				
（一）图文并茂言语间，你问我答肾中说 通过边示范边讲解，深度融合技术与理论，从体育健身角度讲述通过双臂的前屈后伸，可刺激脊柱、督脉及命门等，有助于防治泌尿生殖系统慢性病，达到固肾壮腰等功效，从中医养生角度讲述谦受益、满招损、知行合一、健康长寿等品质与肝胆的关联，使学生了解与理解自己身体。 **（二）屈伸自如腰谦受益，刚健无柔满招损** 讲解技术要点及内涵，循循善诱点主题	马蹄队形	1.挂图展示 2.讲解示范 3.启发式教学法 4.设疑提问 5.评价 6.归纳总结	1.观察挂图 2.听观线路 3.积极思考 4.回答 5.评价 6.领悟内涵	创造与应用，融会贯通 1.学以致用技术 2.领悟中医文化 3.内化思政内涵 4.提升健康体能 5.培养合作探究、创新意识、自评与互评能力
第五阶段　总结提炼，德术合一（5分）				
文体融通提精髓，思政升华现高度	马蹄队形	1.挂图设疑 2.板书设疑 3.提炼总结	1.抢答 2.积极思考 3.回答问题	报效祖国是高度 学习技术是提升 身心健康是基础
第六阶段　放松回归（5分）				
（一）调身归息心入静 （二）布置课后作业与回收器材	四列横队	1.导引领做 2.小结	1.模仿 2.听悟	调整呼吸，充分放松，领悟主题

思考题：

1. 思考“两手攀足固肾腰”的内在机理有哪些？
2. 思考“两手攀足固肾腰”动作教学过程中育人目标有哪些？

（七）“清肝明目、浩然正气”

表 10-8

一、教学基本信息					
学校	广西民族大学	课题名称	八段锦	课程类型	公共基础课程
授课对象	大一、二在校普通生	授课时数	2	教材信息	左茜颖.八段锦.北京体育大学出版社，2013-1
教学团队	《八段锦》教学团队	授课老师	黄建团	授课章节	第七式：攒拳怒目增气力

续表

<table>
<tr><th colspan="2">二、教学分析</th></tr>
<tr><td>教学内容</td><td>**（一）教学内容**
1.理论内容：（1）八段锦的历史源流（2）八段锦的功效机理
2.技术内容：攒拳怒目增气力
3.思政内容：文化认同、文化自豪、文化自信、脚踏实地、浩然正气、表里如一、团结互助、肝胆相照。
（二）内容分析
根据课程教学目标“品德好、技术好、身体好”选择“理术德”渗透融合的教学内容。具体分析如下：
1.理论方面：八段锦是优秀传统文化的智慧结晶，有健身养生功效与机理，受到古今中外各界认可，可增强学生的民族认同感、自豪感以及民族文化自信，激起学生学习八段锦的兴趣感、责任感和探索欲，为学生实现“知行乐”合一的体育锻炼养成奠定基础。
2.技术方面：第七式有马步、冲拳、怒目技术环节，动作在张弛、紧松中完成，马步可以增强下肢力量，促进气血循环，冲拳怒目可以激发脏腑气力，有凝练内劲、聚焦当下、清肝明目等作用，提升人的精气神。
3.思政融入方面：结合八段的历史源流、动作招式特点渗透融入思政元素。如，马步动作要求脚掌抓地、下盘要稳，与“脚踏实地”意思相通，而冲拳怒目，要内劲起动才能出现瞪眼，达身形意的内外合一，所以引出“表里如一”做人道理，而肝开窍于目，马步冲拳怒目时刺激到肝胆经，有肝胆相照、清肝明目而立浩然正气多维健康发展功效。
（三）教材分析：
1.技能部分八段锦作为“保健体育课”内容之一，通过特定的形体运动，配合呼吸，有健身强体作用，能够提高身体柔韧性和协调性，提高神经灵活性。
2.理论部分融合体育学、医学、思想政治学、现代心理学、艺术学、中华优秀传统文化等多学科理论知识，解决了传统体育课程重技能轻文化、教学供给单一与学生需求多样化的失衡等问题。
3.应用与实践部分充分利用现代技术信息、电子产品、音像视频、图片、黑板、室外场地等，围绕课堂主题“清肝明目，浩然之气”，通过技术学习、健身养生与课程思政的渗透融合，寓教于乐开展与完成课堂教学计划。</td></tr>
<tr><td>学情分析</td><td>**（一）学情分析**
1.技术基础：大部分学生身体素质一般，生活方式不合理，饮食结构不合理，造成运动意识减弱。
2.方法基础：会用教学资源加强对八段锦的内容学习，提高身体柔韧性、平衡性、肌肉力量。
3.态度基础：在大学阶段，学生兴奋过程占优势，神经系统容易出现扩散和泛化现象，抑制过程尚不完善。在学习过程中出现注意力不集中的现象。
4.思政基础：大多数学生未关注过技能与身心精神健康的养生机理和思想文化内涵。
（二）教学预测：
1.多元知识与技能结合，激发学习兴趣和正确价值观理念引领。
2.运用优秀传统文化，挖掘动作的思政文化内涵与健身养生机理，唤醒学生内心深处渴望进步与探索未知的意愿，真心地喜欢健身养生运动。
3.通过教与学耦合的共建，培养学生身心精神全面健康理念、系统思维和创新精神。</td></tr>
</table>

续表

三、教学目标确定	
教学目标	**（一）知识与技能目标** 1.了解八段锦的历史源流，增强学生的民族认同感、自豪感以及民族文化自信，激发学生学习八段锦的兴趣感、责任感和探索欲。 2.理解八段锦的健身功效和动作内涵，培养学生身心精神多维健康发展观和运动乐趣，养成健康担当意识和“知行乐”合一的体育锻炼习惯。 3.掌握与应用动作要点，实现清肝明目、浩然正气的运动机理与方法应用。 **（二）过程与方法目标** 1.练习密度在60%以上，运动强度中等偏低强度，运动心率达115—150次/分。 2.课后定期完成课外体育作业。 3.掌握自主学习与合作研讨学习方法。 **（三）情感态度与价值观目标** 1.引导学生体验、探究、感悟“清肝明目，浩然之气、文化认同、文化自豪、文化自信、脚踏实地、表里如一、团队互助”等动作招式的内在机理。 2.培养学生“知·行·乐”合一的认知与实践能力，养成科学健身理念和良好运动习惯。 3.培养学生细致观察、专注当下、团队合作和突破创新精神。
教学重点	（一）核心技术要领 （二）肝胆经络学说 （三）技术学习、健身养生与课程思政的渗透融合
教学难点	技术学习、健身养生与课程思政的渗透融合
四、教学策略	
设计思路	**（一）本设计总体思路** 根据认知发展规律和系统论思想，以“德术合一”为教学理念，以学生身心精神三位一体健康发展为中心，从布卢姆认知理论“了解与记忆、理解与应用、分析与评价、创造与运用”四个认知进阶，围绕教学内容“技术学习、健身养生、课程思政”三融合，组织了“理论学习、技术学习、游戏创编、体医融合、提文练术、放松回归”六个学练阶段，设计了“情境导入与提出问题、小组研讨、教师评估、小组竞赛、教师分析与评价、布置课后任务”六个教学环节，形成了“四三六六”教学设计线路。 **（二）教学方法与手段** 1.采用信息技术法，以增强学生直观认知形成有效记忆。 2.采用启发式+合作探究法，突出学生的主体地位，营造积极探索的思政教学情境，通过创设情境与设计问题，引导学生探究问题与解决问题。 3.任务驱动、小组研讨、游戏竞赛法，拓展学生创新思维和激发团结合作精神。 4.归纳总结提炼法，充分发掘技术动作与中医文化、课程思政之间的逻辑联系及育人作用。 5.设计板书是帮助学生明确课堂主题、巩固核心信息，提高课堂效率、突出本节课主旨，起到画龙点睛作用。 **（三）学习过程及时进行评价反馈，便于学生认识自己的学习效果，培养学生积极探索与批判性思维**

续表

<table>
<tr><th colspan="5">教学流程安排</th></tr>
<tr><td colspan="5">布卢姆四个认知进阶
了解与记忆→理解与应用→分析与评价→创造与运用
⬇
教学内容三融合
“技术学习、健身养生、课程思政”
⬇
六个学练阶段
“理论学习→技术学习→游戏创编→体医融合→提文炼术→放松回归”
⬇
六个教学环节
“情境导入与提出问题→小组研讨→教师评估→小组竞赛→教师分析与评价→布置课后任务”</td></tr>
<tr><th colspan="5">五、教学过程</th></tr>
<tr><th rowspan="2">教学环节</th><th rowspan="2">教学形式</th><th colspan="2">教学活动</th><th rowspan="2">教学与信息化手段设计意图</th></tr>
<tr><th>教师</th><th>学生</th></tr>
<tr><td colspan="5">第一阶段　理论学习+思政融入（20分）</td></tr>
<tr><td>（一）正形提神入情境，优良美德润无声（3分）
（1）集队、考勤。
（2）师生问好，安排见习生。
（3）宣布课堂任务与要求。
（4）进行安全与思政教育，创设情境与疑问。</td><td>四队横队</td><td>1.讲授法
2.启发式法</td><td>学生专注听讲、端正学习态度、明确教学目标、领会课堂精神与要求</td><td rowspan="2">情景导入，提出问题（了解与记忆）：
1.师生问好、行礼，意在提神入境，传递“尊师重道”美德，通过老师举止起到课程思政活化，培养安全意识，激发求知欲
2.多媒体技术，“以史明德、以文化人、健康担当、文化自信”的育人功效
3.八式念诵，温故知新，加强理解与记忆</td></tr>
<tr><td>（二）品古论今道文化，眼观耳闻立高度（15分）
（1）八段锦的历史+文化认同、文化自豪
观看视频和案例解析，学生直观了解八段锦的历史文化与健身实效，加深理解与记忆，提高学习兴趣，激发对中华民族生生不息几千年的优秀传统文化的认同感、自豪感，增强民族文化自信。
（2）抗疫案例学习+文化自信、健康担当：观看八段锦的抗疫实效报道，老师解说分析导出责任、担当，文化自信。
通过板书，帮助学生明确教学思想中心，加强记忆，提高教学高效性。
（三）八式念诵助记忆，文化引领待技艺（2分）
集体念诵动作名称，引导学生专注当下并记动作招式名称，为下一步技术学习做铺垫。</td><td>马蹄队形</td><td>1.问题导向法、信息技术法、启发式法、讲授法、问答法
2.老师结合知识点对应应用场景，引入思政</td><td>学生听取案例讲述，积极思考，激发学习热情与求知欲望</td></tr>
</table>

续表

第二阶段　技术学习+思政融入（35分）				
（一）蓄势待发悦身心、吐故纳新开心肺（5分） （1）慢跑 （2）各关节活动 （3）吐纳+活筋骨练习 **（二）层层递进易精准、理明法透乐创新（30分）** 1.回顾上节课内容（2分） 2.新授“攒拳怒目增气力”（28分） （1）马步+“脚踏实地”思政渗透 动作要领：两足横开，两膝下蹲，呈”骑马步”，同学在围成圆圈学习攒拳怒目增气力之“马步”技术动作，在教师讲解马步动作与纠正动作错误中领悟“脚踏实地”思政内涵。 （2）马步+冲拳完整动作学习 动作要领：双手握拳，拳眼向上，顺势头稍向左转，两眼通过左拳凝视远方，右拳同时后拉。与左拳出击形成一种”争力”。学生进行完整动作习练，体会松静、张弛动作要领。 （3）松腰直脊+“浩然正气”思政渗透 松腰敛臀动作要领：含胸、沉气、松腰，敛臀则是在含胸拔背和松腰的基础上臀部稍做内收。 虚领顶劲动作要领：要求头向上顶，但颈部肌肉不要僵直，头部动作应与身体位置和方向的转换协调一致。 在教师讲解“松腰直脊”的松腰敛臀、虚灵顶劲动作与纠正动作错误中领悟“浩然正气”思政内涵。 （4）怒目冲拳+“表里如一”思政渗透 动作要领：冲拳时怒目圆睁，脚趾抓地，拧腰瞬间，力达拳面。回收时要悬腕，五指用力抓握。在教师讲解“怒目冲拳”的动作概念与纠正动作错误中领悟“表里如一”思政内涵。 易犯的错误：冲拳时上体前俯、端肩、掀肘，回收时悬腕不明显，抓握无力。 纠正错误法：冲拳时小臂贴肋前送，头向上引，上体立直，肩部松沉，肘关节微屈，力达全面。回收时先五指伸直，充分悬腕，再屈指用力抓握。	同心圆队形	1.口令、口号、导语 2.讲解法、示范法 1.启发式教学法 2.讲解法、示范法 3.分解练习法 4.完整练习法 5.巡回指导 6.组织分组 7.启发式导出马步+“脚踏实地” 8.启发式导出松腰直脊+“浩然正气” 9.启发式导出怒目冲拳+“表里如一”	1.口号、慢跑 2.模仿练习 3.观察、习练与体悟要领 1.听问题，深思考 2.听讲解、观示范 3.模仿练习，体验要领 4.口令练习，体验要领 5.纠正错误 6.两人互助练习 7.探索马步+“脚踏实地” 8.探索松腰直脊+“浩然正气” 9.探索怒目冲拳+“表里如一”	教学互动（理解与应用）： 1.声情共进，调身心，防损伤 2.吐故纳新，提神醒脑 1.激发求知欲 2.初步建立攒拳怒目增气力正确概念和动作表象，培养学生观察、模仿、自学、互助能力 3.体会松静、张弛动作要领 4.掌握马步+冲拳要领 5.掌握松腰敛臀要领 6.掌握虚领顶劲要领 7领悟“脚踏实地”思政内涵 8.领悟“浩然正气”思政内涵 9.领悟“表里如一”思政内涵 10.培养学生“知·行·乐”运动合一，力求课堂高效教学

续表

<table>
<tr><td colspan="5">第三阶段　游戏创编+巩固练习（11分）</td></tr>
<tr><td>（一）巩固动作创意中、团结协作知行乐
（1）用攒拳怒目增气力动作元素进行游戏创编
（2）运用各组创编游戏进行比赛
（3）评估各组游戏创编实效
（4）统一规定动作进行游戏比赛
（二）承上启下往后瞧、灵活领悟德与术
回顾今天学习的动作文化内涵，引入下一个阶段高阶知识学习</td><td>两列纵队</td><td>1.启发式教学法
2.分组讨论
3.组织展示
4.讲解法、示范法
5.巡回指导
6.组织分组
7.评价</td><td>1.听问题，深思考
2.小组讨论
3.小组展示
4.听讲解、观示范
5.分组讨论
6.分组竞赛
7.领悟</td><td>小组研讨与竞赛（分析与评价）
1.激发学习的兴趣
2.激发创造精神与意识
3.激发挑战难度与克服困难精神
4.培养团队互助、合作精神</td></tr>
<tr><td colspan="5">第四阶段　中医文化+技术融合渗透（14分）</td></tr>
<tr><td>（一）图文并茂言语间，你问我答肝胆中
通过边示范边讲解，深度融合技术与理论，从体育健身角度讲述马步、攒拳、怒目有清肝、明目、活气血、强肌力等功效，从中医养生角度讲述肝胆相照、顶地立地、表里如一等品质与肝胆的关联，使学生了解与理解中华优秀传统文化的精髓，促进学生民族文化认同，增强民族文化自信，加强爱国主义教育。
（二）清肝明目强体魄，浩然正气铸课魂
讲解技术要点及内涵，循循善诱点主题</td><td>马蹄队形</td><td>1.挂图展示
2.讲解示范
3.启发式教学法
4.设疑提问
5.评价
6.归纳总结</td><td>1.观察挂图
2.听观线路
3.积极思考
4.回答
5.评价
6.领悟内涵</td><td>创造与应用，融会贯通
1.学以致用技术
2.领悟中医文化
3.内化思政内涵
4.提升健康体能
5.培养合作探究、创新意识、自评与互评能力</td></tr>
<tr><td colspan="5">第五阶段　总结提炼，德术合一（5分）</td></tr>
<tr><td>文体融通提精髓，思政升华现高度</td><td>马蹄队形</td><td>1.挂图设疑
2.板书设疑
3.提炼总结</td><td>1.抢答
2.积极思考
3.回答问题</td><td>报效祖国是高度\学习技术是提升\身心健康是基础</td></tr>
<tr><td colspan="5">第六阶段　放松回归（5分）</td></tr>
<tr><td>（一）调身归息心入静
（二）布置课后作业与回收器材</td><td>四列横队</td><td>1.导引领做
2.小结</td><td>1.模仿
2.听悟</td><td>调整呼吸，充分放松，领悟主题</td></tr>
</table>

思考题:

1. 如何在“攒拳怒目增气力”教学中体会“德术合一”请举例说明。

2. 教学过程中如何改进学生的错误动作?

(八)“节节贯穿　落地归根”

表 10–9

<table>
<tr><td colspan="6">一、教学基本信息</td></tr>
<tr><td>学校</td><td>广西民族大学</td><td>课题名称</td><td>八段锦</td><td>课程类型</td><td>公共基础课程</td></tr>
<tr><td>授课对象</td><td>大一、二在校普通生</td><td>授课时数</td><td>2</td><td>教材信息</td><td>左茜颖.八段锦.北京体育大学出版社，2013–1</td></tr>
<tr><td>教学团队</td><td>《八段锦》教学团队</td><td>授课老师</td><td>黄建团</td><td>授课章节</td><td>第八式：学练背后七颠百病消</td></tr>
<tr><td colspan="6">二、教学分析</td></tr>
<tr><td>教学内容</td><td colspan="5">（一）教学内容
1.理论内容:（1）八段锦动作解析（2）八段锦的养生功效
2.技术内容：学练背后七颠百病消
3.思政内容：节节贯穿、落地归根、始终如一、人文素养
（二）内容分析
根据课程教学目标“品德好、技术好、身体好”选择“理术德”渗透融合的教学内容。具体分析如下：
1.理论方面：八段锦是形体活动与呼吸运动相结合的健身法，通过锻炼，使人达到“心全于中，形全于外”，心和身都全面而健康的和谐状态。通过八段锦练习能促进大学生的身心健康。
2.技术方面：第八式学练背后七颠百病消，通过可调节脏腑功能，通畅全身脏腑气血，提高人体平衡，放松肌肉，缓解紧张。
3.思政融入方面：结合八段锦的作用、动作招式特点渗透融入思政元素。如脚跟提起时，两腿并拢，脚趾抓地，提肛收腹，沉肩坠肘。脚跟下落时，咬牙颤动身体，动作从容，落地身体直立，垂臂收功。脚跟下落时，咬牙颤动身体，动作从容，落地身体直立，垂臂收功。以“节节贯穿 落地归根、始终如一、人文素养”健身功效。
（三）教材分析
1.技能部分八段锦可以活动身体，提高身体的柔韧性和协调性，提高神经系统的协调性和灵活性。八段锦同时又具有健心功能，通过演练八段锦能缓解大脑的疲劳，调节情绪，保持人体身心平衡。</td></tr>
</table>

续表

教学内容	2.理论部分融合体育学、医学、思想政治学、现代心理学、艺术学、中华优秀传统文化等多学科理论知识，解决了当代大学生的身体机能、体质和免疫力下降，速度、耐力、肌肉力量等素质明显下降对问题。 3.应用与实践部分充分利用现代技术信息、电子产品、音像视频、图片、黑板、室外场地等，围绕课堂主题“节节贯穿 落地归根”，通过技术学习、健身养生与课程思政的渗透融合，寓教于乐开展与完成课堂教学计划。
学情分析	**（一）学情分析** 1.技术基础：该阶段的学生具心理特点的独特性，自我意识增强但发展不成熟；独立性与依赖性并存；性格鲜明开放易于接受新事物，却又容易受伤；性意识迅速发展但易出现心理失衡。 2.方法基础：会用网络学习平台，少有体育课课外作业做课件及运动处方式的考核，团队合作学习不强。 3.态度基础：大部分学生身心趋于成熟，对新鲜事物的接受能力强，有独立思考与辨别能力，但学习内驱动力不足，一机在手，网泳为王，身心受损。 4.思政基础：大多数学生未关注过技能与身心精神健康的养生机理和思想文化内涵。 **（二）教学预测** 增强文化自信，体验身心精神“松沉静”感觉，提高“节节贯穿 落地归根”气魄，达心满意足，身微汗。
三、教学目标确定	
教学目标	**（一）知识与技能目标** 1.加深对传统体育的认识，进一步了解中国传统文化的内涵，认识传统养生武术的锻炼价值和作用。 2.理解八段锦的健身功效和动作内涵，培养学生身心精神健康发展观和运动乐趣，养成积极乐观的生活态度。 3.掌握与应用动作要点，实现节节贯穿 落地归根的运动机理与方法应用。 **（二）过程与方法目标** 1.练习密度在60%以上，运动强度中等偏低强度，运动心率达115—150次/分。 2.课后定期完成课外体育作业。 3.掌握积累学习与团队合作学习方法。 **（三）情感态度与价值观目标** 1.引导学生体验、探究、感悟“节节贯穿 落地归根始终如一、人文素养”等动作招式的内在机理。 2.培养学生自主探究、敢于尝试和挑战的精神。 3.培养学生学会自我调节与放松的心理品质。
教学重点	（一）手法技术要领 （二）脚跟提起时两腿并拢，脚趾抓地，提肛收腹，沉肩坠肘，缓解紧张情绪。 （三）技术学习、健身养生与课程思政的渗透融合
教学难点	技术学习、健身养生与课程思政的渗透融合

续表

<table>
<tr><th colspan="2">四、教学策略</th></tr>
<tr><td>设计思路</td><td>（一）本设计总体思路
根据认知发展规律和系统论思想，以“弘扬民族传统体育精神”为教学理念，以学生身心精神三位一体健康发展为中心，从加涅积累教学法认知理论“动机阶段（预期）—了解阶段（注意和选择性知觉）—获得阶段（编码储存通道）—保持阶段（记忆储备）—回忆阶段（检索）—概括阶段（迁移）—作业阶段（反应）—反馈阶段（强化）”八个认知进阶，围绕教学内容“技术学习、健身养生、课程思政”三融合，组织了“动机选择、了解知识、学习知识、巩固知识、融入思政、反思课程、促进迁移、不断强化八个教学环节，形成了“八三六八”教学设计线路。
（二）教学方法与手段
1.采用信息技术法，以增强学生直观认知形成有效记忆。
2.采用启发式+合作探究法，突出学生的主体地位，营造积极探索的思政教学情境，通过创设情境与设计问题，引导学生探究问题与解决问题。
3.任务驱动、小组研讨、游戏竞赛法，拓展学生创新思维和激发团结合作精神。
4.归纳总结提炼法，充分发掘技术动作与中医文化、课程思政之间的逻辑联系及育人作用。
5.设计板书是帮助学生明确课堂主题、巩固核心信息，提高课堂效率、突出本节课主旨，起到画龙点睛作用。
（三）学习过程及时进行评价反馈，便于学生认识自己的学习效果，培养学生积极探索与批判性思维</td></tr>
<tr><th colspan="2">教学流程安排</th></tr>
<tr><td colspan="2">加涅积累教学法认知阶段
“动机阶段（预期）—了解阶段（注意和选择性知觉）—获得阶段（编码储存通道）—保持阶段（记忆储备）—回忆阶段（检索）—概括阶段（迁移）——作业阶段（反应）—反馈阶段（强化）”
⬇
教学内容三融合
“技术学习、健身养生、课程思政”
⬇
六个学练阶段
“理论学习→技术学习→游戏创编→体医融合→提文炼术→放松回归”
⬇
八个数学环节
“动机选择、了解知识、学习知识、巩固知识、融入思政、反思课程、促进迁移、不断强化”</td></tr>
</table>

续表

五、教学过程				
教学环节	教学形式	教学活动		教学与信息化手段设计意图
		教师	学生	
第一阶段　理论学习+思政融入（20分）				
（一）正形提神入情境，优良美德润无声（3分） 1.集队、考勤。 2.师生问好，安排见习生。 3.宣布课堂任务与要求。 4.进行安全与思政教育，创设情境与疑问。 **（二）品古论今道文化，眼观耳闻立高度（15分）** 1.八段锦的来源+文化认同、文化自豪 观看视频和案例解析，学生直观了解八段锦的历史文化与健身实效，加深理解与记忆，提高学习兴趣，激发对中华民族生生不息几千年的优秀传统文化的认同感、自豪感，增强民族文化自信。 2.中医学习+文化自信、健康担当：观看八段锦的中医学习实效报道，老师解说分析导出责任、担当，文化自信。 通过板书，帮助学生明确教学思想中心，加强记忆，提高教学高效性。 **（三）八式念诵助记忆，文化引领待技艺（2分）** 集体念诵动作名称，引导学生专注当下并记动作招式名称，为下一步技术学习作铺垫。	四队横队 马蹄队形	1.讲授法 2.启发式教学法 1.问题导向法、信息技术法、探究法、启发式法、讲授法、问答法 2.老师结合知识点对应应用场景，引入思政	学生专注听讲、端正学习态度、明确教学目标、领会课堂精神与要求 1.学生听取案例讲述，积极思考，激发学习热情与求知欲望	情景导入，提出问题（了解与记忆）：1.师生问好、行礼，意在提神入境，传递“尊师重道”美德，通过老师举止起到课程思政活化，培养安全意识，激发求知欲。 2.多媒体技术，“以史明德、以文化人、健康担当、文化自信”的育人功效 3.八式念诵，温故知新，加强理解与记忆。
第二阶段　技术学习+思政融入（35分）				
（一）蓄势待发悦身心，吐故纳新开心肺（5分） 1.慢跑 2.热身操 3.游戏：推火车 动作要领：两人一组，一人趴下，同伴抱住趴下人的脚，后面的人推，趴下的同学用手往前爬，比一比谁比较快。 **（二）层层递进易精准，理明法透乐创新（30分）** 1.回顾上节课内容（2分） 2.新授“学练背后七颠百病消”（28分） （1）两腿并步，足跟悬空+“节节贯穿”思政渗透	四列横队	1.口令、口号、导语 2.讲解法、示范法	1.口号、慢跑 2.模仿练习 3.观察、习练与体悟要领	教学互动： 1.声情共进，调身心，防损伤 2.吐故纳新，提神醒脑

续表

动作要领：正身并步直立，两臂自然下垂，两掌贴于大腿外侧，虎口向前，脚趾抓地，两足前掌撑地，提肛、收腹，两脚跟尽力提起，百会上顶，沉肩、坠肘，掌握好平衡，动作略停，目视前方。在教师讲解托天动作与纠正动作错误中领悟“节节贯穿”思政内涵。 注意事项：在提踵的同时，要注意将头顶自然上领，目视前方，同时腰腹轻轻上拔，两脚十趾要抓地。如果习练者在做提踵时头顶不做向上领动，则人体会随意晃动而导致重心不稳。 养生作用：督脉运行的路线与人体神经系统相符，这一段动作透过背后振动，使重力直接刺激脚跟，振动力从下往上传达到后脑，可以刺激督脉，并且调整人体神经系统，所以，只要调理好督脉，就可以消除百病，让身体更健康。 （2）吸气上顶，呼气落足+“落地归根、始终如一、人文素养”思政渗透 动作要领：两脚跟下落，放松肢体，轻震地面。同时，沉肩、舒臂，周身放松，目视前方。此时要全身放松，上下牙齿轻轻咬合，以避免身体某一部位震动过大而产生不适应，从而通过震动全身达到强身健体的效果。在教师讲解托天动作与纠正动作错误中领悟“落地归根、始终如一、人文素养”思政内涵。 纠正错误法：如果腰腹不做轻轻上拔，则会因为腰腹部位的松软，使人重心不稳，腰腹部或两踝出现不停地晃动，不能立稳。如果两脚十趾不抓地，足趾、脚踝松软不稳，两脚易出现上下左右或前后地摇动。 养生作用：脚趾为足三阴、足三阳经交会处，脚十趾抓地，可刺激足部有关经脉，调节相应脏腑的功能。同时，颠足可刺激脊柱与督脉，使全身脏腑经络气血通畅，阴阳平衡。踮足而立可发展小腿后部肌群力量，拉长足底肌肉、韧带，提高人体的平衡能力。落地震动可轻度刺激下肢及脊柱各关节，并使全身肌肉得到放松复位，有助于解除肌肉紧张。在养生作用中领悟落地归根、始终如一、人文素养的课程思政。	同心圆队形	1.示范讲解教学法 2.问答教学法 3.分解练习法 4.完整练习法 5.巡回指导 6.组织分组 7.启发式导入两腿并步，足跟悬空+“节节贯穿”联系与思政内涵 8.启发式导入呼气上顶，呼气落足+“落地归根、始终如一、人文素养”联系与思政内涵	1.听讲解、观示范 2.听问题，深思考 3.模仿练习，体验要领 4.口令练习，体验要领 5.纠正错误 6.两人互助练习 7.探索两腿并步，足跟悬空+“节节贯穿”联系与思政内涵 8.探索呼气上顶，呼气落足+“落地归根、始终如一、人文素养”联系与思政内涵	1.激发求知欲 2.初步建立学练背后七颠百病消正确概念和动作表象，培养学生观察、模仿、自学、互助能力 3.体会松静、张弛动作要领 4.掌握“两腿并步要领 5.掌握足跟悬空要领 6.掌握节节贯穿”目视前方要领 7.领悟”呼气上顶，呼气落足+“落地归根、始终如一、人文素养”思政内涵 8.领悟“知行合一、健康长寿”思政内涵

续表

第三阶段　游戏创编+巩固练习（11分）				
（一）巩固动作创意中，团结协作创佳绩 1.用学练背后七颠百病消动作元素进行游戏创编 2.运用各组创编游戏进行比赛 3.评估各组游戏创编实效 4.统一规定动作进行游戏比赛 **（二）承上启下往后瞧，灵活领悟德与术** 回顾今天学习的动作文化内涵，进入下个阶段高阶知识学习	两列纵队	1.启发式教学法 2.分组讨论 3.组织展示 4.讲解法、示范法 5.巡回指导 6.组织分组 7.评价	1.听问题，深思考 2.小组讨论 3.小组展示 4.听讲解、观示范 5.分组讨论 6.分组竞赛 7.领悟	小组研讨与竞赛： 1.激发学习的兴趣 2.激发创造精神与意识 3.激发挑战难度与克服困难精神 4.培养团队互助、合作精神
第四阶段　中医文化+技术融合渗透（14分）				
（一）图文并茂言语间，你问我答气血论 通过边示范边讲解，深度融合技术与理论，从健身角度讲述脚跟提起时，两腿并拢，脚趾抓地，提肛收腹，沉肩坠肘，可调节脏腑功能，通畅全身脏腑气血，提高人体平衡，放松肌肉，缓解紧张等功效，从中医养生角度讲述节节贯穿、落地归根、始终如一、人文素养等品质与肝胆的关联，使学生了解与理解中华优秀传统文化的精髓，促进学生民族文化自信，加强爱国主义教育。 **（二）节节贯穿始于足，落叶归根自由体** 讲解技术要点及内涵，循循善诱点主题	马蹄队形	1.挂图展示 2.讲解示范 3.启发式教学法 4.设疑提问 5.评价 6.归纳总结	1.观察挂图 2.听观线路 3.积极思考 4.回答 5.评价 6.领悟内涵	创造与应用，融会贯通 1.学以致用技术 2.领悟中医文化 3.内化思政内涵 4.提升健康体能 5.培养合作探究、创新意识、自评与互评能力
第五阶段　总结提炼，德术合一（5分）				
文体融通提精髓，思政升华有高度	马蹄队形	1.挂图设疑 2.板书设疑 3.提炼总结	1.抢答 2.积极思考 3.回答问题	报效祖国是高度\学习技术是提升\身心健康是基础
第六阶段　放松回归（5分）				
（一）调身息入心放松 （二）布置课后作业与回收器材	四列横队	1.导引领做 2.小结	1.模仿 2.听悟	调整呼吸，充分放松，领悟主题

主要参考文献

[1] 张广德著 张广德导引养生系列从书·养生文化篇 [M]. 北京体育大学出版社. 2014. 3.

[2] 牛爱军著 八段锦养生智慧 [M]. 人民体育出版社. 2018. 5.

[3] 徐芹庭著 细说黄帝内经 [M]. 新世界出版社. 2007. 8.

[4] 李世昌主编 运动解剖学 [M]. 高等教育出版社. 2015. 3.

[5] 邬美娜. 教学设计 [M]. 北京：高等教育出版社，1994：11.

[6] 关北光，毛加宁. 体育教学设计 [M]. 成都：西南交通大学出版社，2016.

[7] 教育部. 高等学校课程思政建设指导纲要 [EB/OL]. (2020-06-05) [2023-09-30]

[8] 李家晗. 八段锦的历史源流与养生原理研究 [D]. 中国中医科学院，2019.

[9] 陈美芳. 民族传统体育养生课程思政实践研究 [D]. 广州体育学院，2023.

[10] 高德毅，宗爱东. 课程思政：有效发挥课堂育人主渠道作用的必然选择 [J]. 思想理论教育导刊，2017，No. 217 (01)：31-34.

[11] 何玉海. 关于"课程思政"的本质内涵与实现路径的探索 [J]. 思想理论教育导刊，2019，No. 250 (10)：130-134.

[12] 肖敏. 高校课程思政的特点、难点及对策 [J]. 学校党建与思想教育，2022，No. 677 (14)：52-54.

[13] 张丹丹. 复杂性视阈下"课程思政"建设路径研究 [J]. 广西社会科学，2018，N o. 279 (09)：211-215.

[14] 肖香龙，朱珠. "大思政"格局下课程思政的探索与实践 [J]. 思想理论教育导刊，2018，No. 238 (10)：133-135.

[15] 许瑞芳. 一体化视角下高校课程思政建设的四个维度 [J]. 中国高等教育，2020 (08)：6-8.

［16］张驰，宋来．“课程思政”升级与深化的三维向度［J］．思想教育研究，2020，N o. 308（02）：93–98.

［17］高燕．课程思政建设的关键问题与解决路径［J］．中国高等教育，2017，No. 590（Z3）：11–14.

［18］刘建军．课程思政：内涵、特点与路径［J］．教育研究，2020，41（09）：28–33.

［19］赵继伟．“课程思政”：涵义、理念、问题与对策［J］．湖北经济学院学报，2019，17（02）：114–119.

［20］王学俭，石岩．新时代课程思政的内涵、特点、难点及应对策略［J］．新疆师范大学学报（哲学社会科学版），2020，41（02）：50–58.

［21］李凤．给课程树魂：高校课程思政建设的着力点［J］．中国大学教学，2018，No. 339（11）：43–46.

［22］娄淑华，马超．新时代课程思政建设的焦点目标、难点问题及着力方向［J］．新疆师范大学学报（哲学社会科学版），2021，42（05）：96–104.

［23］吴向宁．高校体育课程思政建设的内涵、困境与推进策略［J］．首都体育学院学报，2022，34（04）：384–392.

［109］赵富学，黄桂昇，李程示英等．“立德树人”视域下体育课程思政建设的学理释析及践行诉求［J］．体育学研究，2020，34（05）：48–54.

［24］相金星，赵玉颖，郭振华．民族传统体育助力青少年身体素养提升的价值、机理与路径［J］．体育文化导刊，2023（08）：52–58.

［25］殷明，刘电芝．身心融合学习：具身认知及其教育意蕴［J］．课程．教材．教法，2015，35（07）：57–65.

［26］刘纯献，刘盼盼．体育课程思政的内容、特点、难点与价值引领［J］．体育学刊，2021，28（01）：1–6.

［27］胡德平．体育课程思政的理论内涵、内容体系与建设路径［J］．武汉体育学院学报，2022，56（05）：13–21.

［28］李在军，刘美，赵野田．课程育人：高校体育类专业课程思政特征、难点及应对策略［J］．沈阳体育学院学报，2021，40（03）：18–24+32.

［29］王秀阁．关于“课程思政”的几个基本问题——基于体育“课程思政”的思

考［J］. 天津体育学院学报，2019，34（03）：188–190.
［30］张洋，魏军. 立德树人视域下体育院校课程思政建设的价值与路径［J］. 沈阳体育学院学报，2020，39（06）：35–40.
［31］赵富学，焦家阳，赵鹏. “立德树人”视域下体育课程思政建设的学理要义与践行向度研究［J］. 北京体育大学学报，2021，44（03）：72–81.
［32］姜卫芬，刘文烁. 新时代推进体育课程思政改革的理论认知与实践路径［J］. 天津体育学院学报，2021，36（04）：435–441.
［33］明平芳. 大学体育课程思政建设的价值与实现路径［J］. 学校党建与思想教育，2021，No. 649（10）：54–55+60.
［34］张磊. 体育课程思政建设路径探寻［J］. 中学政治教学参考，2023，No. 904（16）：103.
［35］李杨帆，张路，宁聪. 高校公共体育课程思政的现实困境及突破路径［J］. 教育理论与实践，2022，42（27）：35–38.
［36］欧丽娅，张少生. 课程思政视域下高校体育课教学设计与实施探析［J］. 广州体育学院学报，2021，41（04）：99–103.
［37］梁政东. 课程思政视域下高职院校《民族传统体育》课程教学设计研究［J］. 体育科技，2020，41（04）：92–93.
［38］张柏铭，钟武. 立德树人视阈下的高校体育教学改革［J］. 高教学刊，2018（15）：129–131+134.
［39］王钰，孙延林，戴群等. 自我决定理论视域下运动心理学课程思政改革创新研究［J］. 天津体育学院学报，2020，35（01）：17–22.
［40］张婷，陈继旭. 中医运动养生教学中思政元素的挖掘与探索［J］. 广州体育学院学报，2021，41（05）：113–116.
［41］梁湘琼，邓罗平，雷慧. 文化传承视域下高校体育八段锦课程思政元素的设计与运用［J］. 运动精品，2022，41（05）：57–59.
［42］张鑫，许晓琴，钱红军. 高校健身气功课程思政建设的价值、困境与路径研究［J］. 武术研究，2023，8（01）：90–93.
［43］张鑫，许晓琴，钱红军. 高校健身气功课程思政建设的价值、困境与路径研究［J］. 武术研究，2023，8（01）：90–93.

[44] 尹梦媛. 我国体育院校武术与民族传统体育专业传统体育养生课程设置优化研究 [D]. 广州体育学院，2022.
[45] 冯振伟，张瑞林，杜建军. 基于具身认知理论的体育教学意蕴及其优化策略 [J]. 沈阳体育学院学报，2017，36（05）：97–102.
[46] 吴向宁. 高校体育课程思政建设的内涵、困境与推进策略 [J]. 首都体育学院学报，2022，34（04）：384–392.
[47] 陆韵. 从离身到具身：高校课程思政理念创新与实践转型 [J]. 重庆第二师范学院学报，2023，36（01）：87–91+128.
[48] 季晓峰. 论梅洛–庞蒂的身体现象学对身心二元论的突破 [J]. 东南学术，2010（02）：154–162.
[49] 张博. 从离身心智到具身心智：认知心理学研究范式的困境与转向 [D]. 吉林大学，2018.
[50] 叶浩生. 有关具身认知思潮的理论心理学思考 [J]. 心理学报，2011，43（05）：589–598.
[51] 叶浩生. 具身认知：认知心理学的新取向 [J]. 心理科学进展，2010，18（05）：705–710.
[52] 张博. 从离身心智到具身心智：认知心理学研究范式的困境与转向 [D]. 吉林大学，2018.
[53] 叶浩生. 身心二元论的困境与具身认知研究的兴起 [J]. 心理科学，2011，34（04）：999–1005.
[54] 李其维. “认知革命”与“第二代认知科学”刍议 [J]. 心理学报，2008，40（12）：1306–1327.
[55] 叶浩生. 认知心理学：困境与转向 [J]. 华东师范大学学报（教育科学版），2010，28（01）：42–47+90.
[56] 叶浩生. 身体与学习：具身认知及其对传统教育观的挑战 [J]. 教育研究，2015，36（04）：104–114.
[57] 殷明，刘电芝. 身心融合学习：具身认知及其教育意蕴 [J]. 课程. 教材. 教法，2015，35（07）：57–65.
[58] 王会亭. 从“离身”到“具身”：课堂有效教学的“身体”转向 [J]. 课程.

教材.教法，2015，35（12）：57-63.

［59］邓若锋.身体练习体验的体育教学理论框架构建［J］.体育学刊，2016，23（01）：112-120.

［60］姜勇，马晶，赵洪波.基于具身认知的体育与健康学科核心素养意蕴与培养路径［J］.体育学刊，2019，26（04）：88-93.

［61］周生旺，程传银.具身化体育教学：落实体育课程标准的实践视角［J］.天津体育学院学报，2022，37（05）：504-510.

［62］张云齐，郭立亚.民族传统体育铸牢中华民族共同体意识的学校体育具身化路径［J］.民族学刊，2022，13（05）：100-107+141.

［63］田园，白胜超."具身认知"理论下高校体育课程思政建设研究［J］.教育理论与实践，2023，43（06）：46-49.

［64］高鹏飞.具身道德：学校体育何以"立德树人"的困境与治理［J］.体育与科学，2020，41（02）：80-86.

［65］张鑫，许晓琴，钱红军.高校健身气功课程思政建设的价值、困境与路径研究［J］.武术研究，2023，8（01）：90-93.

［66］孔明涯，林爱翠.八段锦教学中蕴含的思政理念分析［J］.体育视野，2023（06）：48-50.

［67］刘浩月.健身气功八段锦功法及价值和推广研究［J］.当代体育科技，2021，11（02）：185-187.

［68］张艳青.基于"课程思政"的太极柔力球典型案例教学设计［J］.当代体育科技，2020，10（27）：13-16.

［69］黄丽群.基于项群理论的高职院校体育课程思政探索与实践——以难美类健美操课程思政为例［J］.体育科技文献通报，2022，30（04）：154-157.

［70］邓惠茹，张晓波.具身认知视域下学校体育人文精神培养路径探析［J］.四川体育科学，2021，40（06）：53-56.

［71］赵洪波，王祖冬，都晓娟.具身德育视域下的体育课堂教学设计研究［J］.教学与管理，2022，No.883（18）：97-99.

［72］郭赟程，鲁长芬.体育课程思政建设的理论框架与推进策略［J］.体育学刊，2024，31（05）：80-87.

［73］陆淳. 高校体育课程思政建设实践经验及启示——以清华大学为例［J］. 体育文化导刊，2024，(05)：105-110.

［74］王坤，陈国壮. 高校公共体育课程思政元素内容体系构建与项群化应用——以上海交通大学为例［J］. 体育学刊，2024，31(01)：103-109.

［75］杨震. 体育课程思政的概念演变、建设价值、发展趋势研究［J］. 北京体育大学学报，2023，46(08)：12-23.

后　记

在新时代教育改革不断深化的背景下，中华优秀传统文化在课程思政建设中发挥着日益重要的作用。《八段锦课程思政理论与实践》的编写正是顺应这一时代潮流，积极响应国家关于课程思政建设的号召，为传承和弘扬中华优秀传统文化、推动体育教育与思政教育深度融合贡献力量。

习近平总书记强调，要推动中华优秀传统文化创造性转化、创新性发展，使其与现代社会相适应、与人们精神文化需求相契合。在教育领域，课程思政成为落实立德树人根本任务的重要战略举措，旨在将思想政治教育贯穿于各类课程教学的全过程，实现知识传授与价值引领的有机统一。八段锦作为中华传统养生文化的瑰宝，蕴含着丰富的哲学思想、道德观念和健身智慧，将其融入课程思政教学具有深远意义。它不仅有助于学生增强文化自信，深入理解中华优秀传统文化的精髓，还能促进学生在体育锻炼中培养良好的品德和健全的人格，实现身心的全面发展。

本著作内容新颖，价值独特。从文化传承角度看，它深入挖掘了八段锦的历史源流和文化内涵，系统梳理了其在中华传统文化中的地位和作用，为中华传统文化的传承提供了有力支撑。通过将八段锦的文化元素融入课程教学，让学生在学习过程中感受中华文化的博大精深，激发学生对传统文化的热爱和传承意识。在思政教育方面，著作紧密围绕课程思政的目标，将社会主义核心价值观、爱国主义、集体主义等思政元素巧妙地融入八段锦的教学内容和实践环节。使学生在锻炼身体的同时，能够接受思想政治教育的熏陶，树立正确的世界观、人生观和价值观。同时，本著作注重理论与实践相结合，在阐述八段锦课程思政理论基础的同时，详细介绍了教学实践的方法、策略和案例，为教师开展教学提供了全面、实用的指导。

编写过程中，我们秉持严谨的治学态度和创新的思维方式。首先，成立了专门的编写团队，团队成员包括体育教育专家、体育养生专家、思政教育学者、长期从事八段锦教学与研究的一线教师以及硕士研究生。大家分工明确，密切合作，共同推进编写工作。在编写思路上，以习近平新时代中国特色社会主义思想为指导，深入研究国家关于课程思政的政策文件，结合八段锦的特点和教学实际，确定了从理论到实践、从文化内涵到教学应用的编写框架。在内容编排上，力求做到系统全面、深入浅出，既有对八段锦历史文化的深入解读，又有对教学方法和实践案例的详细阐述，使读者能够全面了解八段锦课程思政的理论体系和实践路径。

在此，向为本书编写提供支持和帮助的各方人士表示衷心的感谢。感谢学校领导、学院领导对本项目的高度重视和大力支持，为编写工作提供了良好的条件和保障。感谢参与编写的各位专家、教师与硕士研究生，其中黄建团（广西民族大学体育与健康科学学院，北京体育大学体育教育学专业在读博士）任主编、黄丽芳（广西职业技术学院康养学院）任执行主编，刘良亮（广西民族大学相思湖学院）、覃明路（广西民族大学体育与健康科学学院）、谢侑城（广西农业工程职业技术学院）任副主编，参与编写的有崔宝月（北京大学附属中学初中部）、谭学雷（四川省泸州市龙马高中学府路学校）、金光华（四川省眉山市东坡区苏祠初级中学）、何奔洋（广西外国语学院），以及广西民族大学体育与健康科学学院硕士研究生王世龙、范嘉乐、王旭、翁法、姚苏瑞、刘宽、杨继镉、盛婷、来广龙、杨澜、利勇强、陈国平等，他们不辞辛劳，认真撰写书稿，为本书的质量提供了坚实的保障。感谢文化发展出版社的编辑团队，他们在编辑出版过程中认真负责，提出了许多宝贵的意见和建议，使本书更加完善。由于时间仓促，水平有限，书中有错漏与不足之处实属难免，敬请读者给予批评指正。

希望本书能够为广大教育工作者、八段锦习练爱好者、传统文化研究者等提供有益的参考和借鉴，为推动中华优秀传统文化在课程思政中的应用、培养德智体美劳全面发展的社会主义建设者和接班人贡献一份力量。让八段锦这一古老的养生文化在新时代焕发出新的生机与活力，为传承和弘扬中华优秀传统文化、实现中华民族伟大复兴的中国梦发挥积极作用。

2024年9月17日